AF343397

ENSEIGNEMENT
UNIVERSEL.

IMPRIMERIE DE A. PRIGNET, A VALENCIENNES.

MUSIQUE,

DESSIN ET PEINTURE,

Par J. Jacotot.

(QUATRIÈME ÉDITION.)

> Je crois que Dieu a créé l'âme humaine
> capable de s'instruire seule et sans maître.
>
> ... Je vous ai déjà dit qu'on n'enseigne ce
> qu'on ne sait point quand on le veut.
>
> Jacotot, Langue maternelle.

PARIS,
À LA LIBRAIRIE SPÉCIALE DE L'ENSEIGNEMENT UNIVERSEL,
(MÉTHODE JACOTOT.)
CHEZ MANSUT FILS,
RUE DES MATHURINS-SAINT-JACQUES, N° 17.

—

1839.

MUSIQUE,

DESSIN ET PEINTURE.

Par J. Bard.

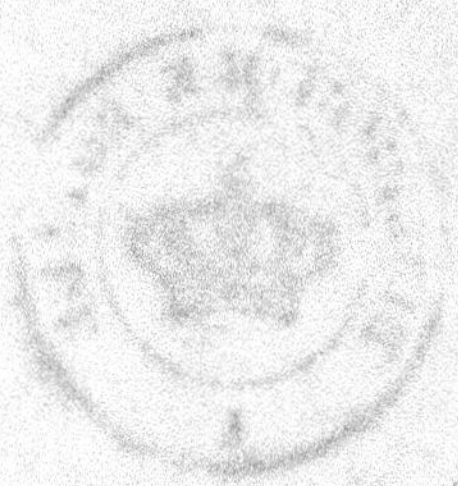

PARIS,

CHEZ MANSUT FILS,

1834.

MUSIQUE.

MES CHERS ÉLÈVES,

Vous me demandez quelle est la marche qu'il faut suivre pour enseigner la musique lorsqu'on n'est pas musicien ; je vous avoue que cette question me causerait de l'étonnement , si je ne savais , par ma propre expérience , combien l'esprit humain est paresseux et inattentif. Il y a bien long-temps que je vous ai exposé la méthode dont vous me priez aujourd'hui de vous donner le développement. Le premier volume , sur l'étude de la langue maternelle , contient tous les renseigne-mens, dont vous avez besoin, pour enseigner quoi que ce soit ; le deuxième volume , sur l'étude d'une langue étrangère, n'est que la répétition du premier ; et , dans celui-ci , vous me forcez à retomber dans des redites perpétuelles et inévitables, puisque la méthode est universelle. Je suis, comme vous le voyez, d'une impudence incurable. Les savans ont décidé que l'Enseignement universel ne s'appliquait pas même à l'étude des langues, et je suppose que les savans ne savent pas ce qu'ils disent : cela n'est pas poli ; mais qu'importe, pourvu que cela soit vrai. Il m'est venu, il y a quelques jours, un de ces messieurs. Il me salue ; je le prie de s'asseoir. — A qui ai-je l'honneur de parler ?— Je suis Français. — A quoi puis-je vous être bon ? —On dit que vous avez une méthode universelle ? — Oui, monsieur, à vous servir. — Je désirerais la connaître, non pas pour moi, mais pour quelques enfans qui me sont confiés, et dont les pères veulent absolument que je leur enseigne la musique ; je me suis d'abord défendu en riant, j'ai cru que ces pères devenaient fous ; enfin je leur ai représenté, le plus sérieusement qu'il m'a été possible, que je ne savais point la musique, et que par conséquent leurs instances étaient ridicules. Point d'affaire. Voyez M. Jacotot, il ne sait pas la musique, et ses élèves sont tous de petits Rossini ; ils *vivent*, ils *exécutent*, ils *composent*, ils *improvisent*. (Lisez le prospectus du volume sur la musique). Voyez M. Jacotot, parlez à M. Jacotot, consultez M. Jacotot. Ce grand homme ! — Ah ! monsieur… lui dis-je en l'interrompant. — Cet homme extraordinaire, reprit-il sans m'écouter, cet homme miraculeux vous dira ce qu'il faut faire pour ne pas faire comme vous faites ; nos enfans n'avancent point. Voyez M. Jacotot ; ils ne sortent pas de là. Fatigué de ces plaintes, je me résolus d'aller à

Louvain, et me voici. Allons, monsieur Jacotot, je vous écoute ; parlez, que faut-il faire pour que ces petits mauvais sujets sachent la musique ? — Il faut qu'ils l'apprennent, monsieur ? — Mais que faut-il pour qu'ils l'apprennent ? — Il faut qu'ils le veuillent. — Mais comment donner de la volonté à cette canaille (comme dit le maître d'école de La Fontaine) ? Voilà le point. Or, je suis docteur ès-lettres, et je n'ai pas encore pu résoudre ce problème. — Ni moi non plus, monsieur ; je suis pourtant docteur ès-lettres, docteur en droit et docteur ès-sciences. — Oh ! monsieur, comment ?... —Remettez-vous, monsieur le docteur ès-lettres ; tout cela ne prouve rien, ce n'est que de l'entourage social ; toutes ces valeurs empruntées n'ont rien de stable ; la société donne ou retire à son gre ces costumes qui imposent au vulgaire, et ne laisse, quand il lui plaît, au docteur dépouillé, que sa nullité primitive ou son mérite intrinsèque, qui n'est bon à rien tant qu'il est seul. Mais laissons ces boutades d'une philosophie chagrine ; et rions au moins quand il s'agit de musique. Je reviens à ce que vous disiez. Donner de la volonté à l'élève serait en effet le point principal, car alors il n'aurait besoin ni de vous, ni de moi ; mais je ne crois pas qu'on puisse donner de la volonté à l'homme ; cet être est libre de sa nature ; il cesserait de l'être, si l'on pouvait le forcer à vouloir ; on tâtonne, on essaie, on change de moyens, on l'effraie par des punitions ; on l'éblouit par des promesses, on le séduit par des caresses ; tout cela prouve la patien-

ce du maître ; mais le succès n'est pas le fruit d'une
méthode ; ce qui vous réussit aujourd'hui ne produit plus d'effet le lendemain. Puisque vous avez
le malheur de gouverner des enfans, vous savez,
comme moi, combien de peines il en coûte ! il faut
travailler sans cesse sans autre espérance, dans ce
labeur, que de réussir par hasard et par intervalles.
— Cela est vrai. — Eh bien ! ne me parlez donc
plus de la volonté de vos élèves ; s'ils n'ont pas le
désir de s'instruire, s'ils sont sourds à vos paroles,
je vous plains ; changez d'état ou prenez patience ;
vous n'avez pas besoin de venir me trouver pour
savoir cela : tous les pères, tous les maîtres du
monde l'apprennent chaque jour par une cruelle
expérience. — Mais si mon élève, sans être doué
de cette volonté forte et constante qui, selon vous,
rendrait tous les maîtres inutiles, montre pourtant un peu de docilité, que faut-il faire pour le
diriger ? — Il faut suivre la méthode de l'Enseignement universel. — Me voilà bien avancé ; je
vous prie de me dire quelle est cette méthode. —
Avez-vous lu mes ouvrages ? — Vos ouvrages ou
vos œuvres ? non ; à moins que vous ne décoriez
de ce nom deux petits, secs, diffus et ennuyeux
livrets qui portent votre nom. Je les ai parcourus
et je n'y ai rien compris. La *Gazette* et la *Quotidienne* ont raison : vous n'êtes pas fort clair, monsieur Jacotot. — On disait le contraire autrefois ;
ce sera l'Enseignement universel qui m'aura tourné la tête. Je vous conseille de voir d'abord les résultats, et nous causerons après. Voilà une leçon

préparatoire , indispensable , pour les docteurs ès-
lettres.— On dit qu'il n'y a point de fait. J'ai ques-
tionné là-dessus des personnes qui , par leur position , doivent les avoir vérifiés. Je leur ai demandé
si on avait reçu , dans les universités du royaume ,
des élèves purs de l'Enseignement universel. Ces
messieurs m'ont répondu : Non , non , non , et
mille fois non.— Que concluez-vous de là ? — Que
les faits que vous annoncez , du haut de vos tré-
teaux, sont dénués de toute réalité.— Ah! monsieur
le docteur , si vous étiez un de nos élèves , je vous
gronderais, non pas comme bête, car il n'y a pas
de bête , mais comme distrait (et il y en a beaucoup). Quoi ! vous connaissez , dites-vous , ces
messieurs , et vous avez confiance en leurs discours ; vous croyez à leurs sermens ! et voyez de
plus quelle inconséquence ; après un témoignage
aussi authentique , avec des renseignemens aussi
positifs , vous doutez encore de la vérité. Mais ,
encore, où allez-vous la chercher? Vous venez me
demander si je ne suis pas un imposteur ; ne pou-
viez-vous pas vous épargner les frais du voyage ,
dans la persuasion que j'aurais sans doute assez
d'audace pour soutenir de vive voix ce que j'ai eu
l'impudence d'imprimer, et que je répondrais comme je vous réponds en ce moment : nos élèves sont
reçus ; oui , monsieur, oui , et mille fois oui. —
Permettez , monsieur Jacotot , n'éludez-vous pas
en partie ma question ? — Oui , monsieur le docteur , et c'est par politesse ; j'ai bien entendu que
vous avez prononcé le mot *pur*. Un élève *pur* a-t-il

été reçu ? et je n'y ai point insisté par égard pour votre doctorat. — Cependant, monsieur, si votre élève a déjà étudié deux ans dans un collège ? — Eh bien, il lui resterait à bâiller encore cinq ans, il vient chez nous, et un an après il est reçu. — Enfin, on peut attribuer ce résultat aux deux années de bonnes études qu'il a faites au vieux collège. — Et s'il n'a étudié qu'un an avant d'entrer à l'Enseignement universel ? — Mais une bonne année, passée tout entière dans les principes, a beaucoup d'influence sur le reste de la vie savante. — Mais s'il ne connaissait que *rosa*, *la rose* ? — Eh, bien ! c'est toujours cela ; il connaît le nominatif singulier de la première déclinaison ; il sait qu'il y a des cas, des nombres, des déclinaisons, des noms ; il aura peut être entendu dire que *rosa*, *la rose*, est du féminin ; le voilà au courant des genres ; cet enfant est préparé, ce n'est plus un *pur* élève de l'Enseignement universel. En avez-vous un qui n'ait rien su, qui n'ait jamais fréquenté nos écoles ? Cette atmosphère scientifique suffit pour ouvrir son esprit et le rendre apte à digérer votre nourriture universelle, indigestible de sa nature. En avez-vous un ? — Oui, monsieur. — Combien de tems a-t-il étudié ? — Six mois. — Comment dites-vous ? — Six mois. — A quelle université est-il ? — A l'université de Gand. — Sur quels auteurs l'a-t-on examiné ? — Sur Phèdre, Cicéron et Virgile. — Qu'avait-il lu ? — L'*Epitome*, *Cornelius Nepos* et *Horace* ; mais l'*Epitome* suffirait. — Cela est incroyable, monsieur Jacotot. — Pour les docteurs,

oui ; mais pour nos enfans c'est tout simple. Nous
faisons des choses qui vous paraîtraient bien plus
incroyables, si j'osais vous les dire. — Quoi donc ?
— Voyons si j'oserai. Vous êtes Français, et qui
plus est, Parisien ; enfin, par dessus tout cela,
vous êtes docteur ès-lettres : eh, bien ! (je ne sais
comment m'y prendre pour vous dorer cette pilule), eh, bien ! nos enfans de douze ans écrivent
peut-être mieux en français que vous et moi : je
dis *moi* pour *vous* montrer que je n'ai pas l'intention de *vous* insulter, et j'ajoute *peut-être*, parce
que tout est possible, et que cette restriction est
toujours plus honnête. — Je ne suis pas un grand
écrivain ; mais oseriez-vous tenter l'expérience
avec tel avocat que je pourrais nommer, sans courir à Paris chercher des émules à vos bambins ? —
Il y a longtemps que j'ai appelé ces messieurs en
combat singulier avec nos marmots ; ils restent
chez eux, et je suis forcé d'admirer leur prudence. — Adieu. — J'ai l'honneur de vous saluer.

Le voilà parti. Je suis à vous, mes chers élèves.
Vous voulez donc que je vous raconte ce que je fais
pour enseigner la musique que j'ignore.

Première leçon.

Faites asseoir l'enfant en face d'un piano.

Voilà la première leçon.

Beaucoup de savans vous diront que ce n'est pas le métier de tout le monde de faire asseoir un enfant en face d'un piano. Que de choses dans un menuet, disait Marcel ; la position du corps, des bras, des mains, des coudes, des doigts. Il y a une infinité d'attentions délicates dont vous êtes tous incapables. De là les mauvaises habitudes, les mouvemens d'épaules, les mains en l'air, qui cherchent et accrochent gauchement les touches ; les doigts qui s'y collent ou les frappent lourdement comme des baguettes à ressort, en s'étendant tout d'une pièce, au lieu de les effleurer légèrement et avec grâce ; ce pouce, éloigné de la main, ne sera jamais prêt au moment où il doit faire son devoir ; de là un jeu de tâtonnement et par saccades ; rien de moëlleux. Peut-être vaincra-t-on grossièrement les premières difficultés ; mais, tout étant difficile pour qui ne sait pas s'y prendre, il viendra, dès les premiers jours, des obstacles insurmontables ; l'enfant se rebutera, le maître ignorant s'obstinera ; mais en vain emploierez-vous les menaces, les punitions ; l'élève se desséchera dans les larmes : malheureux forçat attaché au piano, il périra sur cette roue ; on, s'il résiste, cette machine jouera du piano comme on joue des castagnettes. Tout cela, parce qu'un ignorant a eu l'orgueil de ne pas consulter un savant, qui lui aurait appris à s'asseoir comme les élèves de la vieille méthode, dont aucun n'est mal assis, grâce aux principes.

Si vous écoutez les savans, vous ne ferez jamais rien. Un savant est une véritable machine à objections. Du courage, mes chers élèves ; soyez hommes une fois ; imitez-moi : je ne sais pas m'asseoir avec grâce en face d'un piano, et tous mes enfans n'y font pas plus mauvaise contenance que les autres. Mais, quand votre enfant sera assis, que lui direz-vous, demande un pianiste ? — Un moment, monsieur le musicien, s'il vous plaît ; je n'ai point de raison pour douter de l'intelligence des musiciens, mais l'expérience m'a instruit. On a prétendu que j'étais obscur, que je rabâchais sans cesse des choses inutiles, et que je coulais trop légèrement quand il était question d'expliquer la marche des exercices. On trouve de tout, dans son livre, excepté la méthode. Par exemple, dans le premier volume, en parlant de la lecture, je me suis contenté de dire que le maître disait : *Calypso, Calypso ne, etc.*, et que l'élève répétait. Eh, bien ! un philologue m'a avoué qu'il avait eu toutes les peines du monde à débrouiller ce chaos, et que, sans l'habitude qu'il a de déchiffrer les vieux manuscrits, il ne serait jamais sorti de ce labyrinthe. J'aurais dû dire : 1° On prend un livre ; encore, faute de spécifier quel livre, le savant serait-il resté immobile, dans sa bibliothèque, comme l'âne de la fable entre les deux boisseaux d'avoine: car telle est la supériorité de l'homme, qu'il fait la bête quand il lui plaît ; mais la réciproque n'a pas lieu. *Je ne comprends pas* est le grand mot, la grande objection contre l'Enseignement universel. — Mais, vous avez beau dire, mon cher maître, je ne vous comprends pas toujours, et je suis pourtant un de vos disciples. Je crois, moi, à votre méthode pour ce que j'ai vu ; mais, quant à la musique, j'avoue que je n'y crois point. — Niez-vous l'application ? — Non ; mais.... — Voilà une réticence qui vous trahit. Combien de fois avez-vous été pris pour dupe, en niant un résultat dont vous ne conceviez pas la possibilité ? — Oh ! très souvent, je l'avoue. — Eh, bien ! soyez modeste, et quand il vous prendra la fantaisie de trancher comme les savans de la vieille méthode, souvenez-vous que vous n'êtes pas fort quand il s'agit de juger de la possibilité d'un fait que vous ignorez. Ne croyez-vous pas qu'un enfant ne pouvait pas écrire en français comme les grands écrivains ? — J'ai vu le contraire. — Ne regardiez-vous pas comme impossible l'application de la méthode à l'étude du latin ? — Je pensais qu'il était nécessaire de commencer par les principes ; mais j'ai abjuré cette erreur. — Pourquoi ne le dites-vous pas tout haut ? — C'est que je n'ose attaquer en face le préjugé du public ; je ne suis pas frondeur de mon naturel. — Dites que vous n'êtes pas convaincu. — Mon

cher maître , je vous assure . . . — N'assurez pas ,
et surtout point de condescendance pour un individu dont l'opinion ne peut faire loi. Je le vois bien,
vous avez été ébloui par quelques faits isolés, mais
vous n'avez pas l'entière conviction ; dans ce cas ,
il faut se taire et continuer à regarder les faits
avec attention. Ne craignez point surtout de me
déplaire en manquant à défendre mon système.
Vous oubliez toujours qu'il ne s'agit pas de moi ;
que c'est dans votre seul intérêt que je parle. Si je
dis la vérité , profitez-en , j'en serai charmé. Si
vous croyez que je suis dans l'erreur , n'adoptez
point la méthode , je n'en serai point irrité. Mon
système ne m'est bon à rien , et votre amitié m'est
précieuse. L'envie d'être utile m'a fait tant d'ennemis ; leur plaisante colère m'a tant fait rire , qu'ils
ne me pardonneront jamais les sottises qu'ils débitent ; pardonnez-moi seulement l'opiniâtreté de
mon zèle , et je n'en demande pas davantage. —
Mais , mon cher maître , vous ne savez peut-être
pas que vous êtes fort difficile à contenter ; on ne
peut pour ainsi dire qu'aller machinalement lorsqu'on fait route avec vous. C'est ce que nous re-
prochent les antagonistes, et ces reproches me font
peur. Il est vrai de dire que jusqu'à présent nous
avons été traînés plutôt que conduits. A chaque
essai nouveau nous contestons d'avance le résultat
annoncé ; il se montre , et nous faisons un pas for-
cément. Oserais-je vous l'avouer , il m'est arrivé
quelquefois de désirer tout bas que le succès trahît
vos espérances. — C'est une faiblesse que je con-

nais très bien ; il n'y a rien de nouveau , pour
moi , dans cet aveu.

Non ignara mali miseris succurrere disco ,

dirait un philologue. Mais , rassurez-vous , vous
n'êtes pas le seul qui ayez besoin que l'Enseignement universel soit une chimère ; c'est le tort de
cet amas de criailleurs qui vous épouvantent. Celui qui n'a pas cru à l'expérience sur les langues ne
peut guère désirer que l'universalité soit démon-
trée ; car enfin c'est une petite fiche de consolation
de pouvoir dire : J'ai nié l'application aux langues,
il est vrai ; le fait m'est démontré aujourd'hui , j'en
conviens ; mais je n'avais pourtant pas un tort
complet , car la méthode ne peut être appliquée à
l'étude de la musique.

Un autre dit : J'ai bien plus besoin encore que
cette méthode soit décriée ; mon devoir était de la
proclamer ; et , dès le premier mot , ou par vanité,
ou par un autre motif peut-être encore plus vil ,
j'ai fait mes efforts pour l'étouffer dans son ber-
ceau.

Moi , ajoute celui-ci , je serais perdu de réputation littéraire. Je suis le coq de mon endroit en
fait de belles-lettres et de métaphysique ; on sait
que j'ai des enfans. Né frondeur , j'ai parlé avec
mépris de la vieille routine ; j'ai ma méthode à
moi ; je commence par la grammaire générale, et
tout le monde m'admire. Si j'enseigne la musique
à mes enfans , par la méthode du fou , ils seront
musiciens à la vérité ; mais me voilà , moi , philo-

sophe du pays, devenu bête de somme et attelé au char du charlatan. J'aime bien mieux que mes chers petits ne sachent jamais une note ; je leur apprendrai d'ailleurs la métaphysique de l'art avec les mots *basse fondamentale et double emploi* ; il n'en faut pas davantage, s'ils ont mon aplomb, pour inspirer une terreur panique aux bonnes gens. Ils ne seront pas musiciens ; mais ils jugeront les musiciens. Périsse l'Enseignement universel !

Un lecteur de la Quotidienne ne fait pas tant de façons. Il va droit au but : Que veut cet homme ? — C'est une méthode, monsieur. — Pourquoi faire ? — Pour tout apprendre. — Allez, imbécile, vous prenez mal votre temps ; il fallait dire cela plus tôt. — Je ne le savais pas. — C'est dommage pour vous, monsieur ; vous auriez pu brâiller cela dans un club ; on aurait fait mention de vous au procès-verbal ; peut-être auriez-vous obtenu les honneurs de la séance et l'accolade fraternelle du président en bonnet rouge. Aujourd'hui, voyez-vous, mon cher, il ne s'agit pas d'apprendre vite ; on apprend lentement ; c'est bien comme cela ; il vaudrait mieux qu'on n'apprît pas du tout ; mais, enfin, les collèges sont vieux, c'est toujours une petite garantie.

Quelle horreur ! s'écrie un abonné de la Pandore, un ami des lumières. Fi ! monsieur l'obscurant, bon homme de lettres que vous êtes ! pourquoi tenir ainsi le peuple dans l'ignorance ? — Belle question ! pour un homme d'esprit, vous ne

montrez pas beaucoup de sagacité. — Le peuple
n'est jamais plus soumis aux lois que lorsqu'il connaît ses devoirs ; l'instruire c'est travailler à son
bonheur. — Assez, libéral ! nous savons par cœur
tout ce que vous allez dire. Il n'est pas nécessaire
de découvrir mes intentions lorsque je déclame
contre la philosophie, je n'en fais pas mystère, et
vous n'avez pas grand mérite à deviner une énig-
me dont je ne cesse de vous dire le mot. Mais le
fou a dit : *Connais-toi toi-même*. Eh, bien ! pourquoi voulez-vous que le peuple soit éclairé ! quel
est votre but ? quels sont vos projets ? je n'ai pas
besoin que le peuple sache lire la Quotidienne ; on
lui dira ce qu'elle contient, cela suffit. Vous avez
besoin, vous, qu'il sache lire, pour augmenter le
nombre des abonnés de la Pandore, qui ne sont,
hélas ! que trop nombreux : voilà pourquoi j'attaque l'enseignement mutuel, et c'est pour cela que
vous le vantez. Au moins, moi, je suis sincère, et
je dis toute ma pensée. Vous, au contraire, vous
aimez la réticence, parce que vous en avez besoin. Vous avez la sottise de recommander aux
pères de famille l'ouvrage du charlatan, et vous
ajoutez que sa méthode est bizarre ; voilà ce que
c'est quand on ne va pas droit, quand l'allure n'est
pas franche, on ne sait ce qu'on dit. La méthode
propose un moyen court d'apprendre à lire et à
parler une langue quelconque, et vous la prônez ;
l'auteur déclare que ses enfans écrivent aussi bien
que vous, qui vous en piquez, et cela vous a paru
bizarre. Allons donc, libéraux, cela ne vous sied

point ; il y a là un petit air de fausseté peu libéra-
le ; dites franchement qu'on ne peut pas apprendre
à écrire comme vous ; nous vous soutiendrons, et
le pauvre auteur sera étouffé dans nos embrasse-
mens.

Voilà, mon cher élève, les discours qui vous ef-
fraient ; remettez-vous d'une alarme si chaude, et
écoutez la seconde leçon.

Deuxième Leçon.

Montrez la première note du dessus et la première note de la base ;
faites-les toucher en même temps.

———

L'Enseignement universel a, je l'avoue, l'air
d'une mystification pour messieurs les savans. Un
journaliste très-célèbre reçut un jour une lettre
d'un élève sur l'Enseignement universel ; cet homme, au courant du possible et de l'impossible,
comme doivent l'être nos magistrats en littérature,
refusa, dans mon intérêt (disait-il), d'annoncer au
public de pareilles balivernes ; je ne savais pas que
j'eusse tant d'amis.

Cependant il est naturel de se défier de toute
universalité, depuis la panacée universelle. Mais
quel inconvénient de l'annoncer ? nos remèdes, à

nous , sont benins et innocens , la perte de quelques semaines ne doit pas être un obstacle pour les
lambins de la vieille routine. Si j'étais journaliste ,
je dirais en pareil cas : On le dit , voyez par vous-
même. Mais ces pauvres gens sont dans mon cas ;
ils croient bonnement que le public s'intéresse fort
à connaître leur avis ; j'ai tort , disent-ils , d'instruire le public des rumeurs publiques contre ma
méthode , et ils n'ont pas encore songé que le public n'avait peut-être guère plus d'empressement
pour connaître leurs opinions. Quant à moi , je
raconte tout cela pour l'instruction de mes élèves
qui m'en prient , persuadé que le dire de la *Revue
Encyclopédique* de France est toujours instructif.

La *Revue Encyclopédique* de France se gardera
donc bien de répéter ces leçons. Cette corporation
a trop d'esprit pour donner dans le panneau. D'ailleurs il est clair que cela est obscur. Comment deviner , dans ce style laconique , qu'il s'agit de se
procurer la méthode d'Adam , par exemple. Cette
méthode est composée de deux parties. La première partie contient des exercices préparatoires,
des gammes , des principes ; je la mets de côté : je
prends la deuxième partie qui commence ainsi :
mi , *sol* , *re*, *re*, *ut*, *re* , *mi* , *ut*. Voilà ce que doit
dire la main droite pendant que la gauche dit : *ut*,
mi , *sol*, *fa* , *mi* , *sol* , *ut*. Mais cela s'apprend successivement. Commencez par faire toucher en mê-
me temps, de la main droite, la première note *mi*,

et de la main gauche *ut* ; puis l'enfant répète jusqu'à ce qu'il sache imperturbablement comment
avec un piano on peut dire à la fois les deux notes
dont il s'agit , et quel est le doigt de chaque main
qui doit être chargé de les faire parler.

Divaguons maintenant pour reposer votre attention , mes chers élèves , c'est-à-dire suivons nos
amis dans leurs objections. Je vous prie d'observer
qu'ils disent que je m'écarte de mon sujet quand
je leur réponds, ce qui prouverait, ce me semble ,
qu'ils en sont donc sortis lorsqu'ils m'ont attaqué.
Mais c'est une petite ruse de leur part ; en effet, si
je ne dois pas répondre sous peine d'être accusé de
divagation, les voilà maîtres du champ de bataille ;
le calcul n'est pas si sot , comme vous voyez. Ils
m'appellent, par exemple, le bon M. Jacotot ; moi,
qui sais ce que parler veut dire , je réponds brusquement que je ne suis pas plus bête que le plus
malin d'entre eux , et je leur propose un cartel d'esprit : ce duel-là n'est pas défendu ; on ne peut pas
s'y battre à mort. Cependant les plus fameux , les
plus furieux ne sont pas encore venus se mesurer
avec moi *esprit à esprit* : c'est dommage , cela ferait un beau coup-d'œil. Enfin le défi tient, et s'ils
veulent s'escrimer sans danger et sans compromettre la supériorité de leur génie en ma présence, voici ce qu'ils vous diront :

Puisque M. Adam a fait une méthode , puisque
le Conservatoire de France l'a adoptée , on ne peut
pas intervertir l'ordre et commencer par la fin.

2

Cette objection, vieille comme les principes dont elle soutient la légitimité, a déjà été résolue dans les volumes précédens, et je n'y reviens plus. — Cependant, mon cher maître, je ne vois pas trop ce qu'on peut répondre à cela. — Voyez le premier volume. — Mais le cas est différent : il s'agissait alors de la langue française que vous savez un peu, et nous croyons que vous la connaissez très bien ; dans notre aveugle confiance, nous vous considérions comme une autorité ; mais ici il est question de musique, et vous n'êtes pas musicien. — J'aurais bien envie de vous répondre tant mieux ; mais je n'ose pas, dans la crainte de faire rire à mes dépens les savans qui nous écoutent et qui nous épient ; je me contenterai de vous demander si vous attribuez les progrès de mes élèves à mes connaissances dans la langue française. Dans ce cas, vous êtes le plus dangereux de tous les ennemis que la méthode puisse rencontrer ; car, à votre dire, il il n'y a plus de méthode : c'est à un maître, c'est à tel maître, en un mot, c'est à moi qu'il faut attribuer les résultats que vous prônez tant, et qui vous ont émerveillé. Or, mon talent, ma supériorité se montrent dans mes ouvrages ; le fait est là, vous aurez beau vous extasier : l'homme supérieur, qui gémit de votre imbécilité, vous regarde comme un badaud qui bâille devant un arlequin qui l'enchante et lui fascine les yeux par quelques tours de passe-passe ; vous n'êtes pas des nôtres, mon cher élève, si c'est là votre portrait. Un disciple véritable de l'Enseignement universel, ne m'attribue aucun résultat ; tout appartient à l'élève qui suit la route, et vous pouvez la lui indiquer comme moi. Réfléchissez donc, et vous verrez que le raisonnement bâti sur le Conservatoire ou sur la *Revue Encyclopédique* n'est pas un raisonnement ; ce sont des paroles cousues , comme on fait pour remplir une colonne de journal ou un discours académique.

On vous dira qu'il est manifeste que les progrès doivent être bien plus rapides si on commence par exercer la main droite d'abord ; peut-être, en effet, ce principe est-il évident , je n'ai jamais réfléchi là-dessus ; mais le fait est faux , j'en suis sûr, et il ne tiendra qu'à vous de le vérifier. Peut-être les enfans marcheraient-ils plus tôt , s'ils commençaient à ne marcher d'abord que d'une jambe ; c'est une expérience digne de la vieille méthode. Quant à vous , continuez à faire jouer les deux mains en même tems ; ce serait, s'il fallait choisir , la main gauche qu'il conviendrait d'exercer la première , puisqu'elle est censée moins active que l'autre ; mais enfin nous les mettons ensemble à l'ouvrage ; nous ne préférons point le pouce à l'index : nous suivons la méthode d'Adam.

On vous dira : Comment jouer *mi*, si on ne connaît pas le nom des notes? répondez avec respect : Je vous demande pardon ; une est distinguée d'une autre par sa forme et par la place qu'elle occupe ; or tout cela se voit ; l'œil juge de ces circonstan-

ces différentes ; et si le doigt sait où se placer, en
pareil cas, il n'en faut pas davantage.

Il n'y a personne qui ne puisse jouer *ut* de la
main gauche, et en même temps *mi* de la main
droite ; il voit ce qui est écrit, et il entend le piano
qui le prononce, quoiqu'il ne puisse dire le nom des
sons qu'il vient d'entendre. Le fait est vrai, je vous
en donne ma parole d'honneur ; je l'ai vu, je l'ai
entendu : tout le monde peut faire cette expérience,
je vous promets qu'elle réussira si l'enfant veut. —
Belle méthode ! si l'enfant veut ! et s'il ne le veut
pas ? — Je vous l'ai déjà dit, il ne le fera pas ; mais
je vous le répète, il le peut, il en a les moyens, la
capacité, le génie et l'intelligence.

Mais si l'enfant se trompe et prend un doigt pour
l'autre, que faire ? Il faut lui montrer le chiffre qui
est placé au-dessus de chaque note et qui indique,
pour les deux mains, quel est le doigt qu'il doit
poser sur les touches. — Un enfant a-t-il l'intelligence assez mûrie pour faire tant de remarques en
même temps ? Les lignes du papier, le signe qui
veut dire main droite, celui qui signifie main gauche, celui qui indique le doigt qui se meut dans
telle circonstance ; tout cela n'accablera-t-il point
l'attention peu exercée d'un enfant ? son intelligence encore peu développée suffira-t-elle pour
embrasser tant de détails ? Et, de plus, quel encouragement lui donnerez-vous ? quel prix de tant de
peines ? le bruit alternatif de deux sons qui ne disent rien séparément et peu de chose quand on les

fait entendre simultanément. Pauvres créatures !
je les vois bâiller à l'indispensable répétition. Non,
cette méthode fût-elle bonne en théorie, elle serait inapplicable dans la pratique. *Mi, ut, mi, ut,
mi, ut*, et toujours *mi, ut* ; il y a de quoi tomber
en syncope. De plus, en supposant à l'élève des
nerfs comme des cables, M. Adam ne dit-il point,
dans la préface, que l'on doit savoir la musique
avant de se mettre au piano ; or l'autorité de M.
Adam vaut probablement celle de M. Jacotot ;
donc... — Je vous ai déjà dit, mes chers élèves,
que ce raisonnement de journaux n'est pas un raisonnement. L'autorité n'a rien à faire ici ; l'expérience est une maîtresse impérieuse qui ne subit le
joug d'aucune autorité ; c'est elle qui nous prescrit
des règles de conduite, sans jamais en recevoir.
Elle trompe notre attente, elle justifie nos conjec-
tures ; mais elle ne cède point à nos caprices ; elle
se rit de nos syllogismes, et n'a point de respect
pour la science, ni de déférence pour le génie.

Troisième Leçon.

Faites répéter les deux premières notes et ajoutez-y les deux suivantes.

— Est-ce que vous nous prenez pour des imbéciles ? Voici une autre prétention maintenant ; dans le premier volume vous affectiez un air de profondeur, vous ne parliez que par axiômes ; la *Gazette* vous a tancé à ce sujet avec beaucoup d'esprit, et la *Quotidienne* en a pleuré avec raison. Aujourd'hui vous parlez lâchement, et par phrases décousues, comme on décrit les pièces d'une machine, comme on expose une suite de procédés à suivre dans un laboratoire de chimie : c'est le style d'une ordonnance ; *recipe* ceci, *recipe* cela, et vous serez guéri. On a déjà dit, avant vous, que, pour jouer de la flûte, il suffisait de souffler et de remuer les doigts ; cette méthode, mère de l'Enseignement universel, n'a pas fait fortune et vous n'avez choisi le piano que pour éviter une terrible objection dont on écrasa, dans le temps, l'original qui vous sert de modèle. Cette seule objection suffirait pour abattre votre orgueil ; la voici : vous ne pourriez pas enseigner la flûte ou

le violon ; donc la méthode n'est pas universelle.
Sur le piano, les sons se trouvent tout faits ; l'é-
lève frappe du doigt à la place indiquée, et le
mouvement se communique mécaniquement au
corps sonore ; il ne faut ici que deux machines ,
un doigt et un instrument. Le doigt n'a aucun mérite ; la touche est assez large, assez distinguée des
touches voisines , pour qu'il soit impossible de se
tromper. Avec une flûte, c'est autre chose , il faut
de l'oreille d'abord, et encore de l'esprit. L'oreille
est nécessaire, car il n'y a point d'*ut* sur la flûte ;
l'instrument est disposé à vous obéir, mais il n'exécute que vos ordres ; il est vrai , si vous lui com-
mandez ; il est menteur quand il vous plaît , il
altère la vérité d'après vos inspirations ; pour peu
que vous changiez d'avis , il en change , il commence sur un ton , il finit la phrase sur un autre.
Toujours docile au génie de l'artiste, le violon ne
le trahit jamais ; sa fidélité est à toute épreuve ,
son dévoûment est sans bornes. Le piano, au contraire, interprète grossier des sentimens de l'âme,
ne sait donner qu'un *ut* et toujours le même *ut* ;
quand le musicien en demande un autre , il ne
peut lui offrir que l'octave. Avez-vous entendu
Lafond ? Quelle âme ! quelle poésie ! C'est mademoiselle Mars qui parle dans Valérie. *La Quotidienne* ne fait-elle pas bonne preuve de sens (quoi
qu'en dise *la Pandore*) quand elle gémit, comme
toute personne raisonnable doit le faire , en pensant à tout cela ? Le piano reste toujours tel qu'il

était en sortant des mains du facteur. Le violon ne
commence à vivre que sous les doigts de Lafond ;
il n'a de valeur qu'entre les mains du porteur ; c'est
un morceau de bois pour tout autre. Voilà pourquoi vous avez choisi le piano. Il y a des pianos
pour tout le monde ; on ne peut pas acheter un
violon, il faut le créer, et l'Enseignement universel ne va pas jusque-là.

— Il y a beaucoup de choses dans cette objection :
1° je n'ai point appliqué la méthode à l'étude du
violon ; je supplie mes antagonistes, avec tout le
respect que je leur dois, de me permettre de ne
point imiter leur manière de raisonner. Cela n'est
point ; donc cela ne peut pas être, est un enthy-
mème de savant qui n'est pas à mon usage ; il m'est
réellement impossible de démontrer *en fait* l'universalité de l'Enseignement universel ; car, après
la consommation des siècles, il restera encore une
infinité d'expériences à faire. Ceci soit dit pour
apaiser un peu la fureur de nos amis. Puisse cet
aveu calmer un peu leur âme ! Non, messieurs,
ne vous tourmentez point ; ni moi, ni personne ne
fera jamais l'application universelle de l'Enseignement universel. Vos successeurs (que Dieu les
amène pour l'ornement et l'édification des siècles
à venir !), vos successeurs pourront toujours dire
aux nôtres (si nous en avons) : Montrez la flûte,
enseignez le violoncelle, etc., etc.. et, sans sortir
de la musique, ils trouveront de quoi espadonner,
en rugissant, contre les universels. Je n'ai donc

point appliqué la méthode à l'enseignement du violon ; mes bons messieurs, vous voilà contens, je l'espère ; mais cette joie ne sera pas de longue durée. Écoutez bien : je suis prêt à l'essayer, et je crois que je réussirais à rendre encore ce service à qui m'en prierait. Charlatan ! charlatan ! te tairas-tu ? dites-vous ; et moi je vous réponds en riant : Homme de génie, quel mouche te pique ? tu n'es plus dans ton bon sens ; ne serais-tu donc qu'une machine que je fais tressaillir à mon gré ; qu'une corde que je fais frémir quand je veux ; qu'un violon dont je tire des sons aigres quand il me plaît ? Eh ! que t'importent mes promesses à qui croit en avoir besoin ? Est-ce une bonne action dont tu me disputes le mérite, ou dont tu m'envies la gloire ? Regarde autour de toi, homme de bien, il y a tant de malheureux qui réclament tes bons offices ; tu ne manqueras jamais d'occasion. Envies-tu la subsistance de tes semblables que j'ai obligés ? Homme de mal ! tu me ferais horreur !... Cette pensée est affreuse ; mais elle ne peut être au fond de ton âme ; reviens à toi, souviens-toi du plaisir, du bonheur dont tu jouis quand tu as fait le bien ; félicite-moi de ce que j'ai fait ; encourage-moi à faire mieux encore ; ne me suscite pas des obstacles sans fin ; ne me montre pas des difficultés insurmontables ; cache-les plutôt à mes yeux ; si j'étais tenté de me décourager, donne-moi l'exemple ; fais toi-même ce que je n'ai pas encore fait, ce que mes infirmités et mon âge ne me permettront pas de faire ; tu le peux comme moi. Allons , mon ami , il y a de l'ouvrage pour tout le monde quand il s'agit de faire du bien. Ce trésor de bonheur est inépuisable ; ni moi , ni personne au monde ne peut exciter ta jalousie , ni t'exclure de la part qui t'est due ; il est toujours tems de venir à ce partage ; ton esprit y renoncerait , que ton cœur n'y renoncera jamais ; je ne puis pas me tromper quand je te juge ainsi, créature faible ! bon, méchant, tour-à-tour, tu me ressembles ; comme moi, tu fais le mal par irréflexion, et tu souffres de l'avoir fait ; comme moi, tu n'es content que lorsque tu veux le bien de tes semblables. On dira de toi ce qu'on a dit de moi ; Il dit qu'il veut notre bien , mais c'est le propos de tous les charlatans. Le malheureux qui a dit cela oubliait que tel est aussi le discours d'un honnête homme. Reste à juger la conscience de celui qui parle, et si tu sens au fond de ton àme une disposition franche à obliger ceux qui réclament tes services , que t'importe qu'un insensé fasse de l'esprit contre la vertu ? Il est à plaindre , et s'il lit ces lignes, je le vois rougir, quoique seul ; le cœur lui bat , le livre lui tombe des mains ; il pàlit.... Reviens à toi, mon frère , lui dirais-je en le serrant dans mes bras ; pleure ta faute , tu le dois , mais rassure-toi, elle est réparée ; elle ne te tourmentera plus , puisque tu en gémis.

2° Je réponds encore : Vous avez du respect pour l'autorité de M. Adam lorsqu'il est de votre avis. Ce grand musicien pense qu'il ne faut arriver

au piano que préparé par des études préliminaires.
On doit d'abord savoir la musique ; M. Adam fait
plus, il cite aussi l'expérience. Les progrès, dit-il,
sont incomparablement plus rapides en suivant
cette marche, mais il démontre que cela doit-être.
Comment apprendre, en même temps, dit-il, les
notes, leur valeur, les différentes mesures et le
piano ? Remarquez qu'il ne fait tant d'efforts que
pour combattre la mauvaise méthode qui s'est éta-
blie de commencer toute suite l'étude du piano
sans tous les préliminaires qu'il croit indispensables. Ainsi nous ne faisons, comme on le voit,
qu'imiter en cela les maîtres ordinaires, qui ne
manqueront pas de dire (je les entends d'ici) que
M. Adam a tout à la fois tort contre eux, et raison contre nous. Va pour cette première inconséquence, voici la seconde. M. Adam s'élève contre
ceux qui prétendent que les sons se trouvent tout
faits sur le piano : cette opinion est signée des
membres du Conservatoire ; mais, cette fois, il
n'en faut pas douter, la corporation ne pense pas,
son avis ne prouve rien. Il est clair, en effet, que
les mazettes qui savent où il faut poser le doigt,
produiront sur notre âme la même impression
qu'un virtuose. Celui-ci n'a d'autre ressource que
l'agilité qui étonne, et le faire difficile qui impose.
L'instrument est composé de petits leviers qui disent, bon gré malgré vous, tic tac, à mesure qu'ils
s'élèvent et s'abaissent ; ce claquement monotone
est un accompagnement barbare qui me distrait et

s'oppose à toute émotion communiquée. *Au vallon*
(tic tac) *tout est sombre* (tic tac) ; il y a de quoi
mourir de rire , si on y faisait attention . Pour
sauver cet inconvénient, on frappe fort, de la main
gauche, un accord qui étouffe ce cliquetis, et alors
on n'entend plus de chant ; ou bien on ne fait que
des roulades dans lesquelles les sons se succèdent
avec tant de rapidité que l'oreille oublie ce bruit
de baguettes , qui sembleraient battre la mesure ,
si les coups se succédaient suivant une loi fixe et invariable. Le piano n'est et ne peut être qu'un bruit
confus de sons appréciables et inappréciables, quel
que soit l'artiste qui joue. Ce n'est point l'avis de
M. Adam ; mais nos messieurs n'admettent l'autorité de M. Adam ou de Fénélon que dans le cas
seulement où cette autorité leur est favorable. On
commence par le piano dans l'Enseignement universel, et M. Adam dit que cette méthode ne vaut
rien ; donc il a raison, puisqu'il nous combat. Les
maîtres de l'Enseignement universel croient que
les sons ne se trouvent pas tout faits sur le piano ;
M. Adam dit la même chose ; donc il a tort, puisqu'il est de notre avis. Voilà la logique de la vieille
méthode. Le violon est un instrument que l'homme fabrique au moment de l'exécution et pour le
besoin ; il ne présente que les rudimens d'un piano
qu'il faut faire et refaire à chaque note. Le piano
est malheureusement trop fait d'avance, il ne laisse
pas assez au travail de l'artiste ; le facteur l'aide
trop, et il l'embarrasse. Le fait est vrai ; mais qu'en

résulte-t-il ? Qu'il est plus difficile de parler à l'âme avec un piano qu'avec un violon. Les ressources sont infinies pour Lafond qui saisit un violon. Aussi il est bien plus rare d'arracher des larmes avec un clavecin, que d'attendrir avec un violon. Mais est-ce à dire que la difficulté soit insurmontable ? Ne peut-on la vaincre en partie ? Est-il impossible d'approcher du but ? Entendez-vous Moschelès de sang-froid comme vous écoutez un écolier ? et doutez-vous que celui qui vous ébranle avec un piano vous eût entraîné avec un violon ? Ne venez vous pas d'entendre que c'était un homme qui parlait ? Croyez-vous aussi qu'on soit né pour le piano plutôt que pour la trompette marine ? N'ai-je pas le génie inné d'un instrument qui n'est pas encore inventé ? Disciples de l'enseignement universel, croyez-moi, le piano n'est pas tout fait.

Quatrième Leçon.

Faites répéter et ajouter de nouvelles notes à celles qu'on a déjà jouer.

Vous voyez bien qu'il sait la musique, dira-t-on ; il parle d'*ut* et de *mi* ; il fait l'ignorant, mais nous ne serons pas ses dupes. Au lieu de dire *clef de sol*, il a dit *main droite*. Il appelle *main gauche* la *clef de fa*. Si vous ne savez pas toutes ces belles choses, vous ne pourrez rien montrer ; donc l'Enseignement universel est une attrape.

Je vous prie d'observer que ces messieurs sont fidèles à leur système ; ils iraient jusqu'à me vanter, plutôt que d'accorder que vous pouvez diriger un enfant dans l'étude de la musique. Si vous êtes paresseux, votre indolence admettra l'objection ; et me voilà vaincu, abandonné, tué même, ce qui m'est parfaitement égal. Je ne continue donc que pour celui qui s'amuse, avec moi, du dire de tous ces braves gens, et qui croit qu'un ignorant peut être bon à quelque chose.

Prenons les choses de plus haut, et parlons d'une circonstance où l'Enseignement universel pourrait devenir réellement utile.

Je suppose une bonne mère dans la plus basse classe du peuple. Cette position malheureuse (si c'est un malheur) n'empêche pas d'être homme et de sentir. On n'a pas ordinairement, à cet étage, le désir d'être savant, mais on peut souhaiter, sans excès d'ambition, de savoir lire. Notre mère le voudrait peut-être pour son fils. Elle n'est point à portée d'un établissement d'enseignement mutuel, elle n'a point d'argent pour payer un maître, elle n'a guères d'amis, ou si vous le voulez, ses amis ne savent pas lire eux-mêmes ; que faire ? Je vais le lui dire. — Mais elle ne le saura pas, puisqu'elle

ne peut pas lire votre livre quand on le lui prête-
rait. — Tant mieux ; on ne pourra pas dire au
moins que mon livre l'ait pervertie ; c'est toujours
un danger de moins. Mais vous qui savez lire et
qui me lisez, tâcher de saisir le sens de mes paroles, vous lui expliquerez le moyen de parvenir à
son but. Dites lui :

Votre enfant ne sait pas lire ? — Hélas ! non.
— Désirez-vous bien fort qu'il puisse lire ? — Oh !
de tout mon cœur ; il y a tant de circonstances
où il est bon de savoir lire pour gagner sa vie. —
Il le saura, s'il est vrai que vous en sentiez le besoin. Vous connaissez vos prières ; récitez-les moi,
que je sache si vous ne faites point de fautes en les
récitant.... C'est bien. Voici, dans ce livre, la
première prière que vous avez dite ; voilà la seconde et voilà la troisième. Récitez-les, tous les
jours, en les regardant avec votre enfant ; vous finirez par distinguer tous les mots et toutes les syllabes, et vous saurez lire tous les autres mots, lui
et vous. — Quel bonheur ! Mais cela est-il possible ? — Je ne puis pas vous démontrer que cela
soit possible ; essayez seulement. Je reviendrai
m'assurer que vous savez lire ; je vous donnerai les
mêmes prières écrites ; vous saurez lire l'écriture,
vous imiterez avec une plume, et vous saurez écrire. — Je n'ai point d'encre. — Je vous en donnerai. Mais d'ailleurs, à défaut d'encre, vous mettrez un peu de houille dans de l'eau, et faute de
plume, vous prendrez un petit morceau de bois.

Vous ne voulez pas que votre fils soit un déclamateur, ni maître d'écriture ? Il suffit qu'il commence à se mettre en route, il continuera seul, suivant le besoin et les circonstances.

Je pense que vous comprenez mon apologue. Une mère riche, instruite, pleine d'esprit, mais ignorante en musique, me demanda un jour, en riant, si je la croyais capable d'enseigner la musique à sa fille. Moi, qui ne doute jamais de la capacité d'autrui, je lui répondis, sans galanterie, que j'en étais sûr, *si elle en avait la volonté*. Et comment cela, me dit-elle ? Le voici, madame, repris-je. Vous connaissez quelques chansons, vous les fredonnez quelquefois ; achetez-les écrites en musique, et chantez en regardant ; peu à peu vous vous apercevrez que les mêmes signes répondent aux mêmes intonations ; vous remarquerez les figures que vous voyez quand vous pressez ou que vous rallentissez le mouvement ; vous devinerez ce langage muet, cette écriture, quand vous la comparerez à ce que vous connaissez d'avance, et dont tous ces hiéroglyphes sont destinés à nous retracer l'image. Quelques morceaux bien sus vous mettront à même de tout lire. Mais, je vous en supplie, ajoutai-je, si cela vous réussit, n'en dites rien à personne ; je serais perdu de réputation, si l'on savait que j'ai prétendu vous rendre le service dont vous m'avez prié. Si vos tentatives sont infructueuses, je n'ai rien à craindre ; l'orgueil ne sera pas offensé, et l'on me laissera en repos.—

Je vous promets , me répond cette dame , que je ne parlerai à personne de cette singulière méthode , dont , au surplus , je n'oserais pas faire l'essai : je serais la fable de la ville ; la musicienne , l'universelle , deviendrait mon sobriquet , et vous savez que nous autres dames nous n'aimons pas les sobriquets : nous aurions été toutes pour vous sans cette peur , car votre premier volume est écrit dans de bons principes sur le génie du sexe féminin ; mais nous n'aimons pas qu'on se moque de nous , et les antagonistes sont sûrs de nous tenir par là. Cependant , croyez-vous que je puisse réussir ? Si j'essayais en cachette ? Puisqu'ils le défendent , il serait bien agréable de le tenter, bien doux de réussir : ma fille a de la voix , cette chère petite ! Après tout , qu'importe par quelle méthode , pourvu qu'elle chante. Allons!.... je n'ose pas essayer. Si pourtant j'essayais ? — Vous réussiriez ; l'expérience se fait tous les jours dans les établissemens d'Enseignement universel. — Oui , par des gens qui savent *ut* , *mi*.— Cela est vrai , mais la marche que je vous propose ne suppose aucune connaissance en musique. Au surplus , apprenez que sur un piano il y a des touches noires disposées alternativement par deux et par trois ; demandez , au premier livre venu , où sont les touches qui disent *ut*. Apprenez par cœur la gamme *ut* , *re* , *mi* , *fa* , *sol* , *la* , *si* , *ut* ; voyez-là sur le papier écrite à la clef de *sol* et de *fa*. Montrez , mais sans rien dire , cette correspondance à votre chère fille ; mais gardez votre science pour vous, elle jouera demain le premier air. — Mais, enfin, cela suppose que je sais toujours quelque chose, et l'on m'avait dit que les maîtres de l'Enseignement universel ne devaient rien savoir. — Je vous demande pardon, madame, ils doivent savoir, quand ils savent cela, qu'ils ne savent pas la musique. Voilà la véritable raison pour laquelle les élèves font des progrès si rapides, c'est qu'avec des maîtres aussi savans que nous le sommes, vous et moi, il est impossible de ne pas apprendre *seul*, et par conséquent vite et bien.

Cinquième Leçon.

La première reprise bien sue, on la répète et on étudie la seconde.

QUELLE contradiction! dit le lecteur en jetant le livre, cet homme est fou, sur ma parole. On ne se moque pas du public à ce point. — Mais, mon ami, pourquoi l'achètes-tu? pourquoi le lis-tu? Le plus fou des deux n'est pas celui qu'on pense. — J'ai voulu voir jusqu'où il pousserait l'impudence. — Eh bien! tu le vois, tu dois être content. — Non, cela est absurde. — Eh bien! c'est ce qu'il nous faut. — Les nigauds le croiront — Tant pis pour eux, pourvu que mon fils n'apprenne pas la musique comme cela, moi, c'est tout ce que je demande, et j'espère bien qu'on ne nous forcera pas à suivre l'Enseignement universel. — On ne ferait pas mal pour votre intérêt. — A l'autre, il écoutait. Vous dites donc ? oh ! le plaisant garçon ! vous dites ? — Qu'il est malheureux, dans votre intérêt, qu'on ne vous force pas à suivre notre divine méthode, et voici pourquoi : vous êtes négociant, vous devez connaître le prix d'un écu ; vous savez ce que c'est que l'intérêt des intérêts ; eh bien ! calculons.

Votre fils a seize ans. — Seize ans et demi même. — Eh bien ! il a seize ans et demi ; 1000 fr. de pension pendant sept ans ; ce tribut payé à la vieille méthode, pour entrer dans une université, ci... 7,000 fr. ; vous avez dix enfans ; or, 7,000 fr. $\times$ 10 = 70,000 fr. ci..... 70,000 fr. Mille pères de famille comme vous paient donc en tout 70,000,000 fr., c'est-à-dire 70 millions. Dans l'Enseignement universel, ils ne seraient imposés qu'à un million ; faites-vous souvent d'aussi bonnes spéculations ? — Hélas ! — Quoi ! vous vous plaignez, et vous ne voulez pas réduire vos dépenses. — C'est que, voyez-vous, cet être qu'on appelle public a des habitudes, il s'imposerait lui-même si on ne l'imposait pas. — Grand bien lui fasse ! je suis content d'avoir rendu service à quelques-uns d'entre vous ; je ne connais pas le public, et j'approuve qu'il paie, puisque cela l'amuse ; chaeûh prend son plaisir où il le trouve ; vous aimez mieux payer 7,000 francs à coup sûr, que d'essayer de gagner 6,000 francs ; à votre aise. Comprenez-vous pourtant que le public pourrait, s'il le voulait, économiser des sommes immenses, grâces à l'Enseignement universel ; car, cette méthode fût-elle absurde en théorie, toujours est-il que l'économie dont je parle se fait tous les jours, à ma grande satisfaction, par quelques pères de famille.

Pendant cette conversation, entre le modéré et moi, le furieux, qui était dans un coin et grommelait tout bas quelque sottise, finit par perdre patience et se leva pour m'interrompre ; mais je ne lui en donnai pas le temps. Quant à vous, monsieur, lui dis-je, en forçant ma voix pour me donner un air sévère, quant à vous, monsieur, vous n'avez pas d'excuse. Je faisais, à votre ami, le calcul que vous venez d'entendre, pour le rendre plus circonspect une autre fois. On ne doit pas se presser de critiquer, d'injurier, de calomnier ceux qui ne veulent que nous obliger ; mais, enfin, votre ami est le maître, et personne au monde n'a le droit de lui demander compte du patrimoine de ses enfans, qu'il peut dissiper comme bon lui semble. Mais, vous, monsieur, vous êtes réellement coupable de malversation ; vous connaissez les faits ; vous êtes tuteur, et vous épuisez la fortune de vos pupilles, sous le prétexte de leur donner de l'éducation. Voyez le code ; le texte de la loi vous

condamne ; vous n'avez point d'excuse , et voilà
la vraie cause de votre fureur, car rien ne donne
plus de mauvaise humeur qu'une mauvaise action.
Il n'y a pas un tribunal qui ne vous force un jour
à restitution sur la plainte de vos pupilles , qui vous
accuseront , à juste titre , de les avoir ruinés en
frais inutiles. Si vous leur portiez en compte un
louis pour une leçon de musique qui ne devait
coûter que dix sous , croyez-vous que cela serait
alloué ?

Le furieux fut interdit , et j'éclatai de rire.
Voyez ce que c'est qu'une mauvaise conscience ,
on peut l'effrayer par des fantômes : rassurez-vous;
il n'y a aucun tribunal en Europe qui puisse jamais croire à l'Enseignement universel , et quand
même les magistrats y auraient confiance comme
hommes , ils vous absoudraient comme magistrats.
Error communis facit jus ; or , le public ne saura jamais ce que c'est que l'Enseignement universel. Il n'y aura jamais confiance , pas plus qu'à la
vaccine.

Mais quoique j'aie fermé la bouche à mon furieux , il est pourtant juste de vous raconter ce
qu'il voulait dire , le voici :

— Quelle inconséquence ! il dit qu'il ne sait rien
et il veut juger, avant de faire passer l'élève à la
seconde reprise , s'il sait bien la première.

— J'entends par ces mots *l'élève sait bien* , l'élève joue facilement , sans marchander , ce qui est
écrit ; il va lestement , il croque la note , c'est tout

ce qu'il me faut. J'appelle *croque-note* celui qui dit
tout , qui ne passe rien ; vraie machine qui lit la
musique comme un enfant de la vieille méthode lit
du français qu'il n'entend pas ; il ne met pas d'intention dans sa lecture ; notre élève ne comprend
pas ce qu'il dit ; s'il le comprenait , ce serait un artiste ; il aurait réfléchi et il n'en a pas eu le temps.
Heureux ! s'il regarde le signe matériel qui est sur
le papier, et si les doigts trouvent lestement les touches correspondantes. Voilà tout ce qu'il faut pour
que je lui dise : bravo ! vous irez loin si vous continuez avec ce même zèle , avec cette même application ; vous êtes déjà un petit musicien ; les grands
sont plus savans que vous ; mais êtes-vous de la
première classe , de la classe nombreuse des exé-
cutans ? vous épelez , et ils lisent par-dessus ; ils
déchiffreraient la musique à l'envers ; vous êtes à
une distance immense de ces gens-là ; mais cet intervalle est mesurable ; il est matériel , pour ainsi
dire ; de pas en pas vous y arriverez : qui joue la
première mesure du premier air doit jouer le concerto le plus difficile ; alors vous aurez atteint ces
messieurs , s'ils s'arrêtent là ; mais pussiez vous le
solfier comme eux dans tous les sens ; que vous sa-
chiez manier le violon sur la tête ou sous la jambe,
tout cela est matériel , et vous ne seriez encore
nulle part. Vous ne serez toujours qu'un *croque-*
note. Le temps viendra où nous exigerons de vous
autre chose ; aujourd'hui jouez votre premier air ;
recommencez ; plus vite ; plus lentement , comme

on voudra ; la dernière mesure ; la seconde ; la
quatrième ; soyez toujours prêt , et je dirai que
vous savez. Il y a mille autres demandes à faire à
l'élève , mais qu'il avance toujours ; c'est à force
de répéter qu'il n'est embarrassé de rien. La facilité vient de la répétition , et l'on ne peut réfléchir
au tout que lorsqu'on connaît les faits, que lorsqu'on est maître de sa matière ; peu à peu , à force
de répéter, il saura l'air par cœur, il le jouera de
mémoire ; il faudra vérifier qu'il le possède toujours
mieux. Je ne puis donner là-dessus de leçons à
personne ; faites toutes les questions qui vous pas-
seront par la tête ; demandez s'il voit la première
note ; s'il la voit en place ; le mettriez-vous bien
sur du papier ? quand vous entendez l'air, le voyez-
vous ? quand vous le voyez , l'entendez-vous ? etc.
etc. Tout le monde sait questionner. Prenez des
leçons des taquins lorsqu'ils contestent la science
d'autrui qui les importune ; écoutez les antagonistes de l'Enseignement universel ; si vous aviez besoin de maîtres , vous ne pourriez pas mieux choisir ; il faut leur tout dire , leur tout expliquer ; ils
ne sont jamais contens : *je ne comprends pas ceci ,
cela me passe ; voilà qui est absurde , ridicule, in-
conséquent , etc.* , etc. Taquinez ainsi votre élève,
mais dans un autre esprit et pour le faire briller.
D'abord demandez-lui ce que vous savez qu'il a
remarqué ; vantez son intelligence ; mais dites-
lui bien que tout autre peut voir ce qu'il voit , ou
vous en serez un taquin ; il se croira d'une autre

pâte que le vulgaire ; celui-là est arrivé , il n'a plus
rien à faire pour être un grand homme. Chez nous,
c'est autre chose ; il faut prouver à l'élève qu'il a
de la capacité et pourtant stimuler sans cesse sa paresse.

Sixième Leçon.

Vous avez beau dire , mon cher maître , *je ne
comprends pas* qu'on puisse devenir musicien en
suivant cette méthode , qui , au surplus , n'en est
pas une. Autant vaudrait dire , en effet , sans tant
de bavardage , apprenez la musique et vous la saurez , ou plutôt , étudiez la méthode d'Adam , et
vous la jouerez ; encore faudrait-il qu'un maître
savant et très savant (comme dit la *Quotidienne*)
me dirigeât , me conseillât , m'instruisît. Mais je
suppose pour un instant que je puisse , par impossible , deviner le mouvement du premier air,
trouverai-je le mouvement du second , et ainsi de
suite ? Quand je saurai croquer , comme vous le
dites , toutes les notes de toute la méthode , aurai-
je l'idée de la mesure ? la battrai-je régulière-

ment ? Car, il n'y a point de musique sans mesure.
— Oui. — Mais comment cela ? — Je ne suis
pas assez savant pour expliquer *ce fait* ; voici ce
que je crois ; tout homme qui connait le nombre
de pieds qui composent un vers , peut apprendre à
scander tout seul ; s'il se trompe , il trouve à la fin
plus ou moins de pieds qu'il n'en faut ; la règle
générale du dactyle et du spondée , pour cinquième et sixième pieds , le guide suffisamment pour
qu'il trouve à peu près les autres. Il continue , il
revient à ce qu'il a lu ; il compare , il vérifie , il
n'est plus embarrassé , et s'il a des vers dans la tête , il connaît toute la prosodie. En musique , les
mesures sont régulières , et les temps , c'est-à-
dire les parties de la mesure , le sont aussi. Dire
mentalement *un* , *deux* , *un* , *deux* , etc. , pendant
qu'on joue ; le dire avec la régularité qu'on a remarquée dans les pas d'un soldat qui marche au
pas ordinaire ou au pas accéléré ; le dire en exa-
minant si les notes qu'on joue sont écrites avec des
signes dont la régularité ou la diversité corres-
pondent à la régularité de la mesure ; voir si ces
deux opérations de l'esprit et des doigts se suivent,
se calquent , se superposent , pour ainsi dire , de
manière à se représenter exactement dans toute
la longueur du morceau, sans bonds , sans silence
non écrit , sans solution de continuité de part ni
d'autre ; voilà l'étude que tout le monde peut faire. Tel est le résultat qu'on finit par atteindre à
force de répéter ; puis demander à l'oreille si elle

est contente ; si la succession des sons , et leur durée respective , soumise à l'épreuve dont je viens de parler , dit quelque chose ; s'assurer enfin que le discours musical change de sujet , exprime d'autres sentimens , dès que la distribution des sons se fait en d'autres parties de temps ; voilà encore ce dont tout homme est capable. Il y a analogie parfaite , ressemblance exacte entre cette marche de l'intelligence qui étudie la valeur des notes , et la marche de l'esprit humain , lorsque nous étudions une langue quelconque.

Mais prenez ceci pour l'explication de Sganarelle , et ajoutez y, si vous voulez : *Voilà pourquoi votre fille est muette* , je ne m'y oppose pas. Concluez de là que mes raisonnemens métaphysiques étant faux , ma pratique doit l'être aussi , je ne vous répondrai plus rien. *Je crois* que la chose se passe ainsi , mais je suis sûr que nos élèves apprennent la musique , et je n'en veux pas encore davantage ; je suis sûr encore , et vous aussi , que ce raisonnement : « *M. Jacotot n'a pas une bonne judiciaire , donc les résultats sont faux* , » n'est pas un bon raisonnement ; car les faits ne peuvent pas dépendre de nos raisonnemens , de notre orgueil , de notre jalousie, de nos préjugés. Si , par hasard , vous ne saviez pas cela , apprenez-le ; si je ne puis vous enseigner la musique , je vous aurai toujours été bon à quelque chose. — Mais , mon cher maître , vous me parlez comme à un ennemi. Vous savez pourtant que je suis de ces esprits faibles qui ont la bonhomie de croire qu'on peut apprendre le latin en six mois , et que monsieur Bemelmans a su le hollandais au bout de trente jours. Je crois tout cela ; je crois même que monsieur Bemelmans est de Namur et qu'il ne connaissait pas un mot de flamand ; c'est un grand service que vous lui avez rendu, ainsi qu'à tous les Wallons à qui vous avez montré , par cet exemple, ce qu'ils pouvaient attendre de la méthode. Je crois que le public ne saurait trop vous témoigner de reconnaissance ; que toutes les régences Wallonnes devraient vous remercier, au nom de leurs administrés , le bourgmestre en tête , revêtu de son habit de cérémonie. Je crois qu'on devrait vous charger de diriger l'instruction par votre méthode pour les langues. On devrait vous la faire expliquer devant des commissaires chargés de l'examiner et de la propager pour l'intérêt des peuples. Je crois tout cela , mon cher maître; car, enfin, si les faits sont vrais , on doit en profiter ; l'insouciance est condamnable ; si les faits sont faux , on doit proscrire la méthode. Voilà des enfans pervertis , élevés dans des écoles publiques à l'hypocrisie et au mensonge. Celui-ci peint ; quel est votre maître, lui demande-t-on , et le petit malheureux répond avec l'audace du crime : M. Jacotot. — Sait-il la peinture ? — Pas même le dessin. — Cela n'est pas possible , dit-on , et le petit polisson rit au nez du questionneur, en lui disant : *Vous ne comprenez pas* la méthode. A la fois menteurs et insolens, voilà les citoyens que vous formez, mon cher maître, et on le souffre ! Si votre méthode produit des miracles, on ne peut trop vous remercier ; si les faits sont faux, il n'y a pas de châtiment dont vous ne soyez digne. Le silence du public est inexcusable dans tous les cas. Voilà ce que je crois ; vous voyez que je suis bien des vôtres ; eh bien ! tout illuminé, tout adepte que je sois pour les langues, *je ne comprends pas* que la méthode soit applicable à l'étude de la musique. Je ne suis pourtant pas de ceux qui vous font un crime de ce défaut d'application, mon cher maître ; car quand même votre méthode ne serait applicable qu'aux langues, vous auriez rendu à l'espèce humaine le plus éminent de tous les services; grands ou petits nous avions tous besoin de vous. Un de mes parens a des protections, il pourrait avoir une ambassade en Russie, mais il ne sait pas le russe, et l'époque de la mission est fixée à trois mois ; par votre secours, l'obstacle n'est plus insurmontable : en un mois, il peut écrire et parler cette langue. Je sens bien que ces exemples peuvent s'offrir tous les jours. Votre découverte est la plus belle et la plus utile, ne fût-elle pas universelle ; je ne suis pas du nombre de ces sots qui, gémissant du bien fait par autrui, détournent leurs regards pour ne pas le voir, ou croient déprécier le bien qui est fait en parlant de celui qui n'existe pas encore. Vous voyez, mon cher maître, jusqu'où va mon respect pour vous ; quand

même vous ne pourriez m'enseigner la musique ,
vous ne seriez pas moins un grand homme à mes
yeux ; mais enfin *je ne comprends pas* l'application
à la musique.

— Mon cher disciple , vos éloges ne me touchent point , et je vais tâcher d'y répondre successivement. Je viendrai ensuite à ce que vous
dites : *Je ne comprends pas* l'application à la musique.

1° La reconnaissance du public est , pour moi ,
vous le savez bien , un mot vide de sens. Le public n'est pas un être qui puisse m'aimer ou me
haïr. L'avis du public n'est pas l'avis d'un individu
qu'on puisse montrer. Les Chinois font aussi partie du public , et aucun d'entre eux ne dira jamais
son avis sur l'Enseignement universel. En quoi
l'avis du public peut-il valoir, je vous le demande ?
Le public , c'est tout ; les amis , les ennemis , les
jeunes , les vieux , les Espagnols , les nègres , les
blancs , les hommes , les filles , etc. , etc. , en un
mot les sots et les sages ; et sans vouloir me moquer de cet être imaginaire , en le jugeant par
pièces et morceaux , je puis l'attaquer, comme vous
pouvez le défendre , par un sophisme. L'avis du
public est l'avis de tout le monde ; donc c'est l'o-
pinion des sages , direz-vous. Je rétorque , moi ,
et je dis : L'avis du public est l'avis de tout le monde ; donc c'est surtout l'avis des sots , qui forment
à eux seuls les trois quarts du public , à ce qu'a
soutenu de tout temps le public des sages. Je ne

connais, moi, que des individus ; je les aime, je les honore, je les respecte, je les excuse comme moi-même ; mais la corporation *public* est un être moral, comme nous disons en logique, c'est-à-dire, ce n'est rien. On disait, il y a quelque temps, dans les gazettes, que mademoiselle Georges avait insulté le public ; je comprends cela, on voulait dire : tels et tels individus étaient présens à la salle de spectacle, et mademoiselle Georges les a insultés. Aussi l'actrice a-t-elle répondu, en prenant le mot *public* dans le sens où il ne désigne rien, que le public l'avait toujours honorée de ses faveurs. Je n'examine point le fond de l'affaire, je dis que le mot *public*, dans mille circonstances, est un mot vide de sens ; c'est ce public-là qui ne peut ni m'honorer, ni me déshonorer, ni me remercier, ni me gronder ; je ne puis lui faire ni bien ni mal, et réciproquement. C'est pourtant la supposition que cet être imaginaire existe, et qu'il a un avis, qui donne tant de confiance aux individus qui en appellent aux décisions de cet oracle, quand, dans une discussion, ils commencent à balbutier et à perdre le fil de leur discours. Ne vous tourmentez donc point, mon cher disciple, le public n'est point ingrat envers moi, il ne peut l'être. Un révolutionnaire disait un jour à la tribune, pour écarter la proposition de récompenser un service rendu, que les peuples devaient être ingrats. Il avait raison, si cela signifie : les peuples ne peuvent pas être reconnaissans. En effet, les peuples sont des *êtres moraux*.

2° Quant à la mauvaise plaisanterie que vous me faites sur la députation des régences, vous savez bien que, dans ma position, je ne puis pas répondre à cela. Je ne vous accuse point de mauvaise foi; mais cette objection serait un piège, si c'était une objection : ce serait un piège, car vous jugez bien des raisons qui m'embarrasseraient pour y répondre. Vous savez que ces discussions sont délicates, et c'est là que les antagonistes m'attendent. Ils m'ont lancé ce trait, et j'ai trompé leurs espérances par mon silence. Je respecte l'autorité, je ne me permets point de censurer la conduite des magistrats. On ne doit pas discuter avec l'autorité ; on doit obéir, non seulement par prudence, mais par devoir. Lorsque les parlemens proscrivaient Aristote, les maîtres qui enseignaient Aristote étaient coupables ; lorsque les parlemens protégeaient la doctrine d'Aristote, on devait, dans les écoles, l'enseigner par vertu. Ce n'est pas de la conviction qu'on demande aux citoyens, c'est de l'obéissance. Les philosophes se révoltent à ce mot d'obéissance ; ils y ont ajouté adroitement le mot *passive*, pour faire honte à l'homme de cet état d'abrutissement, qui le ravale à la condition d'un être considéré comme privé de toute intelligence, puisqu'on lui défend d'en faire usage. Les philosophes me semblent être ici dans l'erreur, et cette erreur est celle qui dépare, à mes yeux, tous leurs écrits. L'ordre social existe, par lui-même, tel qu'il est. Je ne suis point passif quand je m'y soumets ;

au contraire, c'est à force de raisonner avec moi-
même et de combattre mes prétextes, que je viens
à bout de me prouver que je dois obéir, sans réserve comme sans murmure, à l'ordre social comme à l'ordre des saisons. Plus je vois, plus je sens
le mal qu'il me fait, plus j'ai de mérite à agir comme font ceux qui en profitent. Vous savez bien
que ce sont là mes principes. Les philosophes qui
croiront toujours qu'il leur est donné d'établir un
ordre social meilleur, crieront toujours à l'obéissance passive ; leurs antagonistes, qui exploitent
les dignités, soutiendront la légitimité de l'obéissance passive, citeront la conduite de tel magistrat,
dans telle circonstance, comme un argument sans
réplique, son opinion comme la démonstration évidente que le système de Kant est bien fondé, ou
que le cartésianisme n'a pas le sens commun. L'avis
de ces gens qui *font* dans les emplois ne compte pas
en logique ; il n'est loi que dans l'ordre social ;
mais, là, il est respectable sans restriction, non
point passivement, comme on dit, mais activement
et par devoir. Plus le devoir est rude, plus il a de
mérite ; vous ne me tirerez pas de là. D'ailleurs,
qu'importe à l'autorité qu'on joue du piano en em-
ployant tout de suite les deux mains ? Que lui importe la basse fondamentale ou le système de Tar-
tini ? Mais, dites-vous, si vos élèves sont des im-
posteurs? si vous donnez une mauvaise éducation
aux enfans? Je vous réponds que cette objection se
rétorque contre vous-même : vous voyez bien que

l'éducation est bonne, répondrai-je, puisqu'on la tolère.

Enfin, permettez-moi de ne pas entrer à ce sujet dans de plus longs développemens. Personne ne comprend l'Enseignement universel, et tout le monde s'écrie : *Je ne comprends pas !* pour épier sans doute à chaque mot si je ne lâcherai point quelque sottise dont on puisse profiter pour dire : Ah ! ah ! vous voyez bien que l'Enseignement universel n'est pas universel.

3° Quand vous parlez d'examen, c'est autre chose : vous parlez de l'autorité comme il convient ; elle ne se montre jamais que comme juge, et non pour discourir ou discuter : elle peut, à son gré, et suivant les besoins de la société, protéger ou défendre, ou tolérer les établissemens d'Enseignement universel ; mais c'est précisément pour cette raison qu'il ne peut jamais être question de moi, soit qu'elle agisse ou qu'elle reste immobile. On ne peut ni permettre, ni défendre, ni ordonner l'Enseignement universel dans mon intérêt personnel ; je suis étranger et absolument indifférent à toute intervention de cette espèce. Les avantages que retirent quelques individus de notre méthode peuvent être compromis ou augmentés sans perte ni profit pour moi. Peu m'importe. Je vous ai déjà dit que je ne *fais point dans les emplois.* J'ai eu chez moi des fonctionnaires publics, ils ont entendu les élèves ; je conserve les lettres qu'ils m'ont écrites au sujet de la méthode : ces lettres m'honorent , parce que j'estime les individus de qui je les ai reçues ; et quoiqu'ils n'aient pas compris entièrement l'Enseignement universel, ils en ont vu assez pour nous envoyer des élèves. D'autres n'y ont absolument rien compris. Vous devinez bien que si j'admettais le principe de l'inégalité des intelligences , je ne manquerais pas de l'invoquer ici , et que si je n'osais pas médire de la capacité de ceux qui me condamnent , j'oserais au moins faire l'éloge académique de ceux qui m'approuvent ; je n'ai pas l'habitude de raisonner ainsi. Nos antagonistes ont autant d'esprit que nos prôneurs ; ce n'est pas l'intelligence qui manque ; mais il y a des gens qui savent à propos se faire passer pour incapables. Je ne suis pas compétente, dit une société savante. Je ne m'y connais point, dit un autre. Moi, *je ne comprends pas*, dit tout le monde. Il n'y a quelquefois rien de si orgueilleux que ce *je ne comprends pas*. Fouillez , et vous verrez qu'il veut dire : Cela n'a pas le sens commun , car *je ne le comprends pas* ; un homme comme moi ! Bref , quoique tous ces caquetages du public aient pour objet l'inventeur de l'Enseignement universel , il les écoute , en riant , comme propos en l'air qui n'ont aucun intérêt pour lui. Il en rit quelquefois avec ses amis , et voilà tout. Qu'on se moque de l'Enseignement universel , je n'en serai pas plus pauvre ; c'est un grand point ; tout l'univers l'adopterait, qu'il ne me vaudrait pas un écu. Ainsi , j'espère que ceci est intelligible. Je gage pourtant que tel va dire à la fin de ce paragraphe, et pour n'en pas perdre l'habitude : JE NE COMPRENDS PAS.

4° Vous le dites tout bas, mon cher disciple. — Moi, mon cher maître ! — Oui, je vous entends dire : *Je ne comprends pas* quel rapport tout ce qu'il vient de dire peut avoir avec la musique. Vous ne faites pas attention que ceux qui jugent mes livres par les règles ordinaires font semblant d'ignorer les faits. Je ne viens point dire au public : Messieurs, j'ai longtemps réfléchi sur les méthodes d'enseignement ; j'ai vieilli dans l'instruction ; on ne cesse de répéter que les méthodes employées jusqu'à ce jour sont toutes vicieuses ; il me semble que l'on pourrait suivre dans les collèges une route plus directe ; je viens faire hommage au public de mes réflexions ; je le supplie de m'accorder son indulgence ; surtout je désire obtenir le suffrage de MM. les professeurs ; puisse ce fruit de mes veilles être utile à la jeunesse studieuse ! et autres niaiseries pareilles. Je ne fais pas une préface ; je ne demande point pardon à genoux au lecteur que j'ennuie. Tant pis pour lui, il était prévenu d'avance. Ce n'est pas une théorie que j'expose à la discussion des savans ; je ne dis point ce qu'on pourrait faire, je raconte ce qui a été fait. Eh bien, ce récit, répliquerez-vous, pourquoi n'est-il pas simple, sans divagations éternelles qui me font bâiller. Nous avons des règles pour les récits de cette espèce, et vous les avez toutes violées dans votre macédoine. — Vous avez raison, le fait

est vrai ; je me ris de vos régles, d'abord parce
que cela me plaît, et ensuite je vais vous apprendre qu'elles ne seraient point applicables ici. Le récit que j'ai à faire a été fait longtemps avant que je
fisse rien imprimer. Il circulait sourdement, dans
le public, qu'un homme à Louvain faisait des mer-
veilles avec de petits enfans ; que les grands ne
seraient pas capables de lutter avec eux en génie ;
que ces petits, dont l'intelligence ne peut pas être
encore développée, d'après Aristote, écrivaient
comme les grands écrivains de France, et pen-
saient comme les grands hommes de nos jours. La
grand'hommie a d'abord fait sourde oreille, elle a
laissé couler. Nous avons continué nos exercices ;
et, après avoir égalé les plus beaux génies de notre
siècle en littérature, nous avons eu l'audace de les
surpasser en dessin, en peinture en composition
et en improvisation musicale ; *inde iræ* ; de là pamphlets, calomnies, arrêt foudroyant des corporations savantes.

C'est dans ces circonstances que j'ai commencé
à raconter l'Enseignement universel ; les propos
des savans, des ignorans, des vieux, des jeunes,
des gens d'esprit et des bêtes me revinrent à l'esprit pendant que j'écrivais, je laissai courir ma
plume ; et, tout en riant, je rispostai pour m'a-
muser, aux objections du public ; il s'est trouvé,
j'en conviens, que toutes ces objections, s'écartant
de la question, n'avaient aucun rapport au sujet,
et qu'y répondre c'était divaguer ; j'en demande

pardon au public savant ; mais ce n'est pas ma faute si je bats la campagne , si je ne sais plus ce que je dis , dès que je répète ses discours.

Voilà une des raisons qui m'excuseraient, si j'avais besoin d'excuse. J'en ai peut-être une autre; qui sait? Boileau donne , dans ses écrits , le précepte et l'exemple : j'ai voulu l'imiter. J'ai donné aux élèves le principe de l'unité et je leur ai prouvé, par mon exemple , que le vrai moyen de faire un livre ridicule était de divaguer sans cesse. Cela n'est-il pas beau de ma part , mes chers disciples ; je me sacrifie pour votre bien et vous ne le sentez pas ! ingrats que vous êtes ; toutes les fois que vous entendez médire de mon style ou de la forme de mes ouvrages , ne dites point en colère : Vous sortez de la question , monsieur (quoique cela soit vrai) ; monsieur le sait bien. Dites plutôt, en pensant à ce que je viens de dire : Oh ! mon cher maître , vous vous dévouez pour nous ! Il est vrai que cette exclamation , qui sent la secte , leur ferait plaisir ; ne dites donc rien et riez au nez de monsieur. — Eh bien, mon cher maître , je serai docile à vos leçons , je ne dirai rien et je rirai au nez de monsieur ; mais il dira que je suis un imbécile. — Il aura raison puisque vous êtes un élève de l'Enseignement universel. Monsieur a prononcé votre arrêt : monsieur n'en reviendra pas ; il est infaillible comme la *Revue Encyclopédique* de France. — Va, pour imbécile , mais *je ne comprends toujours pas* l'application de la méthode à la musique.

3° C'est la dernière partie de votre objection, et je l'aborde. Vous ne comprenez pas, dites-vous, l'application de l'Enseignement universel à la musique. Mais, mon cher disciple, comprenez-vous l'application aux langues ? — Oh ! je vous assure que oui. — Et, moi, je crois que non. Écoutez :

Vous avez fait de l'Enseignement universel un éloge pompeux dans le *Miroir* ; à vous entendre, il n'y a rien de si expéditif que notre méthode pour l'étude des langues. Mais que vouliez-vous dire ? Que nos enfans allaient plus vite qu'au collège ?— Oui, sans doute. — Est-ce là ce que vous trouvez admirable ? Je vous remercie ; mais il n'y a pas de quoi se tant récrier ; la méthode des collèges, des scientifiques, est si ridicule, si pesante, qu'il n'est pas difficile de passer ces traîneurs pour peu qu'on ne s'arrête pas dans les déponens et qu'on cartaye avec soin l'ornière des participes. Mais, en bonne foi, faut-il faire tant de bruit d'une méthode parce qu'elle est sept fois plus expéditive que les dormeuses où l'élève est porté lentement, comme s'il était paralytique. — Mais, mon cher maître, c'est déjà beaucoup. — Supposons. Mais si vous ne croyez que cela, vous ne croyez point à l'Enseignement universel. J'entends bien que vous regrettez tout le temps qu'on vous a fait perdre à l'école, quand vous étiez petit ; vous avouez que nos élèves savent ce que vous saviez après de longues et pénibles études dans les lycées. Mais je pense que vous vous réservez la supériorité quand il s'agit de

style. Un enfant ne peut pas penser et encore moins écrire comme vous. — Je ne dis pas cela, mais....
— Allons, du courage ; voilà ce que vous nous contestez ; écrire et penser comme vous n'est pas d'un enfant. Venez, que je vous montre que vous êtes dans l'erreur.

Il n'y a qu'un instant, vous m'avez fait de grands complimens ; vous avez parlé de mes vertus, de ma bienfaisance, etc. J'ai toutes les bonnes qualités du monde aux yeux des élèves de l'Enseignement universel. Je suis l'être parfait par excellence ; ces exagérations de la reconnaissance ne me font point perdre la tête ; d'ailleurs, j'ai des amis qui se chargent de tempérer la douceur de ce concert d'éloges par l'aigreur de leurs injures, et cette cacophonie me tient dans mon bon sens ; je suis, sur mon char de charlatan, comme le triomphateur à Rome sur son char de triomphe. Un homme aposté derrière lui l'empêchait de s'enivrer des *Io ! io !* de la multitude éblouie de tant de pompe, et lui répétait sans cesse : Pense à la fragilité des choses humaines. Si j'étais tenté de savourer vos louanges, je répéterais le vers d'une satire qu'on m'a envoyée de Gand,

Je livre Jacotot aux ris du genre humain !

Aussitôt je reviens à moi, et toute cette fumée de gloire qui me faisait tourner la tête dans mon petit coin, se dissipe à l'instant. Je compare le style de mes admirateurs à celui de mes *mépriseurs*, et j'avoue que le vers est sur ses pieds, et qu'il n'y

manque rien , pas plus qu'à ceux de nos petits
poètes. Mais je reviens à vous ; comparons deux
éloges : on a toujours plus de *disposition* à re-
lire des éloges. Vous savez ce que vous me disiez tout-à-l'heure ; écoutez maintenant mes enfans. C'était ma fête ; ils m'ont dit ce que vous allez
lire :

Le premier génie se lève.

Monsieur,

« Si votre indulgence n'égalait votre bonté ,
» vous seriez depuis longtems fatigué d'entendre
» parler de la reconnaissance et de l'admiration
» que vous inspirez à si juste titre , non-seulement
» à vos élèves , mais à tous ceux qui vous con-
» naissent.

» Vous dire , monsieur, que je sens vivement
» le prix de tout le bien que vous faites , ne se-
» rait être encore que l'écho de la voix générale.
» Qui ne le sait pas , et qui ne l'a pas dit ? Ceux
» même qui , dans tout l'orgueil du prétendu gé-
» nie , osent vous contester l'excellence de la mé-
» thode , qui nous fait si bien connaître toute la
» force de nos facultés , conviennent avec nous de
» la supériorité de vos talens et de votre noble dé-
» sintéressement.

« Et que ne dois-je pas éprouver, moi dont vo-
» tre patience ne vous a point permis de désespé-

» rer ? Je sais ce que j'étais, et, quoique bien loin
» encore de ce que je devrais être, je puis dire
» sans vanité, comme aussi sans fausse modestie,
» que je vaux quelque chose, et que j'espère va-
» loir bientôt davantage. Et pourquoi ne le di-
» rais-je pas ? Cet heureux changement vous est
» dû ; je vous en fais hommage, daignez le rece-
» voir pour bouquet. »

Monsieur l'antagoniste qui lisez ceci, faites attention, je vous prie, à la difficulté vaincue :
c'était un éloge qu'il fallait faire, et, qui pis est,
cet éloge, c'est le mien. Essayez de me louer
ainsi, et vous verrez que ce n'est pas chose
aisée.

Ne croyez point cependant que dans l'Enseignement universel on ne sache louer que moi ; je com-
manderai votre éloge, si vous voulez, pourvu que
vous nous donniez une petite satire. Quoique le
genre que vous choisirez soit le plus facile, nous
essaierons de lutter avec nos petits génies contre le
vôtre.

Ne croyez pas non plus que ce soit, par hasard,
un enfant extraordinaire qui réussisse malgré notre méthode ; la suite va vous tirer de cette erreur. Mais, si la chose était en effet comme vous
le dites, ne vaudrait-il pas mieux réussir malgré
l'Enseignement universel dans nos établissemens,
que de ne rien faire de bon avec le secours de la
vieille méthode. J'avoue qu'en cela elle est encore plus sûre que nous d'atteindre à son but ;

elle déclare tous les enfans incapables de penser, et elle a le talent de prendre si bien ses précautions que son attente n'est jamais trompée.

Je ne vante ici que le style de l'écolier ; il prétend que vous m'admirez. C'est le seul tort que je connaisse aux élèves de l'Enseignement universel : parce qu'ils m'admirent, ils pensent que vous en faites autant. Mais c'était le jour de ma fête, et j'ai glissé légèrement sur tout cela ; ils étaient tous contens, et je n'ai pas voulu troubler leur joie, en leur disant que cette admiration publique dont ils me félicitaient n'était qu'un petit conte de l'école. Ces pauvres enfans sont comme nous, ils se disent le public : tout l'univers est pour eux sur les bancs. Aussi vous allez voir qu'ils ont tous dit la même chose ; remarquez seulement la différence des expressions, la facilité du style, la rondeur des périodes ; venez, venez, je vous en prie, vous n'écrivez pas mieux votre satire.

Le deuxième génie se lève.

DES BEAUX-ARTS.

» Jusqu'ici on avait cru que pour réussir dans » les arts il fallait d'abord passer par des prin- » cipes longs et ennuyeux, par des règles étroi- » tes et presque toujours sujettes à des exceptions ; » on se traînait, pour ainsi dire, dans cette car-

« rière pénible , dont le moindre inconvénient
» est la perte du tems. Aujourd'hui nous connais-
» sons enfin un moyen plus prompt et plus facile
» par lequel on arrive par le seul travail au but qui
» dans l'autre ne se montre que dans un grand
« éloignement. Une seule règle , un seul principe
» nous tient lieu de tout : regarder, comparer,
» réfléchir, travailler.

» Volà le vrai secret à l'aide duquel on devient
» promptement dessinateur correct , peintre ha-
» bile et savant musicien. Ces moyens étant à la
» portée de tout le monde , nous rejetons bien loin
» toute supériorité et infériorité innées. Sûrs du
» succès , nous nous livrons avec ardeur à un tra-
» vail qui cesse d'être pénible par ses heureux ré-
» sultats.

« Cette belle et ingénieuse découverte , main-
» tenant tant dépréciée par ceux qui ont le mal-
» heur de ne point la connaître , un jour couvrira
» de gloire son auteur ; alors ces insensés , ces
» aveugles de bonne ou de mauvaise foi , éclai-
» rés par des faits trop nombreux pour être con-
» testés , seront forcés malgré eux de propager et
» proclamer la plus belle comme la plus utile des
» découvertes. »

Voici , comme vous voyez , la pernicieuse
doctrine dans toute son horreur. *Aveugles de
bonne ou de mauvaise foi !* l'enfant croit que vous
êtes peut-être de bonne foi. Cela fait honneur à
son âge.

Il *rejette bien loin toute supériorité*. Cela est atroce, j'en conviens ; mais si vous veniez chez nous, génie transcendant, vous n'auriez qu'un mot à dire pour nous confondre. Heureusement que vous ne viendrez point nous troubler dans nos petits jeux d'enfans. Je vous en prie, ne venez pas ; je serais découvert ; adieu les bouquets, les complimens ; vous feriez briller la vérité aux yeux de ces enfans égarés ; vous leur prouveriez que cette *découverte n'est pas utile*, en leur montrant qu'elle ne leur a servi à rien.

Le troisième génie se lève.

Monsieur ,

« En suivant la route que vous nous tracez ,
» il semble qu'il est facile d'exprimer ce que le
» cœur éprouve ; cependant, quelle que fût la
» perfection du style , je le trouverais toujours
» au-dessous de ce que je voudrais dire aujour-
» d'hui.

» Si je pouvais, dans ce moment, me souvenir
» de quelques-unes de ces vives et éloquentes ex-
» pressions que j'ai le bonheur d'entendre si sou-
» vent sortir de votre bouche, je vous dépein-
» drais sans peine la force et l'étendue de mes
» sentimens.

» Mes progrès vous prouveront, je l'espère,

» que je comprends et que je suis avec zèle et ex-
» actitude l'excellente méthode qui, en exerçant
» ma raison, me donne la conviction que rien
» n'est au-dessus de mes efforts, et j'ose espérer
» que je pourrai bientôt employer, dans toute sa
» pureté, cette langue si belle et si énergique à
» l'aide de laquelle vous faites comprendre, avec
» tant de clarté et d'évidence, les matières les plus
» abstraites, et qu'ailleurs on croit au-dessus de
» l'intelligence de notre âge.

« Je vous souhaite, monsieur, une bonne et
» heureuse fête ; ce vœu si simplement exprimé
» est aussi sincère que ma reconnaissance est pro-
» fonde. »

Toujours de plus fort en plus fort. En voilà un
qui croit comprendre la méthode inintelligible.
Pauvres enfans perdus ! pervertis !

Le quatrième génie.

PORTRAIT.

« La physionomie est le miroir de l'âme.
« Cette maxime si vraie paraît quelquefois faus-
» se, parce qu'on l'applique à des personnes chez
» qui malheureusement le bien et le mal se trou-
» vent également confondus ; mais elle ne peut
» induire en erreur lorsqu'on l'applique à cet
» homme grand et sage, dont toute la vie n'est

» qu'un long bienfait. En le regardant, on le
» comprend, on distingue en lui cette âme gran-
» de et noble, dont la générosité et la bienfaisan-
» ce se répandent si libéralement, et qui se montre
» au dehors avec tant d'éclat.

» Ce serait en vain qu'on chercherait, sur cette
» belle physionomie, quelque expression de trou-
» ble, d'humeur, d'altération ; au contraire,
» plus on la regarde, plus on y découvre avec
» profusion toutes les plus nobles qualités qui s'y
» trouvent toujours en harmonie. »

En voilà un à qui j'ai dicté ceci en cachette.
On m'accuse d'avoir un orgueil irascible, me suis-
je dit ; il faut que j'ordonne de louer ma belle
physionomie, toujours inaltérable. J'espère que
cela me réussira un peu. Le public croit le mal,
il croit le bien, il croit ce qu'on lui dit ; j'espère
qu'il me fera l'honneur de croire que je ne me
mets jamais en colère. Dans tous les cas, j'ai
pensé qu'il n'y avait pas d'inconvénient de glis-
ser le petit mot que l'enfant avait oublié. Les
enfans sont si gauches ! ils ont si peu de tact !

Le cinquième génie

DU REPROCHE

« Ce qu'on appelle reproches sont des remar-
» ques faites sur les fautes ou sur les défauts,

» que souvent on croit nécessaires, ou pour les
» réparer, ou pour les corriger, mais qui mal-
» heureusement ont un effet tout opposé lors-
» qu'elles sont faites sans discernement ni déli-
» catesse, sans égard pour l'âge ou les circon-
» stances ; alors elles ôtent le courage ou jettent
» dans l'abattement.

« Cependant il est une manière de reproche
» bien différente ; cette manière, si connue des
» élèves de l'Enseignement universel, loin d'exci-
» ter la honte ou d'amortir le courage, ne réveille
» que le désir du travail ; jamais la crainte de ces
» reproches n'a arrêté aucune élève ; au contrai-
» re, on les préfère de beaucoup aux *c'est bien*,
» qui, prononcés d'un certain ton, avertissent
» seulement de mieux ouvrir les yeux. Mais celles
» d'entre nous qui sont jugées dignes de compren-
» dre toute la faveur de ces reproches, n'éprou-
» vent ni peine, ni embarras ; car ces reproches,
» bien loin d'humilier ou de faire douter de notre
» capacité, portent dans notre âme la convic-
» tion que rien n'est au-dessus de nos efforts, et
» jamais ils ne sont donnés sans mélange d'appro-
» bation, pour peu que l'on ait bien fait. Mais que
» dirais-je du charme inexprimable qui y est atta-
» ché? on les écoute comme une musique grave
» sans cesser d'être mélodieuse, dont la forte exé-
» cution laisse une profonde impression dans
» l'âme. »

Vous voyez que je suis grondeur aussi, mon

cher antagoniste ; mais je n'ai pas le talent de vous
faire des reproches aussi bien tournés que ceux-là.
Je ne vous en voudrais pas tant , si vous me parliez sur ce ton. Nous autres hommes , nous ne
mettons point tant de délicatesse dans nos discours. Un combat d'auteurs est comme un combat
de coqs ; ils se déchirent. Ce sont des gladiateurs
qui se tuent pour amuser le bon public qui rit des
coups et des culbutes des combattans.

Si vous n'avouez pas que cela soit bien écrit ,
vous devinez bien pourquoi je l'admire.

Le sixième génie.

Monsieur ,

  « C'est avec un plaisir inexprimable que j'ai vu
» arriver le jour de votre fête pour vous exprimer
» hautement les vœux que je forme chaque jour
» pour votre bonheur ; je n'ai en effet que mes
» vœux pour m'acquitter de tous les bienfaits dont
» vous m'avez comblée ; mais que dis-je ? j'ai un
» autre moyen , je le sais bien , et c'est même le
» seul que vous réclamiez de moi. Que ne puis-je
» aujourd'hui vous prouver qu'attentive à vos bel-
» les leçons, j'en ai profité ; mais que de reproches
» ne me fais-je point en ce moment ? Je suis jeune
» encore il est vrai ; mais l'exemple d'une de mes
» compagnes, guères plus âgée que moi, me mon-

» tre qu'il y a longtems que j'aurais dû être ce
» que malheureusement je ne suis pas encore. »

Que ces enfans sont mal élevés ! s'ils croient bien
faire, ils remercient la méthode ; s'ils font mal,
c'est leur faute, ils n'ont pas suivi la méthode.

La méthode ! et toujours la méthode ! Ils en de-
viendront fous ; il est clair que voilà un petit commencement de folie.

Le septième génie.

L'AMABILITÉ.

» Cette qualité, qui paraît si commune et qu'on
» accorde si facilement, est néanmoins très rare.
» S'il est vrai que chacun soit aimable quelquefois
» bien peu de personnes le sont constamment, et
» je pourrais dire qu'il n'en existe point, si je ne
» connaissais un exemple du contraire, exemple
» parfait, mais que je crois unique. C'est dans cet
» homme si grand et si extraordinaire que l'ama-
» bilité se montre toute entière; chez lui elle n'est
» point un apprêt étudié pour couvrir des senti-
» mens qu'on voudrait cacher; elle est dans toute
» sa plénitude l'émanation d'une âme pure et su-
» blime, qui, à juste titre, contente d'elle-même;
» accorde aussi aux autres une estime réelle.

» Et de quelle admiration n'est-on pas saisi lors-
» qu'on découvre que cette quatité si attachante

» est jointe aux plus grands talens et aux plus hau-
» tes vertus !

» Toujours gai , toujours bon , toujours doux ,
» toujours indulgent , faisant sa seule et unique
» occupation non seulement du bonheur, mais en-
» core de la satisfaction d'autrui.

» Voilà quelques-uns des traits qui composent
» cette amabilité dont le charme irrésistible ne
» peut-être ni dépeint , ni décrit, et qui exerce un
» empire si puissant sur tous les cœurs, même sur
» les personnes les plus indifférentes ; on peut en
» trouver ailleurs quelques parties, quelques nuan-
» ces éparses , mais elles ne se trouvent réunies
» dans un si éminent dégré, que dans cet homme
» devant qui tous seraient petits, si, par la plus ai-
» mable condescendance, il ne se plaisait à les éle-
» ver jusqu'à lui. On ne peut le connaître sans l'ai-
» mer, on ne peut l'aimer sans devenir meilleur. »

A la bonne heure ; entendez-vous tous ? Com-
parez-vous à moi maintenant , si vous l'osez.
Venez donner un démenti à ce petit génie ; vous
verrez comme il vous enveloppera dans ses périodes.

Il faudra bien qu'on en convienne ; à force
d'entendre dire que je suis l'objet aimable par
excellence , on finira peut-être par le croire. Je
me repens maintenant d'avoir écrit. Mon portrait est bien plus beau là que dans mes ouvrages. J'ai bien peur qu'on ne vous croie pas , mes
chers élèves ; mais ne vous lassez point ; il reste

toujours quelque chose des exagérations, même
en bien.

Le huitième génie.

Monsieur,

« Ce n'est que la seconde fois, et malheureuse-
» ment pour moi la dernière, que je puis, avec
» celles qui ont le bonheur d'être guidées par
» vous, vous exprimer mes vœux. Mais quels sou-
» haits votre vertu nous laisse-t-elle à former? Vo-
» tre bonheur, qui repose sur elle, est et sera tou-
» jours inaltérable.

» Je ne puis songer qu'avec douleur au moment
» qui bientôt va me priver de ces précieuses le-
» çons qui, en fortifiant ma raison, éclairant mon
» esprit, n'ont pas moins, je l'espère, épuré mon
» âme, et qui, appuyées de votre exemple, m'ont
» si bien appris à connaître le prix du bon et du
» beau.

» Pour de tels bienfaits, toute expression de
» reconnaissance est toujours froide et insuffisan-
» te. Quelle que soit la perspective qui se présente à
» moi au retour dans ma famille, je sens d'avance
» que mes regrets me reporteront souvent, oui,
» bien souvent, au milieu de ces compagnes qui
» entendront encore de votre bouche ces puissans
» encouragemens qui nous animent, cette heu-

» reuse approbation qui nous transporte , et même
» ces doux reproches si salutaires. Rien de tout
» cela ne s'effacera jamais de mon souvenir. Aussi
» jamais , j'en suis bien sûre , rien de ce que j'ai
» appris ici ne sortira de ma mémoire ; tout ce que
» je sais se rattachera à l'image de celui qui fut et
» sera toujours pour moi... oserai-je le dire ? oui ,
» monsieur, votre bonté m'encourage , le meil-
» leur des amis. »

Regretter l'école ! cela ne s'est jamais vu. C'est
encore une bizarrerie , suite inévitable de la méthode.

Mais cela n'est pas mal dit , n'est-ce pas , mon
cher antagoniste ?

Dernier génie.

MONSIEUR ,

» Autrefois j'ai eu , comme ces demoiselles ,
» l'honneur de vous exprimer mes sentimens par
» écrit. Depuis , vous m'avez manifesté le désir de
» me voir exercer dans l'art de la parole.

» Permettez-moi donc , monsieur, de vous
» adresser de vive voix les vœux que je forme
» pour votre bonheur , et d'y joindre l'expres-
» sion de ma profonde reconnaissance. En fût-
» il jamais de plus grande et de plus méritée !

» Je sens bien qu'on me demandera plus qu'à

» d'autres , puisque j'ai connu la vérité dès l'en-
» fance , et que , grâce à vos soins , je n'ai jamais
» été exposée aux erreurs dont on se plaît à ber-
» cer le jeune âge.

» Ma reconnaissance augmente encore , s'il est
» possible , lorsque , jetant les yeux autour de
» moi , je réfléchis à ce que je serais maintenant
» sans vous. En me laissant jouir de tous les
» plaisirs de l'enfance , vous m'avez mis en état
» de comprendre les personnes d'un âge plus
» avancé.

» Pourquoi ne le dirais-je pas , monsieur ? ne
» suis-je pas votre ouvrage ? »

— En voici bien d'un autre ! un enfant qui improvise. Il va encore nous dire que c'est la méthode.

Grâce à Dieu , cela est fini. Quel supplice ! il
avait bien dit que ce volume serait encore plus détestable que les autres. Aussi ne sont-ils pas ven-
dus. Je connais un libraire de Lille qui a refusé
d'en recevoir $\frac{24}{25}$, en disant que le premier volume
n'avait pas le sens commun , et que tout était intact
dans sa boutique.

— Mais laissons les commentaires de ces messieurs, et revenons à vous.

Écrivez-vous mieux que cela , mon cher disciple ? écrivez-vous toujours aussi bien ? — Non
sans doute. — Ni moi non plus. Vous le voyez
bien. Or, voici mes conséquences ; voici ce que
vous n'avez pas compris , car vous n'en dites rien

dans votre *article Miroir* : puisque les enfans instruits par la méthode sont les *seuls enfans* sur toute
la terre qui écrivent aussi bien que les hommes ;
puisque ces hommes n'ont appris tout ce qu'ils savent de leur langue que depuis leur sortie du collége ; il est clair que la méthode de M. Jacotot ne
se borne pas à donner tout de suite les résultats
des lycées ou des gymnases ; cette route conduit à
un but pour lequel il n'y avait pas de routes connues avant lui. Nous appelions *esprit* , *génie* , ce
que disent ces enfans-là : donc nous étions dans
l'erreur quand nous pensions que cet *esprit* et ce
génie nous appartenaient en toute propriété et exclusivement. Si vingt , trente , cent enfans font ce
que je ne puis faire , j'en conclus qu'ils l'ont appris
par une méthode particulière ; que si l'on me montre les résultats , toujours les mêmes , d'exercices
qui ne varient jamais , je crois à l'enchaînement ,
à la dépendance nécessaire de ces deux faits : d'un
côté la méthode , et de l'autre *esprit montré* sur le
papier. Les compositions que vous venez de lire ,
mon cher disciple , sont choisies entre des milliers ;
on en fait tous les jours d'aussi bonnes , et quelque fois de meilleures à mon goût , car il est difficile
de s'entendre en fait de goût. Mais laissant toutes
les discussions métaphysiques , et pour éviter toute
dispute interminable en littérature , voici ce que
signifient dans ma bouche ces mots : *Des enfans
pensent et écrivent comme les meilleurs écrivains
français* ; je veux dire : *Je crois* que les meilleurs

écrivains français n'écrivent pas mieux que ce que vous venez de lire. C'est la même harmonie , la même propriété d'expression , les mêmes périodes arrondies ; en un mot , c'est un échantillon de la perfection des auteurs du siècle de Louis XIV. Dites que cette prétention est absurde , je vous le permets; profitez de la permission, et ajoutez que Massillon écrit mieux que cela ; j'y souscris. Alors il sera vrai pour vous que la méthode ne conduit pas au style de Massillon ; souffrez , je vous en conjure , que je sois d'un autre avis, et je vous supplie de me permettre , pour toute vengeance , de vous souhaiter le style de nos bambins , auquel vous pouvez atteindre au surplus , comme moi, si vous voulez apprendre. Enfin , il ne peut plus y avoir de discussion de grammaire générale ; vous avez vu ce que notre méthode produit chaque jour par *Grosses* ; nos établissemens sont de véritables ateliers de génie (vous savez maintenant ce que j'appelle génie). Le génie tombe sous les sens chez nous , c'est un fait visible à chaque instant ; c'est ce génie-là que tout le monde apporte en naissant , dans ce sens que quiconque fait ce que nous disons, le montrera , comme vous venez de le voir, à point nommé , quelques mois après avoir suivi les exercices. Commencez-vous à me comprendre ? Je parle bien clairement , à ce qu'il me semble. J'appelle penser et écrire comme les grands écrivains , faire dans une langue ce que vous venez de lire. — Mais , mais si cela ne vaut rien. — Eh bien , la méthode est détestable , car en voilà les fruits.

— Vous croyez ainsi que cet enfant écrirait mieux que moi un discours dans une cérémonie publique ? — Pourquoi pas, s'il sait sa langue, et si vous ne la savez pas. Ne montre-t-il pas plus de génie au piano quand il improvise, que vous qui n'avez pas étudié. — Mais font-ils tous également bien ? — Vous voltigez sans cesse de branche en branche, mon cher disciple ; voyons d'abord si ceux-ci ont bien fait ; venez vous assurer dans nos écoles s'ils font ainsi quand ils le veulent ; tirez ensuite la conséquence qu'il vous plaira. Dites avec moi : *Je ne crois plus aux génies, car j'en vois trop* ; ou bien dites : *Je sais maintenant jusqu'où conduit l'Enseignement universel* ; j'avoue franchement que je ne m'en doutais pas ; je l'aurais dit dans mon *article du Miroir* ; au moins, mes abonnés auraient su à quoi s'en tenir ; libre à eux de se décider après cela ; mais je leur en aurais donné pour leur argent. Mon confrère *le Constitutionnel des dames* a bien jugé la chose ; cela est singulier, il n'a pourtant pas l'air d'un imbécile, et il a compris tout cela du premier coup.

Vous êtes, mon cher disciple, vous êtes libéral, dites-vous, et vous ne vous empressez pas de publier une découverte si utile pour le progrès des sciences ! — Mais pourtant si *je ne comprends pas.* — C'est ce que je dis ; vous ne comprenez pas comment la chose peut être, et vous soutenez qu'elle n'est pas, ou, ce qui est encore plus hon-

teux pour un libéral qui prétend avoir son franc
parler, vous n'osez pas dire que vous l'avez vue.
Nos vieux préjugés vous font la loi au point que
vous n'avez pas le courage d'affronter la plaisanterie de ceux qui sont aveuglés. Répondez ; avez-
vous vu nos élèves ? les avez-vous entendus ? —
Oui. — Qu'avez-vous vu ? — Des résultats que
j'avais niés. — Dites-le donc. — Je n'ose ; on
m'appellerait Jacotin, Jacotiste, adepte, illuminé, dupe, fripon ; vous le savez bien. — Cela
est vrai ; mais ne craignez-vous pas que je vous
appelle, moi, libéral pour rire ? Mais, non,
touchez là ; on peut être de mes amis et ne pas
comprendre l'Enseignement universel ; le grand
point, c'est que les élèves le comprennent, ou
mieux, qu'ils en profitent, dussent-ils ne le comprendre jamais.

Toujours est-il vrai que si vous l'aviez compris
pour les langues, vous l'auriez compris pour la
musique ; car la musique est une langue, et un
enfant qui n'écoute qu'Adam, Rossini, Mozart,
etc., ne peut que bien parler ; c'est le même fait.
Je ne sais pas la musique, il est vrai ; mais ce
n'est pas moi qui enseigne le français aux élèves,
ce sont eux qui l'apprennent. Donc ils apprendront la langue musicale de la même manière.
Au surplus, le fait est là ; écoutez, et vous pro-
noncerez.

Si l'on voulait faire une objection raisonnable
contre l'universalité, ce ne serait pas la musique

qu'il faudrait choisir pour exemple , mais la peinture , et voici comment.

Je conçois , dirait un peintre , que si vos élèves
apprennent à composer dans une langue en étudiant un bon écrivain , ils doivent composer en
musique en apprenant un grand compositeur ; ils
le comprendront comme ils comprennent l'écrivain ; et instruits par lui des signes de leurs idées ,
ils pourront les employer comme lui. Mais , en
peinture , vous n'avez pas la même ressource ; je
veux dire qu'elle n'est pas à votre disposition.
Peut-être bien que si votre élève , assis à côté de
David , et regardant en même tems que lui le modèle , imitait et répétait toutes les paroles peintes
de ce grand maître ; si David recommençait sans
cesse son chef-d'œuvre , et si l'élève répétait sans
cesse l'imitation , celui-ci ferait en peinture l'exercice analogue à celui que vous recommandez en
littérature ou en musique , et peut-être obtien-
drait-il le même résultat. Mais, comme je l'ai dit ,
vous n'avez pas cette ressource ; donc il n'y a
point parité , donc l'Enseignement universel n'est
pas universel.

Je répondrai à cela, si j'y pense, dans le volume
sur la peinture. Mais voilà toujours une objection
plus raisonnable, au premier coup d'œil, que celle
que vous me proposez au sujet de la musique. —
Je commence à comprendre, et je vous prie de
continuer à m'expliquer en détail les exercices de
votre méthode, qui sera un jour appréciée par la

postérité ; le siècle ingrat ne saura jamais ce que
vous valez. — Mon cher disciple, vous vous four-
voyez toujours. Il n'y a point de public, il n'y a
point de postérité ; ce sont des figures que ces
mots-là, ils ne désignent rien de réel qu'on puisse
saisir. — Mais Boileau a dit : *L'équitable avenir.* —
Cela est bien dit en vers ; mais en raison ? 1° La
postérité n'est jamais ; 2° elle ne sera jamais équitable. Elle n'est jamais ; il n'y a que des contemporains qui se moquent les uns des autres ; qu'ils
soient sots ou beaux esprits, peu importe, il faut
toujours le voisin, qui est le sujet de leurs plaisanteries. L'espèce humaine est une espèce gaie,
joviale ; le ridicule est sa pâture, et il ne lui manque jamais ; il est en elle ; ils se regardent les uns
les autres, et se prennent à rire. Je vous amuse
et vous m'amusez ; la réciproque a toujours lieu, à
part quelques êtres mal nés qui ne rient de rien,
s'effarouchent de tout, se cabrent, rugissent,
tombent dans des convulsions à la vue du prochain,
et ne peuvent soulager le mal qui les presse qu'en
vomissant sur lui des calomnies ou des injures. Le
reste est composé d'assez bonnes gens qui se con-
tentent de leur lot sans envier celui d'autrui. Voilà
le public passé, présent et à venir ; et dire qu'un
de ces trois publics-là a valu, vaut ou vaudra mieux
que l'autre, c'est parler en mathématiques des quan-
tités imaginaires. Un public plus ou moins équitable qu'un autre public ! Convenons qu'il est plaisant que nous croyions dire quelque chose quand

nous parlons ainsi. Laissons donc la postérité et le public, et continuons nos exercices. —

Septième Leçon.

Après le second air, on étudie les autres, jusqu'au cinquantième, n'oubliant jamais de répéter chaque jour les airs qu'on a appris. — On commence à réfléchir.

DE LA RÉPÉTITION.

Dans l'Enseignement universel, la répétition est le point principal; c'est tout. On ne sait que ce qu'on a appris; on ne retient que ce qu'on répète; on ne peut réfléchir que sur ce qu'on a retenu. La vieille méthode pèche surtout par le défaut de répétition. Là, comme chez nous, on exerce la mémoire, mais on ne répète que par hasard, la répétition se fait à l'insu de l'élève; à force de changer de livres, il revoit de tems en tems ce qu'il a vu; mais il ne s'en aperçoit qu'à la longue, parce qu'il n'est pas actif dans ces comparaisons d'où résulte pour nos élèves la conviction que *tout est dans tout*. C'est cette vérité, que nos adversaires ne comprennent pas, qui fait que leurs élèves savent le latin, quoiqu'ils n'aient réellement vu que quel-

ques passages de quelques auteurs. Cette expérience se répète tous les sept ans dans les collèges,
et personne ne s'en est encore avisé; on n'a pas essayé de s'assurer si tous ces passages expliqués ne
rentraient pas les uns dans les autres, s'il n'était
pas possible d'en réduire le nombre, si cette ré-
duction ne conduirait pas plus promptement au
but. Cependant le fait est là, et personne ne le
voit; dans chaque collège, dans chaque ville,
d'une province à l'autre, les livres changent, et
tout le monde sait le latin. N'importe, les savans
ne voient pas ce résultat invariable, ils n'en soup-
çonnent pas la cause. *Tout est dans tout,* leur dis-
je; Allez, imbécile, répondent-ils, *je ne vous comprends pas.* Mais quelle est donc la cause de ces injures, de ce défaut de capacité pour *comprendre,*
on pourrait dire de cette stupidité savante, si
on ne croyait pas à l'égalité des intelligences ? la
voici: Un savant croit tout à la fois à l'inégalité des
intelligences et à la supériorité de sa méthode. Il
prétend qu'on ne peut apprendre qu'avec lui, il ne
sait pas qu'on peut apprendre avec tout le monde,
puisqu'on peut apprendre tout seul. Un Allemand
vous dira gravement que les Allemands seuls apprennent bien le latin; il semble croire que *ger-
mana latinitas* veut dire *germanica,* et voilà tous
les peuples de la terre exclus de la science en *us.*

C'est là un préjugé de peuple. On sait le latin
quand on l'apprend; on l'apprend quand on fait attention; cela va tout seul. On l'apprend plus ou

moins vite, suivant la méthode qu'on suit ; l'Allemagne et la France ne font rien à l'affaire. Il faut
regarder ceux qui arrivent lestement, voir ce qu'ils
ont fait , et les imiter si l'on a du bon sens ; il faut
crier, injurier, calomnier, si l'on veut faire la bête ;
c'est le parti que les savans ont pris.

Vous voyez encore que les savans font ce raisonnement : Ce serait un miracle que la répétition
toute seule produisit les résultats qu'on prône.
Tanquam miracula ad œthera extolluntur ; or, il
ne fait pas de miracles , donc les faits ne sont pas
des faits. Je dirais , moi : Ce résultat est un fait ,
donc il n'est pas miraculeux ; je puis l'obtenir
quand je voudrai , il se répète tous les jours, donc
ce n'est point un miracle. Non seulement la répétition a fait de ce Flamand un petit Français , qui
sait la langue aussi bien que moi , qui m'en pique ,
mais encore je vois qu'il écrit mieux que moi; son
style est aussi parfait que celui des grands écrivains ; on lui demande , par exemple, quelles sont
les consolations de la vieillesse ? On ne lui en dit pas
davantage, et il répond comme vous le verrez plus
bas. Voilà , dirait quelqu'un de bonne foi, un résultat que j'admire quand je pense à notre vieille
méthode ; mais elle a beau être vieille , le respect
pour sa vieillesse ne me fera point déraisonner ; il
est vrai que je ne suis point capable d'écrire ainsi ,
mais M. Jacotot, qui en est incapable comme moi,
m'assure que le petit n'a pas plus de génie que nous
deux , et cela me console. Allons , je me décide et

je vais me rétracter. J'ai fait une sottise , mais il est beau de la réparer ; je ne veux point rester en chemin par une fausse honte ; je vais annoncer franchement et hautement ce que je suis forcé de m'avouer à moi-même. Ces enfans-là écrivent mieux que moi, ils écrivent aussi bien qu'on puisse le faire ; je ne connais point d'auteur vivant qui écrive mieux. Mais pourtant j'ai fait une si grande faute… Non, je n'ose… Que dira-t-on de moi?… Du courage !…… Cela n'est pas aisé,… Si je disais que ce n'est pas de cela que j'ai voulu parler?…

— Laissons les savans délibérer ; et dès qu'il s'en trouvera un qui ait autant de courage pour le bien qu'il en a eu pour le mal, je vous en préviendrai dans un volume suivant. Ce spectacle édifiant vous serait plus utile encore que l'Enseignement universel. En attendant, mes chers élèves , veillez à la répétition. Ceux d'entre vous qui se chargeront de faire de petits musiciens , doivent avoir un répétiteur exprès pour cela. Les enfans sont capables de tout , mais il est rare qu'ils aient de la volonté ; ils sont capricieux et volages comme nous. S'ils ont de la docilité, cela suffit ; que le répétiteur soit présent aux exercices , qu'il s'assure que personne ne néglige l'indispensable répétition. Si l'élève n'est pas docile ; c'est un savant précoce dont il faut vous débarrasser. N'oubliez pas que si vos élèves apprennent, c'est qu'ils ont du génie , et que s'ils n'apprennent pas, c'est que votre méthode est mauvaise. La vieille a sur nous l'avantage de la possession ; elle possède parce qu'elle possède ; cet axiôme lui tient lieu de titre : quand ses élèves font des progrès , elle les montre avec orgueil et on la croit ; quand ils ne réussissent pas , elle les accuse d'imbécillité. Si j'étais petit , je voudrais être élève de l'Enseignement universel ; là , tout est profit pour l'enfant , tout est flatteur pour l'orgueil des parens. On a , dans nos écoles , un moyen facile de se faire la réputation d'un homme d'esprit , et cela sert quelquefois dans le reste de la vie. Voyez les compositions de cet enfant, disait-on à un savant. Il répondit : Je vois bien , mais cet enfant est un prodige. Le savant dînait, et il s'agissait de l'enfant de l'Architriclin. Ce savant ne sait pas que , dans toutes les pensions du monde , il n'y a pas tant de prodiges que dans le plus petit de nos établisse- mens ; et je suis sûr qu'il en conviendrait encore à la vue d'un bon dîner , chez quelque grand sei- gneur, partisan de notre méthode. Quand un père place son fils chez nous , je ne manque pas de lui dire en riant : Vous avez raison ; il n'y a qu'à ga- gner dans nos écoles ; s'il fait bien, ce sera un petit génie ; s'il fait mal , ce sera notre faute. Songez à cela , maîtres de l'Enseignement universel , et re- gardez que les élèves obéissans. Les paresseux ne manquent guères de s'excuser sur leur peu d'es- prit ; mais , chez les enfans , comme chez les hom- mes , cette excuse se donne toujours de mauvaise foi par ceux qui ne répètent pas; ils le savent bien, mais ils voudraient nous faire croire , ces petits sa-

vans, qu'ils savent aussi, comme disent les grands
qui savent tout, que quand même ils *répéteraient*,
ils *ne pourraient* pas égaler leurs émules qui répètent. L'expérience est là, leur dis-je ; quel est celui
qui écrit le mieux à votre avis ? quel est celui qui
sait le mieux ? Ces deux faits ne sont-ils pas dépen-
dans l'un de l'autre, puisqu'ils ne sont jamais isolés ? Montrez-moi un exemple du contraire, un
seul ? — Silence. — Eh bien ! répétez-donc ; et
je m'en vas ; il ne faut pas beaucoup de talent pour
donner cette leçon-là.

DU CHOIX DES MORCEAUX.

En musique, comme en littérature, on choisit le
livre qu'on veut. Si vous enseignez le piano, et si
vous n'êtes point pianiste, prenez des morceaux où
le doigter est indiqué par des chiffres au-dessus de
chaque note, comme dans la méthode d'Adam, ou
l'Orage de Steibelt. Dans les établissemens, il faut
une marche régulière pour faciliter la surveillance ;
autrement un père peut mettre tout de suite son
fils à un concerto, si le doigter y est marqué par
un artiste. Voilà donc, pour le piano, une difficulté qui n'existe pas pour le violon, par exemple ;
dès que je connais, sur le violon, le nom de chaque corde, il ne m'en faut pas davantage pour deviner tout le reste. C'est du génie, de l'âme, du
tact, etc., c'est-à-dire de l'homme, je cherche, je
tâtonne, je me déchire l'oreille, je répète, je me

déplais moins à moi-même ; *on n'enseigne point à tirer des sons mélodieux*. M. Lafond y réussit à merveille, mais il ne pourrait pas le montrer. Ecoutez, et imitez comme vous pourrez, il n'y a pas d'autre ressource ; les phrases ici sont tout-à-fait inutiles ; la place du doigt, la manière de l'appuyer, le coulé, le piqué avec l'archet, tout cela se trouve en cherchant. Presque tous les grands hommes n'ont eu que des râcleurs pour maîtres, mais ils ont *répété* ; il n'y en a pas un qui ne sache par cœur ce qu'il joue.

Sur le piano, il y a une difficulté mécanique pour laquelle il est bon de profiter des expériences d'autrui. Prenez donc l'habitude de remuer et de placer les doigts comme le disent les chiffres. Mais observez pourtant, même en suivant servilement les ordres du maître, que l'intelligence a présidé à tout cela ; qu'il viendra un temps où vous chercherez vous-même le meilleur doigter, et vous le trouverez si vous voulez. Le meilleur est le plus facile et le plus simple en comparant le passage dont il s'agit à ceux qui le précèdent et le suivent immédiatement. Si ce que je dis n'est pas vrai, vous le verrez bien, et c'est tout ce que je veux ; mais il est bon de prendre les habitudes des maîtres, sauf à y apporter les changemens que le goût vous inspirera plus tard. Car, enfin, toutes les règles, toutes les leçons ne font que des croque-notes, et si l'élève est quelque chose de plus, il est son propre ouvrage ; c'est qu'il a voulu. C'est un

mot profond que celui-ci : M. Lafond entendait
un homme fort sur le violon ; cet homme exécutait,
avec une admirable facilité, les passages les plus
difficiles ; toute l'assemblée s'extasiait sur la volubilité des doigts, l'aisance des mouvemens du
joueur. M. Lafond disait, tout bas, en songeant à
tout ce qu'on peut faire quand on a appris tout cela : Mais, monsieur, vous ne *voulez* donc pas me
faire plaisir. Si M. Lafond parlait ainsi, c'est qu'en
effet il suffit de savoir pour faire plaisir, quand on
veut ; mais il y a des artistes qui ne se doutent
pas de cela ; ils manient le violon avec grâce, ils
l'ont rendu docile ; ils l'ont subjugué, ils en triomphent, et ils s'arrêtent-là ; ils ne *veulent* pas nous
faire plaisir ; ils croient peut-être qu'il faut un génie, une capacité, une vertu *violonifique ;* et que,
quand même ils le *voudraient*, ils ne le *pourraient*
pas. Le difficile est réellement de faire ce qu'ils
font, c'est un préalable nécessaire ; or, cela s'apprend dans toutes les musiques. Choisissez ce qu'il
vous plaira ; *tout est dans tout.* Commencez par
vaincre l'instrument, et vous essaierez de triompher ensuite de vos auditeurs, vous n'aurez plus
qu'à *vouloir* leur faire plaisir.

—Vous avez beau dire, mon cher maître, on ne
peut pas vouloir quand on veut. On voudrait d'ailleurs, qu'on ne peut pas toujours ; et puis vous
avouez vous-même qu'il n'y a aucune méthode, aucune leçon qui enseigne à plaire, d'où il suit que
l'Enseignement universel, pas plus que tout autre,

n'est ici d'aucun usage. Je veux chanter, vous me dites que je chante mal ; je ne puis pas mieux, voilà ma réponse à mon maître de la vieille méthode, et il me laisse tranquille : vous êtes plus importun, mais pas plus instructif.

Il est vrai que c'est en cela que consiste la grande différence entre l'Enseignement universel et toutes les autres méthodes qui classent les génies par étages et les facultés par degrés. Je vous dis, moi : Vous ne savez pas l'air que vous chantez, et je viens de vous en donner la preuve. — Mais, à présent, je le sais. — Non, pas encore, vous n'avez pas tout remarqué. — Maintenant, interrogez-moi, je le sais, je vais l'écrire, si vous voulez, de mémoire. — C'est bien, répétez-le sans cesse. — Je l'ai répété. — Le comprenez-vous ? — Je crois que oui. — Quelle est l'intention du compositeur, quand il a écrit ce soupir ? saisissez-vous le rapport de l'ensemble de ce morceau avec le sentiment général des paroles ? faut-il, ici, comme vous le faites, jeter votre voix ? avez-vous un but en enflant le son dans cet endroit ? pourquoi pointez-vous, pourquoi détachez-vous cette note ? Je ne vous ai pas compris. — Mais si vous me montriez. — Si je vous conduisais à la lisière, vous marcheriez, paresseux, je le crois bien, comme cet enfant qui se penche en avant, et tomberait sur son nez, si la bonne lâchait les guides ; allez, allez, dressez-vous sur vos jambes ; si vous faites un faux pas, vous vous releverez, et peu à peu vous marcherez seul.

D'ailleurs c'est ici que la méthode ordinaire se rapproche un peu de la nôtre; les trois quarts des
maîtres de chant de province n'ont pas de voix; et,
s'ils ne se croyaient pas indispensables, ils seraient
parfaits; mais ils ressemblent en ceci aux maîtres
de l'Enseignement universel, qu'ils font faire à leurs
élèves ce qu'ils sont incapables de faire eux-mêmes. Répétez, répétez toujours la même chose; dès
que vous serez venu à bout de me plaire, essayez
de me plaire encore davantage, et vous serez capable d'étudier ce que vous voudrez. Vous ne faites attention à rien, et vous êtes capable de tout
remarquer. Pendant que vous chantez, votre main
droite dit, sur le piano, tout autre chose que votre voix; songez donc que c'est toujours vous qui
parlez; on croirait que c'est un autre.—M'y voilà.
— Je vous demande pardon. Avez-vous eu une
intention, en frappant cet accord de la main gauche, comme vous venez de le faire? est-ce le fruit
de vos réflexions; cette main ne suit-elle pas machinalement la main droite et la voix? Vous dites
que vous voulez. Je vous dis, moi, que vous voudriez bien que tout cela se fît tout seul, et sans rien
vouloir. Je n'entends rien, je ne vois rien qui manifeste cette volonté. Allons, montrez votre volonté, elle ne paraît nulle part; la cause manque, et
vous êtes étonné de n'en point voir les effets. Écoutez cet artiste, entendez-vous ce son qui vous déchire, qui vous anime; que de gaîté! quel émotion
profonde! comme nous sommes agités! qu'il est

tranquille ! Voyez quelle étude pour être maître de soi : c'est le vrai moyen d'être maître des autres. Mais traitez tout cela de contes en l'air , retombez dans votre paresse , sous prétexte que je ne sais pas ce que je dis , j'y conséns ; vous n'êtes plus un de nos élèves ; mais tant que je ne verrai point votre volonté , je n'y croirai pas , et je soutiendrai , dussé-je vous déplaire , que vous avez le pouvoir , que c'est la volonté qui vous manque : allez vers les autres ; ils vous attendent à bras ouverts , ils aiment beaucoup les idiots. — Je veux bien rester avec vous , mon cher maître , mais ne me faites pas chanter , je vous en prie ; je n'ai pas de voix. — Je ne veux point vous faire chanter , je ne veux rien ; vous ne me comprenez pas plus que si vous étiez savant. Je commence à croire que je suis bien difficile à comprendre. Encore un coup, je ne veux rien : chantez , jouez du piano , parlez hollandais, ne chantez pas , je suis très accommodant , je trouve tout bon ; voilà ce que les gens d'esprit ne veulent pas entendre, et ils disent qu'ils ne comprennent pas l'Enseignement universel. Je le conçois maintenant ; il n'y a rien à la portée d'un esprit qui ne saisit pas l'ensemble de cette phrase si simple : *Je n'ai pas besoin que vous me comprenez ; c'est à vous à me prier de vous donner les explications dont vous croyez avoir besoin.* Je leur répète cela à satiété. Sourde oreille ! Monsieur, me disent-ils d'un air dégagé , j'ai lu votre fatras ; *je ne comprends pas ceci , je vous avoue que je n'a* pas saisi cela ; comment ferez-vous pour me prouver que *tout est dans tout* ; je ne croirai jamais que *les intelligences sont égales.* — Je ne doute pas , à votre accent , monsieur , que vous n'en croyiez pas un mot , mais vous savez bien que votre opinion m'est absolument indifférente , comme je pense que vous ne faites pas grand cas de la mienne. — Eh bien ! voilà encore une chose que *je ne comprends pas* du tout ; vous dites que mon opinion vous est indifférente. — Oui , monsieur. — Cela me passe , *je ne vous comprends pas.* — Il me semble que cela est clair.— Oui , sans doute ; mais vous jouez sur les mots : je comprends bien la phrase que vous prononcez , mais *je ne comprends pas* que vous puissiez penser ainsi, par conséquent je nie le fait. Allons , avouez, que vous seriez bien aise d'obtenir mon suffrage : je suis plus puissant que vous ne croyez ; vous avez un chemin à faire. — Je suis si vieux , disait Solon à Pisistrate. — Eh ! c'est le bon âge pour l'ambition ; on méprise ce qu'on désespère d'obtenir. — Faites votre devoir, monsieur ; j'accepterai et je ne vous remercierai pas. Si vous agissez contre votre conscience, mes remercimens ne la mettront point en repos ; mais , bref , je vous assure que *je ne tiens point à votre opinion.* — Voilà un homme inintelligible.

— Êtes-vous de ces gens-là , mon cher élève ? vous n'avez pas besoin de moi. — Eh bien , je me rends , mon cher maître ; donnez-moi de la voix et je chanterai.—Vous revenez toujours au lancé,

mon cher rhétoricien ; vous ne me demandez des
leçons que sous condition. Si vous me prouvez....,
si vous me faites comprendre cela...... si vous me
donnez de la voix...., mauvaise habitude des rai-
sonneurs de collège ; mon ami , je ne reçois point
la loi , je la donne quand on me la demande ; je
commande et on obéit , voilà notre contrat ; il est
volontaire de votre part , vous pouvez n'y pas
souscrire ; mais je ne souffre pas qu'on y change
un mot. Je dis qu'il est volontaire de votre part ,
et non pas de la mienne. Je suis à vous quand il
vous plaît ; quittez-moi , revenez , je suis toujours
prêt à vous diriger ; vous avez commencé l'étude
de la musique par la vieille méthode , retournez-
y , je ne m'y oppose pas , je ne le trouve pas mauvais. Je ne cherche point des élèves , je reçois avec
amitié ceux qui se présentent , je les vois partir sans
humeur. — Mon cher maître , je me suis mal expliqué , et vous avez pris la mouche trop vite ; je
voulais dire simplement : je n'ai pas de voix. —
On peut avoir de la voix et mal chanter ; on peut
plaire sans voix. Avez-vous entendu M. Lafond ?
Il chante à ravir ; eh bien ! il n'a pas de voix. —
Mon cher maître , ce n'est pas tout ; je suis comme
la *Gazette de France* , je n'ai pas d'oreille. — Est-
ce que la *Gazette de France* n'a pas d'oreilles ? —
Elle l'a dit dans l'article où elle se moque de vous.
— Ah ! cela ne prouve rien ; quand on rit , quand
on fait de la rhétorique , on dit tout ; pourvu qu'on
fasse rire , c'est bien. Par exemple , si j'étais sûre de

vous faire rire , je dirais que la *Gazette* a plus d'o-
reilles qu'elle ne croit, et je gage que si les badauds
de Paris voulaient vérifier le fait en passant sur le
quai , il n'y en a pas un qui, jetant les yeux dans la
boutique , ne s'écriât : M. Jacotot a raison , la *Ga-*
zette a des oreilles, ce n'est pas cela qui lui manque. Cette plaisanterie, si longue, si délayée , fera
fortune auprès de nos amis ; mais si *la Gazette* lit
ceci, elle dira, en secouant les oreilles : Oh! l'imbécile ! C'est le sort de la rhétorique de plaire ou
de déplaire , selon les tems et les gens. Mais revenons à vous ; est-il bien vrai , êtes-vous sûr que
vous n'avez pas d'oreille? Comment le savez-vous?
— Si on chante *ut*, *mi*, je répète *ut*, *fa*, ou
ut, *mi bémol*, ou plutôt je hausse ou je baisse les
sons, je diminue leur intervalle d'une quantité
inappréciable, de plus qu'un comma mineur ou
majeur, ou de moins qu'un comma maxime ; enfin, pour parler comme tout le monde , je chante
faux. — Ah ! vous chantez faux ; qui vous l'a dit?
— Je l'entends bien moi-même , mais je ne puis
pas faire mieux. — C'est une preuve que vous avez
l'oreille juste, mon cher élève, puisque vous vous
apercevez que vous ne chantez pas , que vous ne
répétez pas précisément ce que vous venez d'entendre. Ce n'est pas l'organe de l'ouïe, le sens de
l'ouïe qui vous manque, c'est l'instrument de la
voix qui est indocile ; accoutumez-le à l'obéissance ; exercez-le , faites-le répéter, qu'il s'exerce à
dire *ut mi* ; dès que vous serez sûr de lui pour cette

tierce, dès que vous l'aurez vaincu une fois, il cessera d'être rebelle, il saura que vous êtes le maître, que vous voulez l'être; et vous n'aurez plus à rougir, en détonnant, des caprices de cet esclave; il est matière, il doit servir la volonté de votre intelligence. Ne cédez point, par paresse, à qui doit obéir. — Mon cher maître; vous faites aussi quelquefois de la rhétorique pour nous encourager, et vous le savez bien; mais *la Gazette*, qui a des oreilles quand elle veut, est sourde quand il lui plaît; elle n'entend que la moitié de vos paroles, et rit quelquefois sottement de ce que vous réfutez vous-même; elle prend à la lettre vos métaphores, pour avoir le plaisir de vous réfuter. Moi, je comprends ce que vous voulez dire. Beaucoup de maîtres de la vieille méthode découragent leurs écoliers en leur disant, sans examen, qu'ils ont l'oreille fausse; je comprends qu'en effet, avant de prononcer, il faut s'assurer si l'élève distingue les intervalles sans pouvoir les faire entendre, ou s'il ne les fait pas entendre parce qu'il ne saisit pas les distances. Mais, enfin, répéter juste ce qu'on entend est très difficile pour moi. — Vous avez raison, le fait est là; il ne s'agit point de nier des faits. Il est très difficile, même avec de la voix, de chanter juste quand on le veut; même quand l'instrument est complet, même quand l'oreille juge bien, la chose n'est pas toujours aisée. Tel homme qui a, comme l'on dit, l'oreille fausse, ou, si l'on veut, point de voix, fera, en chantant à tort et à travers, et sans but , presque tous les tons dont il aurait besoin pour chanter juste. Ecoutez-bien , et si la succession bizarre que vous entendez ne vous déchire pas les oreilles au point de vous empêcher d'écouter plus longtems, rétablissez, par la pensée, dans un ordre diatonique ou chromatique, ce qu'il vient de dire, et vous trouverez qu'au bout de quelque temps il a fait usage de tous les sons qu'il cherche inutilement quand il veut ; quand il demande l'un, c'est l'autre qui se présente , et réciproquement. Voilà une singulière difficulté ; la volonté ne manque pas , l'instrument est complet , l'oreille juge bien et se dépite inutilement de n'entendre que cacophonie , désaccord et sons déchirans où elle espérait justesse , mélodie et plaisir. Ce phénomène est rare quand il s'agit de musique. Je dirais à quelqu'un qui me consulterait en pareil cas , ce que je disais quand vous m'avez interrompu : Du courage , de la patience et de la volonté. Mais si le phénomène est rare en musique , il est de tous les jours dans le cours ordinaire de la vie. Nous entendons très bien l'accent différent des peuples, et nous ne l'imitons qu'avec peine ; nous essayons ; si, par malheur, nos premiers essais sont infructueux, si l'on se moque de nous , nous perdons courage, et voilà un Allemand qui aura toujours son accent tudesque à Paris ; voilà un Parisien qui fera rire les Viennois en voulant parler leur langage. Nous disons, tous, en pareil cas : J'ai la volonté, mais on se moque de moi. Vous ne me

ferez pas croire que je ne désire pas qu'on ne me
rie pas au nez. On ne fait pas attention que la
crainte de prêter à rire nous distrait , et que cette
distraction nous rend de plus en plus ridicules.
Nous nous fâchons, adieu l'étude, adieu la patience et le courage ; et un malheureux ricanement ,
quand nous commencions à balbutier une langue
étrangère , décide pour toujours de notre prononciation. Il faut une volonté courageuse et
inébranlable pour vaincre les obstacles qu'un autre a eu le bonheur de ne point rencontrer. J'ai une
belle voix , mais je suis timide , et la voix expire
sur mes lèvres ; je ne fais que la moitié des efforts
dont je suis capable, et je chante faux. Enfin, par
des circonstances particulières , je me suis livré à
des exercices contraires au but que je me propose
aujourd'hui. Talma s'exerce à manier certaines
cordes de sa voix ; il me fait frissonner d'effroi ;
sa voix résonne au milieu de mes entrailles émues
d'horreur. Il me fait trembler, il me donne de l'audace. Tout à coup, ce grand homme, maître de lui,
certain d'avance de l'empire qu'il a sur lui-même ,
se propose de me faire rire. Quelle étude nouvelle ! quelle entreprise hardie ! que d'obstacles à
vaincre ! Sa démarche est majestueuse , tous ses
muscles sont dressés à l'obéissance pour me montrer l'attitude d'un héros ; il faut qu'ils se contractent en sens contraire. J'étais saisi , malgré moi ,
de respect à la vue de Mithridate ; il faut que ce
même corps , ce même visage , ces mêmes yeux ,

deviennent les yeux , le visage et le corps d'Harpagon. Je suis disposé d'avance à ne me point prêter à cette métamorphose ; mais , si je ris , je serai
désarmé ; j'abandonnerai ma théorie , et je m'é-
crierai avec l'enthousiasme de l'admiration , non
point pour le génie , mais pour la puissance de la
volonté : Voyez ce que peut un grand homme
qu'aucune difficulté ne rebute , qu'aucun obstacle
n'arrête ! Lorsqu'il a tenté l'entreprise, les hommes
à *esprits différens* se sont tous récriés : Tout vous
est possible , il est vrai ; mais jamais il n'y aura
qu'un Talma: et vous voulez nous en donner deux.
L'acteur intrépide ne se déconcerte point de ces
vaines clameurs. Tout est possible à ma volonté ,
répond-il ; sans doute je n'irai point, dans ma présomption téméraire, essayer brusquement de franchir un intervalle immense. Je vous ai montré
Oreste , je n'oserais point vous présenter tout-à-
coup Pourceaugnac ou Mascarille ; mais enfin Garrik le faisait, et c'était un homme. Etait-il né avec
des génies , avec des dispositions contraires ? Les
personnages que je mets en scène sont d'une nature de convention , ce sont des héros , des demi-
dieux ; c'est un homme inspiré , ce sont des êtres
d'une autre nature, d'une nature supérieure à mes
auditeurs ; leur nom seul inspire le respect ; les
souvenirs historiques qui les environnent suffisent
pour imposer aux spectateurs.De cette hauteur, je
ne puis descendre,sans danger, à cette classe abjec-
te de personnages, dont le rôle suffit pour exciter

le rire d'une assemblée où personne ne reconnaît son portrait. Cette catégorie d'êtres inventés aussi, quoique d'une autre espèce, est le fruit de l'imagination comique, comme les demi-dieux qui n'existent que dans l'épopée et sur le théâtre. On ne voit jamais cet Harpagon qui sort de la coulisse ; ce père avare dont je ris quand son fils lui manque de respect, et sans avoir honte d'insulter ainsi à la vieillesse, et d'encourager les mauvais fils par mes applaudissemens. Le poète tragique semble me dire : Voilà le vice et la vertu sous des traits plus qu'humains. Le poète comique nous avertit, par ses caricatures, de nous tenir sur nos gardes, si nous ne voulons tomber au rang de ces êtres avilis, de ces vieillards abâtardis par le vice, au point de ne mériter aucune pitié quand ils se plaignent sous le bâton d'une apparence de valet, tels qu'on en voit jamais dans la société des hommes, qui rient de tout cela, comme on rit d'un conte fait à plaisir et sans vraisemblance. En un mot, ces deux mondes sont inventés pour notre instruction, mais ils n'ont rien de réel ; et passer brusquement de l'un à l'autre, vous le montrer en même tems dans ma personne, est un projet audacieux : eh, bien ! je l'ai formé. Le succès a déjà couronné tes premières tentatives, artiste admirable ! de la persévérance, et la France, qui n'encourage point tes efforts, te citera un jour avec orgueil à sa rivale qui se vante seule encore d'avoir produit Garrik. Je ne doute point du succès. De l'Olympe, te voilà déjà parmi nous ; ce n'est plus Achille , c'est Shakspeare , c'est même Danville que nous voyons. Ce que tu as fait est un garant de ce que tu dois faire encore ; la distance est grande ; en vain nous montreras-tu le Misanthrope, Tartufe même ; il y a toujours , dans ces personnages, des traits humains ; ils ont un côté risible ; mais par l'intelligence, ils tiennent encore un peu aux êtres supérieurs de l'épopée. Le Misanthrope est ridicule , mais il dit des choses sensées , et la pureté de son langage , l'air de richesse , l'élévation de son rang nous imposent. Tu n'as fait que la moitié de la tâche que tu as entreprise ; tu n'auras vaincu , homme extraordinaire par la volonté, que quand je me moquerai de toi sous les traits de Géronte ou sous les haillons d'Harpargon : tu es encore loin du but ; mais y a-t-il quelque chose d'impossible quand on est Talma ?

Eh bien ! dès que ce grand homme sera arrivé, on oubliera toutes ses peines , on n'en tiendra compte, on admirera son génie, sa vertu tout à la fois tragique et comique. Il était né tragique , et il vient de naître comique ; c'est sa nature ; il voudrait n'être pas comique, qu'il le serait malgré lui ; et mille autres sottises. Je dirai : il l'a voulu. — Mais il est né pour faire tout ce qu'il veut. — Oui , à force de travail. Vous lui accordez probablement de la voix et de l'oreille ; dites-lui de vouloir chanter, et écoutez. — Mais il n'a pas de voix pour le chant. — Vous voulez dire qu'il en a pour parler ;

priez-le donc d'écouter une phrase , un *oui* de Mlle. Mars , et qu'il essaie de répéter sur le même ton. Il faut tout apprendre, même à faire ce qu'on fait. Quelle bêtise ! dit un antagoniste à qui vous lisez ceci. Dites-lui : Répétez , s'il vous plaît ; et écoutez bien ; si ce furieux ne peut répéter *quelle bêtise !* sur le même ton , vous verrez qu'il n'est pas bon acteur , et il vous prouvera, par son *incapacité* à se représenter lui-même , qu'il faut tout apprendre , même à faire ce qu'on fait. Talma l'a appris ; il répéterait le mot *quelle bêtise !* exactement comme monsieur vient de le dire, et ce n'est que parce qu'il dit comme nous qu'il dit bien. Voilà le difficile ; mais il est plaisant, à ce qu'il me semble , de dire que nous ne sommes pas nés pour parler comme nous parlons , pour prendre le ton que nous prenons , et pour faire le geste que nous faisons. Voilà pourtant les belles choses qu'on débite , quand on croit à ce talisman , à ce farfadet qu'on nomme génie. Ces êtres privilégiés sont destinés à jouer un beau rôle sur la terre; ils sont nés pour plaire aux bêtes ; le génie leur a été donné pour amuser ceux qui n'en ont point.

Voici la conséquence : En tout , si vous avez du génie, de la voix, de l'oreille, enfin si rien ne vous manque, il vous faut travailler opiniâtrement pour réussir. Si vous n'avez rien de tout cela, il faut répéter et travailler avec encore plus d'opiniâtreté. On ne naît pas même avec le talent de dire à point nommé *bonjour*, du ton dont on le dit tous les matins sans y penser. Mlle Mars le dit comme tout le monde, et personne sur la terre *ne peut* le dire comme elle. Tirez-vous de là, gens de génie.

Que tout cela soit faux ou vrai, peu importe; cela me distrait, cela m'amuse de faire de temps en temps de petites divagations: voici le but de celle-ci. Oubliez tout ce que vous venez de lire, mais retenez que le répétiteur doit veiller à la répétition perpétuelle, et exiger de la docilité, de la volonté de ses élèves. Il ne suffit pas de dire, je veux; il faut le prouver par son zèle, par son exactitude, par son obéissance. Voilà ce que j'avais à vous dire. Choisissez, après cela, la musique qu'il vous plaira, ou Rossini, ou Mozart. Moi, j'aime mieux Mozart; les Italiens préfèrent Rossini : il fait foule à Paris, il a pour lui M. Lafond. Les Allemands s'en moquent. Vous connaissez la caricature : tout cela ne prouve rien; ce sont des enfantillages de peuples. Soyez Rossini, il n'y aura pas grand mal, vous n'aurez pas perdu votre temps.

DES MAITRES DANS L'ENSEIGNEMENT UNIVERSEL.

— Je suis père de famille; j'ai entendu dire beaucoup de bien et encore plus de mal de votre méthode, mais je ne suis pas riche, et c'est dans ma position qu'on joue à la loterie; je veux essayer. — Comme il vous plaira. Des gens très riches ont essayé et s'en trouvent bien; d'autres moins aisés n'ont pas réussi ; la naissance et la fortune n'influent en rien sur les résultats. — Je pense bien, monsieur, que les dispositions de l'enfant donnent plus d'espérance, et que celui qui a beaucoup d'esprit réussira plus certainement qu'un autre. — Cela est vrai, en supposant plus d'esprit aux uns qu'aux autres ; mais monsieur votre fils a tout l'esprit qu'il faut ; pourvu qu'il soit docile et laborieux, le maître n'exigera pas autre chose. — Chez quel maître me conseillez-vous de le placer ? — Où il vous plaira, monsieur, pourvu que la méthode soit suivie avec exactitude dans sa maison, et qu'il y ait le nombre de répétiteurs nécessaire pour surveiller les exercices, et tenir toujours les enfans en haleine ; nous ne sommes que des piqueurs dans notre méthode ; nous soutenons le zèle, nous encourageons les efforts, et voilà tout ; mais cela est indispensable. — Je vous avouerai, monsieur, que je n'ai jamais étudié, et je ne puis juger de tout cela. — Monsieur, notre méthode peut être jugée par tout le monde. La vieille est ténébreuse, et l'on n'y voit goutte en chemin ; on parcourt une route souterraine, pour ainsi dire ; l'écolier marche les yeux bandés, comme un parlementaire à qui on ne rend la lumière que lorsqu'il est arrivé dans la place ; chez nous, tout est simple et clair ; dès les premiers pas on voit où l'on est ; on juge de ses progrès, et la vue du chemin qu'on a fait donne du courage pour le chemin qui reste à faire. Cependant le petit aveugle est d'autant plus fier qu'il y voit moins ; quiconque n'est pas à ses côtés ne peut juger s'il est immobile ou s'il avance ; essayez de l'interroger, vous , par exemple, monsieur , qui ne vous êtes jamais assis sur les bancs , et vous verrez avec quel sourire il accueillera vos questions. D'ailleurs , que lui demanderez-vous ? Sa marche est incertaine et sautillante ; vous le croyez ici , mais il change de route à chaque instant. Ce n'est jamais ce que vous demandez qu'il a appris ; le professeur n'a pas expliqué comme ceci ; nous n'apprenons pas comme cela ; enfin il vous échappe sans cesse ; ce n'est que sept ans après qu'il commence à recueillir un peu ses idées, et que, débarrassé de son maître, et pensant par lui-même , il s'aperçoit qu'il y a dans tout ce qu'il a appris , une unité dont il ne s'était point encore avisé. Un père , qui n'est point latiniste , doit s'abandonner en aveugle à la vieille méthode ; que son fils s'instruise ou perde son temps, il l'ignore ; il lui est impossible de s'en assurer ; il le saura dans sept ans , mais le temps est envolé, l'argent est dépensé et perdu ; rien de tout cela ne revient plus : ce n'est encore là que le moindre inconvénient , car enfin il est très rare que l'enfant n'apprenne absolument rien ; mais qu'il soit savant ou ignorant , supérieur ou médiocre, le fait seul de sa présence au collège, imposant à la multitude non lettrée, lui impose à lui-même. Voyez quel aplomb avec ses parens mêmes, s'ils ne savent pas le latin ! que de pauvres familles

redoutent le savoir d'un cousin , qui serait resté
bon homme et ignorant , et qui les écrase de son
ton pédantesque , et prétend dominer les plus pro-
ches : sur toutes les questions d'intérêt il prononce
en oracle , comme sur les règles des rudimens.
Combien de pères n'ont pas eu à gémir de cet orgueil ! combien ne l'ont-ils pas développé en van-
tant , en exagérant la supériorité de leur propre
fils sur eux-mêmes.—Hélas ! j'en connais bien des
exemples !—Chez nous, monsieur, tout reste dans
l'ordre de la nature. Apprendre le latin n'est rien ;
le bien savoir ne prouve autre chose, sinon qu'on
l'a bien étudié ; cela ne donne, comme cela n'annonce aucune supériorité de génie ; le fils , chez
nous , n'est jamais au-dessus de son père par l'intelligence ; l'obéissance de l'enfant n'est jamais
suspendue par l'idée de l'infériorité de l'esprit de
celui qui commande. L'amour qu'on sent pour
lui est dans la nature , la déférence à ses ordres en est la suite ; la légitimité du pouvoir paternel n'est jamais soumise à la moindre discussion, même mentale, sur la différence des intelligences ; question ridicule et honteuse , dont la
décision, soumise à l'orgueil , aux passions , à la
violence des désirs d'une jeunesse insensée , ne
peut jamais être douteuse. Chez nous , ce problème
de métaphysique, absurde en général, devient un
blasphème , quand il a pour objet ceux qui nous
ont donné le jour , qui ont soigné notre enfance.
Le souvenir des bienfaits que nous avons reçus de

leur tendre sollicitude , nous montre combien leur
amitié est ingénieuse , quand il s'agit de faire notre bonheur ; nous sentons que nous pouvons ,
que nous devons nous abandonner sans réserve
à la prévoyance éclairée de leur amitié , plutôt
que d'écouter les sophismes non moins ingénieux
d'une passion qui ne cherche qu'à s'éblouir, et à se
tromper elle-même. Voilà les avantages de notre
système pour les pères comme vous , monsieur ;
mais je ne parle que des fruits à venir ; voici ceux
que vous pouvez cueillir à l'instant même. Lorsque
votre fils est sorti de vos bras , quand vous avez
déposé ce précieux trésor entre les mains d'un maître , sa direction ne vous est plus confiée ; on l'engage dans une carrière que nous n'avez point parcourue , et où il vous est impossible de le suivre ,
ni de l'œil, ni même de la pensée. Tout est inconnu dans ce labyrinthe ; votre fils se perdra-t-il ,
vous ne pouvez en juger ; le témoignage de
l'étranger qui le guide ne peut que vous rassurer
faiblement. Chez nous, c'est autre chose ; vous
pouvez à chaque instant vérifier vous-même et les
progrès de votre fils et la sincérité du maître , qui
pourrait vous flatter en faisant son éloge ; pauvres
pères ! il est si doux de croire le bien qu'on nous
dit de nos enfans. Mais , ici , vous ne pouvez être
trompé. D'abord vous êtes capable d'enseigner
vous-même votre fils ; mais je suppose , puisque
vous cherchez une pension , que des motifs puissans vous déterminent ; et par conséquent , ce

n'est point un fardeau qui vous pèse ; vous désirez en alléger le poids , et trouver seulement quelqu'un qui vous aide , en en supportant une partie. Je suppose donc que votre choix soit fixé , je ne puis en aucune manière l'influencer ; vous êtes décidé sur le maître , et votre fils est déjà , depuis quelques jours , depuis trois jours seulement , dans la maison d'éducation. Chez nous on ne perd , on ne doit perdre aucune minute, nous ne commençons point par des préparatifs inutiles. Dès que vous reverrez votre enfant , dites lui sans rougir : Eh bien ! que sais-tu ? récite-moi ce que tu as appris. Voilà ton livre, donne-le-moi ; je n'ai pas appris le latin , mais j'espère que tu seras docile et laborieux , comme je l'aurais été moi-même , si j'avais eu le bonheur d'être instruit. Courage, mon ami, je vois avec plaisir que tu n'as point perdu le temps. Si, au contraire , l'enfant récite mal le peu qu'il sait, s'il promet quatre pages , et s'il ne peut être interrogé que sur deux , reprenez-le doucement ; faites-lui promettre de faire mieux ; et s'il tient parole, donnez-lui des preuves de votre satisfaction. Si l'écolier , paresseux, cherche des prétextes et des excuses , s'il veut vous donner le change , vous éblouir par des mots savans , s'il se retranche derrière l'adjectif , s'il vous oppose les deux genres , etc., etc. , ne soyez pas dupe de cet attirail de la vieille méthode : il n'est pas question de cela chez nous ; le savoir de ce petit bavard , qui parle de ce qu'on ne lui demande pas , pour éviter de répondre à ce qu'on lui demande, ne doit point vous imposer. Dites-lui : Voilà ton livre, tu dois d'abord le savoir, et tu ne le sais pas. — — On ne nous fait pas répéter. — Alors c'est la faute de ton maître ; il m'avait promis de suivre la méthode de l'Enseignement universel, et je la connais bien : *Apprendre et répéter d'abord, puis raisonner ensuite*. Je vais parler au maître. — Mais il est vrai que nous répétons quelquefois. — Tu mentais donc ; vous devez répéter *tout* chaque jour.

C'est ainsi, monsieur, que vous pourrez vous assurer à chaque instant par vous-même des progrès de monsieur votre fils. Voilà notre méthode : celui qui n'est pas prêt, à chaque instant, à réciter sans faute ce qu'il a appris, ne suit point notre méthode. Celui qui est capable de subir cette épreuve, et veut y ajouter quelques réflexions grammaticales, fait un exercice qui n'est point nuisible absolument ; mais ce petit plaisir de briller par le raisonnement, ce plaisir, dis-je, pris trop tôt, éloigne l'époque où l'on saura ce qu'on doit savoir par cœur ; je ne conseille pas de s'y livrer.

Si votre enfant étudie la musique que vous ne savez point, l'examen n'est pas plus difficile. Combien joues-tu d'airs ? Voyons le premier, le quinzième, le deuxième. Combien par cœur ? Écris le second. Voilà une petite affaire que je ne retrouve point dans ta copie. — Cela ne se trouve point dans ma méthode ; c'est la méthode de mon camarade. — Montre.... cela est vrai ; courage, mon fils ; si tu ne deviens pas musicien, ce sera la faute de la méthode qui ne conduit pas ; mais sois toujours aussi docile, aussi attentif, tu n'auras pas perdu ton temps ; l'habitude de l'attention te fera faire des progrès rapides par la vieille méthode, si nous sommes obligés d'y retourner.

En tenant ce langage à votre fils, vous lui direz précisément ce que je dis moi-même aux élèves qui nous viennent des collèges. Dans quelle classe êtes-vous? — En sixième. — Etiez-vous exact à vos devoirs? — J'étais le premier, le sixième, le septième sur trente. — C'est la même chose. Si vous travaillez comme au collège, vous entrerez à l'université à la fin de l'année, au lieu d'aller en cinquième. Nous ne méprisons point, nous n'estimons point un collégien ; un bon ou mauvais élève est bon ou mauvais partout; il va plus ou moins vite, selon la méthode qu'on l'oblige de suivre. Voilà ce que je dirais à monsieur votre fils, s'il venait du collège. — D'après tout ce que j'entends, je ne puis revenir de ma surprise, en pensant à tout ce qu'on débite, à tout ce que j'ai lu dans les journaux. — Cela n'est point étonnant, monsieur ; si les résultats que j'annonce sont faux, le mensonge aura irrité ces oracles de la vérité; s'ils sont vrais, vous comprenez que ce débordement d'injures est encore bien plus facile à expliquer. D'ailleurs cela ne doit point toucher un homme raisonnable ; un journal est une corporation, c'est une machine à articles , une véritable marchandise ; on a offert telle somme , et le marché a été conclu : voilà ce que nous apprennent ces commères qui se disputent et nous révèlent leurs turpitudes en se disant des injures. — Oui, je l'ai entendu dire aussi ; mais , monsieur, ces marchés honteux n'ont pas pour objet ni pour but les matières littéraires ; je ne crois pas qu'une méthode , quelle qu'elle soit , vaille la peine d'acheter un journal pour l'attaquer ou la défendre. Les articles de cette espèce sont et seront toujours dans tous les cas rédigés par des littérateurs ou des savans distingués ; ce sont de véritables individus qui disent leur opinion personnelle sur un ouvrage , et l'auteur qui se plaint en pareil cas de la corporation, attaque un être chimérique , quand c'est un individu qui le provoque au combat. — Vous avez raison , monsieur , ce n'est pas , en effet, l'être moral appelé *Gazette de France* ou *Quotidienne* , ou *Revue encyclopédique* , ou *Université* , qui s'est moqué de moi ; cela ne peut pas être , puisque la corporation n'est rien. Mais je vous prie d'observer qu'en répondant à la corporation comme si elle existait , j'ai deux objets : le premier, de ne lancer mes traits à personne , puisque c'est un rien dont je ris ; et de cette manière , quoique je sois insulté par mon nom , je réponds à cet homme qui se masque comme si je ne le connaissais point ; les associés ne peuvent m'en vouloir, ils sont souvent mes amis, et ils ne font que rire avec moi de ces assauts où je ne porte de coup directement à personne. Mais, de plus, je suis conséquent aux principes de l'Enseignement universel, et je fais voir en cette occasion le ridicule de ceux qui disent gravement, lorsqu'on leur parle de la méthode : Mais vous ne savez donc pas que c'est une affaire jugée ; *la Quotidienne* a déclaré qu'elle gémissait du système affligeant de M. Jacotot. Or, *la Quotidienne* est un très bon journal. De plus, *la Gazette* pétille d'esprit, or, *la Gazette* a fait à M. Jacotot des argumens sans réplique ; et *la Revue*, *la Revue*, *la Revue Encyclopédique de France*, *un journal* dans lequel travaillent *une liste de collaborateurs*, tous plus éclairés les uns que les autres ; *la Revue*, si bien fournie en politiques, en hommes de lettres, en poëtes, que sais-je ? en toutes sortes d'esprits ; *la Revue* a déclaré qu'elle ne voyait point. Voilà les noms magiques avec lesquels on combat l'Enseignement universel ; c'est pour cela que j'ai cru devoir attaquer ces farfadets qu'on nous jette au nez. On ne dit pas monsieur tel ; on dit *la Revue* ; on ne nomme pas l'individu qui s'appelait *Revue* tel jour, à telle heure, parce qu'on craint que ce nom ne fasse rire. Otez ce domino sous lequel se cache l'homme qui se dit *Revue, Gazette, Quotidienne*, et vous direz peut-être de lui ce qu'on dit dans les *Précieuses ridicules* de ce valet déguisé en marquis : Tiens, c'est Lépine ! Sans doute il y a des hommes dans les universités et dans les gazettes, et dans les revues, qui sont supérieurs ; il y en a de médiocres ; il y a de tout daus une espèce , dans une corporation quelconque. Eh bien ! que ceux-là se montrent , qu'ils viennent faire l'expérience de nos écoles , un à un , nous les recevrons avec honneur ; sûrs pourtant que , s'ils nous rendent justice, on mettra leur suffrage personnel et individuel bien au-dessous de celui de la *Revue* ou de tout autre corporation dont ils sont l'ornement et la gloire.

Et voyez l'inconvénient de ces mascarades ! voyez tout ce qu'on se permet sous ce travestissement ! Un écolier écrit-il dans un journal, le voilà qui bavarde et prend un ton solennel ; il est devenu corporation. *Nous pensons , nous estimons ;* il juge , il sabre, il critique avec un sang-froid imperturbable celui avec lequel il n'oserait pas parler cette langue sans l'habit grotesque et fantastique dont il vient de se revêtir pour faire peur aux petits enfans. Il parle de sophismes , de logique et d'expérience comme une grande personne ; ce double personnage, tantôt cocher d'Harpagon, n'a qu'un bonnet à mettre pour devenir cuisinier. Je n'oserais pas, sous mes habits , parler avec cette légèreté de faits que je n'ai point vus ; je n'oserais point prendre cet air capable qui ferait rire tous les gens qui me connaissent ; mais une métamorphose imaginaire , un changement de nom m'en fournira les moyens ; appelons-nous *Gazette* ou *Quotidienne,* ou *Revue ;* montons sur notre tribunal; amenez l'auteur ; qu'il comparaisse-là, sur la sellette : écoutez, nous allons juger. Il arrive mé-

me quelquefois qu'on se nomme au bas du jugement ; mais si ce nom est au-dessous de ce mot en
grosses lettres, *Gazette*, cela suffit pour que le
charme opère sur les badauds, et mon jugeur s'é-
vertue et prend sans façon tous les airs de supériorité qu'on tolère dans une corporation. Il serait
peut-être muet devant moi ; il ne tarit point dans
la *Gazette* ; il n'y a pas un de ses abonnés qui ne
se moquât de lui, s'il prétendait à cette supériorité dans ses relations avec lui ; mais il n'y en a pas
un qui ne respecte son habit de *Gazette*.

Voilà le préjugé dont je voudrais guérir les élé-
ves de l'Enseignement universel ; voilà le ridicule
dont je voudrais les préserver en leur en signalant
la sottise. Voilà pourtant ce que c'est que la prétention à l'esprit supérieur ; ne pouvant faire ho-
mologuer sous son nom ce titre qu'on s'arroge, on
s'appelle *Gazette*, et le *public* donne dans le panneau. Mais il est dans l'ordre que le *public* respecte *la Revue*. *La Revue* est si utile au *public* !
la corporation *public* doit aimer la corporation
Revue. Ces êtres sont de la même espèce, et je ne
doute point que ce ne soit par la même raison que
le *public* a beaucoup plus de confiance dans le *collége* que dans chacun des professeurs ; il n'y en a
pas un qu'on ne sacrifiât au bien du *collége*.

Vous ne serez pas dans l'embarras du choix ;
monsieur votre fils n'aura qu'un maître ; veillez à
ce qu'il suive exactement la méthode.—Je désirerais que mon fils apprît....—Monsieur, je vous en-

gage à faire connaître vos intentions au maître lui-même. Si vous désirez que monsieur votre fils apprenne une science ou un art inconnu à ce maître, et s'il me demande des conseils, je les lui donnerai avec plaisir ; je dirige les maîtres, mais je n'instruis point les élèves, qui doivent tout ce qu'ils savent à la patience, au zèle, à l'exactitude, au caractère de l'instituteur que messieurs les parens ont choisi. Ils ne me doivent rien à moi ; le public ne m'est pas redevable, je ne puis rien faire pour lui ; si je le pouvais, je le ferais ; mais cela est impossible, puisque le public n'existe pas. — Eh bien ! monsieur, promettez-moi au moins que, si le maître et l'élève le veulent, mon fils réussira. — J'en suis sûr, et c'est pour cela que je ne cesse de répéter qu'il n'y a point de génie.

DU GÉNIE DANS L'ENSEIGNEMENT UNIVERSEL.

J'ai cru toute ma vie aux génies, ou plutôt j'ai dit comme tout le monde : Il y a des hommes de génie ; sans savoir précisément ce que je disais, je répétais avec Jean-Jacques :

« Ne cherche point, jeune artiste, ce que c'est que le *Génie*. En as-tu : tu le sens en toi-même. N'en as-tu pas : tu ne le connaîtras jamais. Le *Génie* du musicien soumet l'univers entier à son art. Il peint tous les tableaux par des sons ; il fait parler le silence même ; il rend les idées par des sentimens, les sentimens par des accens, et les passions qu'il exprime, il les excite au fond des cœurs. La volupté, par lui, prend de nouveaux charmes ; la douleur qu'il fait gémir, arrache des cris ; il brûle sans cesse et ne se consume jamais. Il exprime avec chaleur les frimas et les glaces ; même en peignant les horreurs de la mort, il porte dans l'âme ce sentiment de vie qui ne l'abandonne point, et qu'il communique aux cœurs faits pour le sentir. Mais hélas ! il ne sait rien dire à ceux où son germe n'est pas, et ses prodiges sont peu sensibles à qui ne les peut imiter. Veux-tu donc savoir si quelque étincelle de ce feu dévorant t'anime ? Cours, vole à Naples écouter les chefs-d'œuvre de *Léo*, de *Durante*, de *Jomelli*, de *Pergolèse*. Si tes yeux s'emplissent de larmes ; si tu sens ton cœur palpiter, si des tressaillemens t'agitent, si l'oppression te suffoque dans tes transports, prends le Métastase et travaille ; son *Génie* échauffera le tien ; tu créeras à son exemple : c'est là ce que fait le *Génie*, et d'autres yeux te rendront bientôt les pleurs que les maîtres t'ont fait verser ; mais si les charmes de ce grand art te laissent tranquille, si tu n'as ni délire, ni ravissement, si tu ne trouves que beau ce qui transporte, oses-tu demander ce qu'est le *Génie* ? Homme vulgaire ! ne profane point ce nom sublime. Que t'importerait de le connaître ? tu ne saurais le sentir ; fais de la musique française. »

Voilà du style, mes chers élèves ; avez-vous

entendu ? Quel entraînement ! l'orateur est sûr de son fait, il parle en maître ; si vous l'écoutez, vous êtes séduits, vous êtes subjugués ; il n'est plus tems de vous débattre, il vous tient enchaînés ; attendez un peu que le prestige soit dissipé, et lisez lentement la première phrase, comme si elle était seule. *Ne cherche point, jeune artiste, ce que c'est que le génie.* Supprimez le mot *jeune artiste*, ce mot flatteur *artiste*, si *jeune* encore ; ces paroles s'insinueront dans votre âme et vous serez vaincus si vous n'êtes point sur vos gardes. Fermez l'oreille à ce tutoiement qui semble indiquer le tendre intérêt d'un ami sage et éclairé, d'un homme supérieur dont les conseils ne peuvent qu'être utiles au *jeune* artiste. Ce ton brusque, hors de l'usage ordinaire, éloigne toute idée de flatterie ; on se livre sans précaution à cette apparence de rusticité ; l'orateur dédaigne les formes usitées, il vous distrait par ce costume bizarre ; un homme de cette espèce ne peut vouloir me tromper, il est si gauche, il a des locutions si étranges, qu'il ne le pourrait pas. C'est un original, dit tout bas le lecteur ; mais il n'y a pas de danger à écouter ce qu'il dit, car c'est bien moi qui suis cet artiste, ce *jeune* artiste auquel il adresse la parole, et l'orateur triomphe. Cependant vous n'avez pas compris qu'il a dit, en bon langage, qu'il était inutile de chercher ce que c'est que le génie ; ne le cherchez pas, vous ne le verrez pas, vous ne le toucherez pas, ce n'est pas une chose, c'est un fait, c'est un

ensemble de faits. Ne cherchez point le génie, ni
la fièvre, ni la digestion, ni la vertu dormitive ; ne
cherchez point, vous ne trouverez pas ; mais ne
relisez pas pourtant, ou vous allez retomber dans
les chimères.

« Ne cherche point, jeune artiste, ce que
» c'est que le génie, en as-tu : tu le sens en toi-
» même. »

Oui ; je le sens, dit le lecteur, et le voilà de nouveau sous le charme, malgré mon sermon. Oui,
j'en ai ; cette supposition, cette question, ce doute ne s'adressent point à moi ; je connais tant d'artistes qui manquent de génie. Il a raison, cela se
sent. Je le sens en moi-même ; que cela est bien
dit ! Ce bourru a un grand talent pour écrire ;
voyez cette cacophonie inéditée : *en as tu, tu*. Un
autre aurait évité *tu tu*, et il aurait bien fait ; ces
négligences sont impardonnables, quand on n'a
rien de solide à dire ; mais l'homme de génie ne
compte point les syllabes ; *en as-tu : tu le sens*.
Voilà qui est beau ! Il me vient un petit scrupule :
Dans l'Enseignement universel, on dit qu'on peut
tout louer et tout blâmer, que tout plaît et déplaît
suivant la disposition de l'esprit du lecteur. Quelqu'un qui traduirait le Philosophe citoyen devant
telle assemblée que je connais, serait-il certainement hué comme un vilain, s'il appuyait sur *tu
le sens*, avec une grimace du nez ? *en as-tu : tu le
sens*. En songeant au philosophe haïssable, ne par-
donnerait-on point la saleté, *en as-tu : tu le sens*.

je n'oserais juger cette grande question ; mais quant à moi , cela me dégoûterait. Oui , Jean-Jacques ! j'en ai et je le sens ; continue , je le sens en moi-même. C'est bien dit ; après. *N'en as-tu pas ?* Je t'ai déjà dit que j'en ai ; après. *N'en as-tu pas : tu ne le connaîtras jamais.* Bravo ! bravo ! je comprends bien ; ce n'est plus de moi qu'il veut parler. Oh ! comme cela est vrai ! hier encore , j'ai rencontré un idiot qui me demandait ce que c'est que le génie ; un petit bonhomme , à peine échappé de l'Enseignement universel , me fesait enrager avec ses questions. Qu'est-ce que le génie ? qu'est-ce que le génie ? Qu'il revienne à présent , je veux le faire rentrer en terre. Ah ! le voici. Dites-donc, monsieur, de l'Enseignement universel , vous me demandiez ce que c'était que le génie. Ecoutez, ou plutôt écoute. *Ne cherche point , jeune artiste , ce que c'est que le génie ; en as-tu : tu le sens en toi-même ; n'en as-tu pas : tu ne le connaîtras jamais.* — Où avez-vous pris ces *tu tu tu tu ?* — Dans Jean-Jacques , tiens ! lis , qu'en dis-tu ? — Je dis que c'est le cas de répéter ma question : Qu'entendez-vous par le génie ? — Ce que Jean-Jacques a. — Eh bien ! qu'est-ce que Jean-Jacques a ?— Comment ? est-ce qu'il n'écrit pas mieux à lui tout seul que l'universalité des universels ? — Oui , il sait mieux la langue ; il en connaît mieux les ressources que nous tous. — Dites donc , nigaud , qu'il sait mieux les employer ; avec la science vous croyez tout expliquer, et vous n'expliquez rien. Le génie n'est pas la science, puisque les savans manquent souvent de génie. Le génie, mon enfant, c'est l'art d'employer la science. Paré celle-là, ou si tu en es incapable, va dire cela de ma part à ton maître. Il y a deux faits bien distincts, et vous affectez de les confondre, la science d'abord, c'est une acquisition, j'en conviens ; mais il y a un second fait qui n'est pas le premier, qui n'a rien de commun avec lui, c'est l'art, le talent, les dispositions, le génie pour employer les matériaux amassés par l'étude ! Allons, répondez donc, vous ne dites rien. Niez-vous encore ces dispositions, ce génie ? C'est l'attention, dites-vous ; eh bien ! soyez attentif, mon jeune écrivain, et nous verrons votre style, quand vous saurez tout votre Télémaque sans manquer un mot. La mémoire n'est pas le génie, entendez-vous, petit ami ? La science et le génie sont deux choses différentes ; ah ! ah ! ah ! — Vous avez raison, monsieur, il y a science et science, comme il y a fagots et fagots. On peut savoir le latin, comme on dit, dans les Universités, et n'être point capable d'écrire en latin ; on peut être Français et n'être qu'un mauvais écrivain. Ce n'est pas qu'on manque de ce que vous appelez *génie* ; mais on ne sait pas le français ; on ne connaît pas la véritable acception des mots, des expressions et des tournures. Donnez à tous les colléges de France à mettre en latin l'article *génie* du dictionnaire de Jean Jacques, et vous verrez l'effet que la meilleure traduction pro-

duira sur votre âme. Vous serez forcé de dire avec
nous : Ces gens-là ne savent point le latin. Faites
la contr'épreuve , donnez du latin à traduire ; le
génie , ce créateur de votre fabrique , ne manquera point, l'original a tout inventé : allons courage , et vous verrez que vous ne savez point le
français. Cicéron nous assure qu'on peut dire en
latin tout ce que les grecs ont écrit. Croyez-vous
que cela signifie : pourvu qu'on ait du génie , ou
pourvu qu'on sache le latin et le grec ? pourvu
qu'on soit perpétuellement attentif aux expressions , aux tournures , à tout ce qui est dans le
grec , et qu'on relise attentivement ce qu'on a écrit,
pour s'assurer qu'on n'a rien appris de plus en latin ? Lorsque Cicéron a fait tout cela , dites qu'il a
du génie , nous le disons comme vous , et par ce
mot nous entendons l'ensemble des faits que je
viens de vous raconter ; que Cicéron en lisant Dé-
mosthène , éprouve de l'émotion et qu'il se rappelle les traits romains sous lesquels il faudra présenter à Rome ces peintures grecques , je comprends
encore ce fait. J'avoue même que ce fait est personnel à ce grand homme ; mais il est le fruit de
ses études et du souvenir de ce qu'il a appris : toutes les ressources sont à la fois présentes à sa pensée , elles viennent en foule à la mémoire , qui les
lui retrace , qui l'encourage ; il sent ses forces et
il s'écrie : *As-tu du génie : tu le sens en toi-même ;*
es-tu capable de nous montrer ce que tu vois , c'est-
à-dire, connais tu les couleurs de ce tableau ? Sont-

elles toutes sur ta palette ? Vois-tu l'effet de leur mélange ?

Je comprends bien ce langage ; avec le peu que je sais , je juge de ce que je puis faire et de ce qui m'est interdit par mon ignorance. Si je n'étais pas capable de sentir ma faiblesse , je ne serais plus homme ; mais tout le monde sent son génie , c'est à dire que personne ne peut croire qu'il sait ce qu'il ignore. Le fait est trop visible , quand on regarde , pour se tromper soi-même à ce sujet si on est de sang-froid ; mais , quand on s'imagine , avec la *Gazette* et la *Revue* , qu'il y a un génie qui n'est ni la science ni l'attention ; quand on parle gravement d'un je ne sais quoi qui nous inspire et nous illumine , ce n'est pas la peine d'étudier. Je ne connaîtrais point le signe de cette pensée , que mon génie me l'inspirerait , je l'inventerais nécessairement dans le goût de la langue que j'ignore. *J'ai du génie , je le sens en moi-même ; si je n'en avais point , je ne le connaîtrais jamais.*

Examinons en détail ce que dit l'orateur :

« Le génie du musicien soumet l'univers entier » à son art. »

Aurais-je parlé ainsi ? non, sans doute. — C'est que vous n'avez point de génie. — Je vous demande pardon ; c'est que j'ai cru qu'on écrivait avec du génie , et que j'ai négligé d'apprendre et de répéter ces expressions. Voilà pourquoi elles ne se sont point présentées , car je savais le fait. *Il peint tous les tableaux par des sons , il fait parler le silence même.* Je savais cela ; j'ai entendu Orphée dans le silence de la nuit , et j'entendais très-bien aux accords de sa lyre que tout demeurait en silence autour de lui , lorsqu'il pleurait sa chère Eurydice. Mais je ne savais pas que le musicien *fait parler le silence.* Un maître d'étude , dans une pension , se promenait dans une grande salle , pour y maintenir l'ordre ; fatigué d'entendre un petit chuchottement perpétuel à droite , lorsqu'il était à gauche , il s'écria tout à coup : Etes-vous sourds à la voix du silence ! Ce nouveau Stentor , qui ne prévoyait pas l'effet de sa harangue , fit éclater de rire toute la marmaille , par l'expression qu'il aventura. C'est un trait de génie , c'est une expression trouvée ; mais l'ignorant n'en savait pas assez pour donner à sa découverte l'habit des expressions reçues. Il faut bien connaître une langue pour faire parler un silence sans faire rire ; il ne faut que du génie pour l'oser , et ce génie , tout le monde l'a.

« Il rend les idées par des sentimens , les senti-
» mens par des accens ; et les passions qu'il expri-
» me , il les excite au fond des cœurs. »

Quelle harmonie ! Croyez-vous aussi que cela se devine ? Cela serait donc dans la nature ; il suf-firait donc , pour enchanter les hommes de tous les pays , de couper ainsi le sens trois fois dans une phrase , après un nombre inégal de syllabes prononcées , de manière que le moindre nombre , placé au milieu , rappelât le sentiment du premier

membre , et soulageât la voix qui doit se préparer
à la succession non interrompue des syllabes du
dernier membre , partagé aussi à la vérité , mais
d'une manière moins sentie et par une cadence
imparfaite , en deux reprises à peu près de même
durée.

« La volupté , par lui , prend de nouveaux
» charmes ; la douleur qu'il fait gémir , arrache des
» cris ; il brûle sans cesse et ne se consume ja—
» mais. »

L'effet admirable de ces paroles est , comme vous
le sentez , surtout dans la mesure , dans le mouvement varié. *La volupté* : l'orateur s'arrête à ce
mot ; il le détache , il veut fixer vos regards sur ce
tableau dont il abandonne le fini à votre imagination ; bien sûr que vous direz mieux en vous-même
qu'il ne pourrait faire en parlant. *La volupté , par
lui , prend de nouveaux charmes. La douleur qu'il
fait gémir , arrache des cris.* Quel art dans cette
voix qui vous dit en un mot , *la volupté* ; et qui
ajoute lentement , et , pour ainsi dire , avec un effort lamentable , *la douleur qu'il fait gémir* ; que
cette opposition est adroite ! Mais celle-ci l'est-elle
moins : *prend de nouveaux charmes , arrache des
cris ?* Dans le premier cas , le monosyllabe au commencement est suivi de deux mots , qu'il semble
allonger par le contraste de sa brièveté ; le dernier d'entre eux est long , quand on le prononce ,
même tout bas , et pour peu qu'on se laisse aller,
on se figure une longue durée de bonheur. Dans

la seconde expression, c'est l'intention contraire. *Arrache des cris :* le monosyllabe, placé à la fin, produit tout l'effet que l'auteur attendait de cette disposition oratoire. Quelle science profonde ! quelle attention délicate et soutenue ! En vain connaîtriez-vous tout le dictionnaire de l'académie ; ne comptez point sur votre science ; quand même vous auriez appris la valeur de toutes les expressions, si vous n'avez pas étudié l'ordre des mots, vous serez élégant, mais froid. Dites : Le musicien vous arrache des cris quand il fait gémir la douleur, et par lui la volupté prend de nouveaux charmes. Ces phrases sont françaises, mais elles manquent d'intention dans le mouvement. Or, il est inutile de demander à votre génie d'inventer ce mouvement ; il est français, c'est-à-dire de convention, d'habitude sur un petit coin de la terre. Il faut étudier les grands écrivains, juger de ce qu'ils disent, de leurs expressions, de leurs tournures, par les circonstances dans lesquelles ils les emploient. Nous sommes tous nés pour sentir tout cela, pour nous rappeler quels sont les faits, lorsque Fénelon emploie tel signe. Nous pouvons regarder sans cesse, et nous verrons toujours quelque chose de nouveau. Dans ce sens-là, je puis dire aussi comme Jean-Jacques.

« Ne cherche point, jeune poète, ce que c'est » que le génie ; en as-tu : tu le sens en toi-même. » N'en as-tu pas : tu ne le connaîtras jamais. Le » génie du poète soumet l'univers entier à son

» art. Il peint tous les tableaux par des sons ; il
» fait parler le silence même ; il rend les idées par
» les sentimens, les sentimens par les accens, et
» les passions qu'il exprime, il les excite au fond
» des cœurs. La volupté, par lui, prend de nou-
» veaux charmes, la douleur qu'il fait gémir, ar-
» rache des cris. Il brûle sans cesse, et ne se con-
» sume jamais. Il exprime avec chaleur les frimas
» et les glaces ; même en peignant les horreurs de
» la mort, il porte dans l'âme un sentiment de vie
» qui ne l'abandonne point, et qu'il communique
» aux cœurs faits pour le sentir. Mais, hélas ! il
» ne sait rien dire à ceux où son germe n'est pas,
» et ses prodiges sont peu sensibles à qui ne les
» peut imiter. Veux-tu donc savoir si quelque étin-
» celle de ce feu dévorant t'anime ? Cours, vole à
» Paris écouter les chefs-d'œuvre des Corneille et
» des Racine : si tes yeux s'emplissent de larmes ;
» si tu sens ton cœur, etc. »

Cette imitation est un de nos exercices, comme vous le savez. *Tout est dans tout ;* on peut donc
s'habituer ainsi à employer les expressions d'une
langue, et c'est un petit commencement de génie. A mesure qu'on avance, on devient peu à
peu capable d'exprimer toutes ses pensées, comme le ferait un grand écrivain ; ce résultat est
le fruit de l'étude et de l'attention, et on n'a
pas plus de génie que tout autre ; en voici la
preuve :

Je propose pour sujet de composition, ces deux

mots , *bienfaisance* et *bienveillance*. Que le lecteur ne dise pas en se frottant les mains : Nous allons voir. Je l'inviterais , si j'étais présent , à se recueillir un peu , pour s'assurer d'abord , par sa propre expérience , de ce qu'un homme fait répondrait à cela. Je lui ferais observer que le génie ne peut lui manquer à ce sujet ; que si , par hasard , il hésite , ce sont les expressions qui ne se présentent point ; *ce qu'il conçoit bien* , ne *s'énonce* pas toujours *clairement* , et *les mots* , *pour le dire* , n'*arrivent* pas *aisément*.

Le petit génie a répondu :

« La bienfaisance est la bienveillance en ac-
» tion. Je comprends par la bienfaisance , cette
» grande vertu qui consiste à soulager et à se-
» courir les malheureux. La bienveillance est
» cette douce disposition du cœur qui nous met
» en harmonie avec la nature , c'est-à-dire , qui
» nous donne une ressemblance avec Dieu par la
» bonté. »

Il est évident que , pour voir si peu , il ne faut pas regarder longtems , et que le génie serait bien stérile s'il ne trouvait pas au moins les rapports qu'on vient de lire. Tout est dans le style et le style est dans le livre.

Si vous demandez à un autre de traiter ce sujet , *les consolations de la vieillesse* , il vous répondra :

« Pour l'homme avancé en âge , c'est une con-
» solation de voir le respect et la confiance qu'il

» inspiré à la jeunesse. Il sait que cette jeunesse ,
» si vive et si féconde en plaisirs , n'est qu'une
» fleur presque aussitôt séchée qu'éclose. Il est
» vrai que , pour lui , ce bel âge est passé sans re-
» tour ; mais son esprit est calme et tranquille ; il
» est délivré des folles passions et des caprices de
» la jeunesse. Il trouve une consolation bien dou-
» ce en aidant de ses lumières et de ses conseils les
» jeunes gens. C'est un bonheur pour lui de leur
» faire éviter les périls auxquels il a été lui-même
» exposé ; de leur épargner les peines , les souf-
» frances , les malheurs qu'il peut avoir éprouvés ;
» de leur apprendre , par ses conseils , et plus en-
» core par ses exemples , à s'assurer, par un bon
» emploi du présent , qui suit si promptement ,
» un passé sans remords et un avenir sans crain-
» tes. »

Quelque sujet de littérature que ce soit, propo-
sez-le à un élève qui suit nos exercices , il le trai-
tera avec cette supériorité ; mais ce talent s'acquiert ; on ne l'a point quand on arrive. Il n'y a
aucun écolier dans aucune maison d'éducation qui
parvienne à ce résultat par la vieille méthode ; c'est
même un préjugé qu'on ne déracinera jamais ,
qu'un enfant est incapable de cette profondeur de
pensée , et qu'il ne peut apprendre à écrire avec
cette perfection. Eh bien ! nous ne connaissons
point d'êtres privilégiés parmi nous ; tous les élèves
qui travaillent réussissent également ; donc il n'y a
point de génie.

Nos élèves n'ont pas ce préjugé. Je m'appelle Joseph, et l'un d'eux m'a dit un jour, que c'était encore ma fête(*Nota bene* , c'est un enfant) :

« L'Enseignement universel est une invention
» que rien ne pourra surpasser ; on parle d'arts ,
» d'instrumens , de machines nouvelles ; mais de
» tout cela rien ne pourra égaler cet enseignement
» sublime qui met tout-à-coup l'enfant à côté de
» l'homme fait. Celui qui ne le connaît pas est
» comme un aveugle-né , à qui la lumière est ca-
» chée. Il n'y a que les élèves de l'Enseignement
» universel qui puissent l'apprécier, et leur en-
» thousiasme pour leur maître chéri fera répéter
» son nom de générations en générations , jusque
» dans la postérité la plus reculée.

» Joseph , fils de Jacob , rendit , par son génie
» et ses vertus , tout un peuple heureux ; ici , un
» autre Joseph rend , par cette invention si gran-
» de , si étonnante , si merveilleuse , et en même
» tems si simple , tout un royaume heureux , et
» bientôt tout l'univers en sentira les bienfaisans
» effets. »

Vous voyez que l'enfant dit ce qu'il voit ; il n'y a pas grand génie à cela. Il exagère le bienfait , c'est le cœur qui parle ; il annonce des effets aux- quels on ne doit point s'attendre dans nos princi- pes , l'enfant le sait bien ; mais voilà ce qu'on dit quand on veut louer dans une langue quelconque. Cela n'est pas vrai , cela n'est pas exact en raison , mais c'est excellent en rhétorique.

J'ai voulu voir si, quand on n'est pas grand, on a l'intelligence de saisir les nuances des caractères, et j'ai demandé des portraits ; les voici :

PORTRAIT D'ÉLODIE.

« La jeune Élodie joint à la figure la plus agréable mille qualités excellentes ; elle est bonne, douce, et sans la moindre prétention : cependant la coquetterie (défaut si ordinaire chez toutes les femmes) semble quelquefois exercer (faiblement, il est vrai) son empire sur elle ; mais ce moment passager est toujours si court, qu'il ne peut être saisi que par ceux qui la connaissent parfaitement. Ce défaut, si peu sensible, est le seul qu'on puisse lui reprocher, si on en excepte un peu de légèreté, qui cependant n'ôte rien à ses bonnes qualités.

« Élodie ressemble à sa sœur et de figure et de caractère. Cependant avec cette ressemblance, qui, au premier coup-d'œil, paraît si frappante, tout en elles est différent ; ce sont les mêmes traits, les mêmes goûts, les mêmes qualités et les mêmes vertus. Où donc est la différence, me dira-t-on ? Elle est tout entière dans les teintes plus ou moins foncées de leurs caractères et de leurs mœurs.

« Ceux qui n'ont point vu mon Élodie, et qui connaissent mon attachement pour elle, pourraient croire que ce portrait fidèle est embelli par l'amitié ; mais je leur rappelle combien toute exaltation et exagération sont loin de mon caractère, et que souvent même on me reproche de voir aussi bien les défauts de ceux que j'aime, que leurs bonnes qualités. »

— Vous voyez que nous nous exerçons à louer par écrit. La louange est ce qu'il y a de plus difficile à faire. Celui qui loue a presque toujours un air guindé qui le trahit. Cependant on ne connaît bien une langue que lorsqu'on la sait employer dans les trois genres. Il est donc nécessaire de connaître les expressions du blâme, des injures, des invectives. Pour arriver à cette perfection, on doit exercer des élèves à *parler* contre l'Enseignement universel. Le sujet prête : on n'entend là-dessus que des quolibets, des pointes lancées par des hommes graves et des freluquets, des femmes sensées et des étourdies, des hommes et même des enfans. Tantôt des littérateurs au petit pied nous pincent dans les journaux ; tantôt des savans en titre nous écrasent dans leurs annales. Nos élèves seraient bien idiots, s'ils ne pouvaient trouver dans ces arsenaux des armes pour combattre l'Enseignement universel ; qu'ils cherchent, voilà les magasins ; il ne tient qu'à eux de s'y fournir à bon marché. Seulement il faut veiller à ce qu'en répétant tout ce qui a été dit, tout ce que pourront dire les antagonistes, ils parlent aussi purement que ces grands hommes écrivent, et même mieux, à force d'exercice, s'il est possible.

PORTRAIT D'OLINDE.

« A la vue de la jeune Olinde , chacun la prendrait pour une personne faite , et cependant elle n'a pas encore quitté l'adolescence, son caractère , ses qualités tiennent de sa figure.

« Sa physionomie est grave et prononcée ; Olinde parait même fière lorsqu'elle n'est que sage et raisonnable ; elle pourrait se guider elle-même et servir de modèle aux jeunes personnes de son âge. Elle est toujours toute à tout, et jamais on n'a pu lui reprocher la moindre négligence ; elle est laborieuse , diligente , exacte, vive et très-animée, sans le moindre emportement.

« A ces qualités, si rares dans les jeunes personnes , elle joint les plus essentielles vertus. Bonne , juste, bienfaisante, cependant on l'accuse de manquer de complaisance ; mais si elle n'est point prévenante , rarement elle fait éprouver un refus ; elle est d'ailleurs sincèrement attachée, modeste ; franche et discrète , voyant toujours tout en bien et en beau chez les autres, ne blâmant jamais et approuvant avec plaisir. Dès qu'on la connaît on s'attache à elle, et un sincère retour prouve bientôt combien elle sait aimer.

« Telle est la jeune et aimable Olinde. »

— Cela n'est pas mauvais ; nos antagonistes ne feraient pas mieux ; mais je ne serai content que lorsque vous pourrez improviser en parlant contre l'Enseignement universel aussi bien que vous sa-

vez écrire. Que si le génie vous manque , écoutez
un malin qui vient de lire ceci ; il a du génie, lui :
voyez avec quelle facilité il pérore contre nous ;
étudiez ses moindres paroles , voilà un beau modèle ; copiez-le , et si un autre vous accuse d'être
plagiaire, retenez ce qu'il aura dit , s'il parle bien;
s'il parle mal, réfléchissez sur la profondeur de ses
pensées , mettez-les en français , et votre fortune
littéraire est faite.

PORTRAIT D'ÉLIANTE.

« Éliante joint à une très intéressante figure un
caractère excellent. Les plus solides qualités la distinguent de toutes ses compagnes. Éliante observe
toujours l'arrangement et le bon ordre dans tout
ce qu'elle fait.

« Active et laborieuse , on ne la trouve jamais
oisive , et ses occupations ont toujours un but
utile.

« Économe sans parcimonie , elle est toujours
riche et fournie , parce qu'elle use de ce qu'elle a
sans prodigalité.

« A ces qualités si solides , Éliante joint toutes
les vertus, non seulement de son âge, mais encore
celles de l'âge mûr.

« Discrète sans réserve, patiente, calme et tranquille sans lenteur, amie sincère, écolière docile ,
fille tendre, que pourrait-on reprocher à Éliante ?
les indifférens lui trouvent au premier abord un

air un peu sévère ; ensuite on trouve que la liberté de ses mouvemens va quelquefois jusqu'à la rudesse ; enfin on désirerait aussi quelquefois que sa franchise se montrât sous des formes un peu plus polies.

« Ces ombres légères ne peuvent ternir les qualités, moins encore les vertus d'Eliante.

« Lorsqu'on la connaît, son abord sévère fait bientôt place à une aimable gaîté, et ces mouvemens, qu'on trouve rudes, ne sont plus que l'expression de la vivacité des sentimens qui l'animent.

« Ce qui pourrait lui manquer en politesse n'est que l'effet de son extrême droiture et de son éloignement pour toute espèce de flatterie ou de fausseté.

« De plus, l'humeur d'Eliante est toujours égale ; on ne trouve en elle ni légèreté, ni inconséquence.

« Telle est Eliante maintenant : que sera-t-elle dans un âge plus avancé ? Le lien de toute sa famille, la joie et la consolation de ses parens ; et, pour elle-même, elle jouira de l'estime générale. »

— J'avoue qu'il faut bien connaître une langue pour sentir que cela est bien écrit ; je crois que celui qui ne sait pas le français aussi bien que la Quotidienne ou la Revue, n'y peut rien comprendre. Moi qui sais tout, je trouve cela superbe ; mais je, ne croirai point à votre génie, si vous n'êtes pas

capable d'improviser contre ce petit écrit un de
ces jolis articles que les journalistes mettent dans
les feuilletons. A quoi serez-vous propres, si vous
n'êtes pas même capables de dire avec un accent
de colère : *Ces faits ne sont pas des faits !!! Ces ré-*
sultats font pitié !!! qu'on ne me vante point niaise-
ment son désintéressement !

Quoi ! vous ne pouvez pas imaginer l'adverbe
niaisement ; eh bien ! commencez par le répéter ;
peu à peu vous en prendrez l'habitude.

PORTRAIT D'ORPHISE.

« Quoique très jeune encore , Orphise est déjà
le modèle de toutes ses compagnes ; son extérieur,
qui offre toutes les grâces de l'enfance , annonce
néanmoins la maturité de sa raison ; sa physionomie animée , ses yeux expressifs , même ses mouvemens et ses gestes , tout cet ensemble charmant
attire au premier abord tous les regards ; mais
toutes ces qualités paraissent bien plus belles encore lorsqu'on la connaît ; alors on découvre, non
sans étonnement , toutes les qualités d'un esprit
exercé (heureux effet de notre bienfaisante méthode). Orphise joint à la force de la pensée, à la
justesse de ses réflexions , les plus solides vertus ;
l'ingénuité, la franchise , la douceur, la bonté , la
complaisance ; la modestie , l'égalité du caractère,
des manières affables et polies, le goût du travail ;
un cœur bon et compatissant , de l'ordre et de la

précision dans toutes ses actions, qualité si essentielle et qu'on trouve si rarement à son âge. Voilà une faible description des traits principaux qui composent l'intéressante Orphise.

« Ce tableau sans ombre pourrait par là même paraître imparfait. Cherchons-lui donc quelques défauts; si c'en est un, je lui reprocherai un peu trop de susceptibilité, qui prend quelquefois une légère teinte d'humeur; et, quoique la courte durée de ces mouvemens pût les faire oublier, j'aime trop Orphise pour les lui cacher; je les signale comme un défaut, et je veux qu'elle s'en corrige : on peut l'exiger de sa raison, et mon amitié l'exige. »

— Très bien. Mais vous vous doutez bien de ce que je vais ajouter. Vous ne parlez point, vous n'osez point parler; allons, du courage. Prenez pour maîtres nos adversaires. Répétez ce qu'ils disent. — Mais, monsieur, cet exercice est fastidieux, les élèves ne seront que des perroquets, jamais une pensée à eux; ce sont des arlequins habillés de pièces volées de toutes parts, courant avec un masque pour n'être pas reconnus, et frappant de la batte à tort et à travers pour se donner un air d'assurance. Je ne puis me faire à ces singeries de votre méthode. On n'est jamais soi dans vos écoles, c'est un vrai carnaval littéraire. — Bravo ! bravo ! c'est cela, du courage; voilà ce que je vous demande; moquez-vous de l'Enseignement universel, mais dites en bon français ce que vous venez de dire ; cela sera superbe quand vous le direz bien. Recommencez.

PORTRAIT DE BÉLISE.

« En voyant agir Bélise, en observant sa conduite, on dirait que cette jeune personne n'a ni raison, ni sagesse.

« C'est qu'il lui manque une qualité nécessaire, sans laquelle toutes les autres sont presque inutiles. Cette qualité si indispensable, c'est la modération. Ainsi, avec un cœur bon et porté au bien, elle ne paraît qu'étourdie, légère, souvent même ridicule, surtout depuis que l'âge et la raison rendent impardonnables l'humeur et les caprices qu'on tolère chez les enfans que même des parens aveugles admirent quelquefois comme des gentillesses.

« Bélise se connaît ; elle n'ignore pas que chez elle tout se fait par accès, et, pour ainsi dire, par sauts et par bonds. Jusqu'ici elle a paru incapable de mettre aucune suite dans l'exercice de ses devoirs, ni dans aucune des actions ordinaires de la vie ; elle commence, interrompt, oublie, perd et égare tout ce qui lui appartient.

« Telle était Bélise : on dit qu'elle est changée, mais, hélas ! ce changement paraît être imperceptible pour des yeux non prévenus ; cependant Bélise passe pour être amie sincère et généreuse, fille tendre, élève docile ; mais la docilité chez elle ne consiste qu'à laisser ce qu'on lui défend et rarement à faire ce qu'on lui prescrit.

« Aussi passe-t-elle sa vie en regrets inutiles ; souvent des larmes amères tombent de ses yeux, et la raison alors reprend tout son empire ; mais bientôt sa vivacité l'emporte, la moindre distraction lui fait oublier et sa douleur et les bonnes résolutions qu'elle vient de former.

« Telle est Bélise. Ce portrait fidèle ne donnera pas une idée avantageuse de l'original ; des amis peut-être y ajouteraient quelques traits de plus belles couleurs ; mais les indifférens, et surtout les ennemis, ne manqueraient pas de le trouver en tout embelli.

— De qui est ce portrait ? — C'est le mien, monsieur. — Pourquoi ne parlez-vous pas aussi bien que cela ? — La raison en est dans mon portrait, monsieur. — Ah ! vous croyez que vous le pourriez ? — Oui, monsieur, tout le monde le peut. — Eh bien ! prouvez d'abord que vous le pouvez ; au lieu de dire du mal de vous, tirez à boulets rouges (comme disent les gens d'esprit), tirez à boulets rouges sur l'Enseignement universel, cela vous fera une petite réputation. — Je ne veux point de réputation littéraire, monsieur, cela ne nous convient point ; on dirait..... — Ah ! bon ! qu'est-ce qu'on dirait ? Pensez-y jusqu'à demain ; tâchez de vous rappeler ce que les grands hommes disent là-dessus ; ajoutez-y quelque petit sarcasme de votre façon, si pourtant la *Gazette* n'a point épuisé le carquois.

PORTRAIT DE BÉLISE.

« A une taille avantageuse, à une des plus agréables physionomies, Bélise joint un cœur excellent, une âme grande, généreuse, magnanime.

« Bonne, douce, complaisante et prévenante à l'excès, sensible et compatissante ; voir souffrir est pour elle un supplice bien plus grand que tous les maux personnels qu'elle pourrait endurer.

« Franche, vive, vraie, expansive, ne se défiant de personne, Bélise suit peut-être un peu trop ses premiers mouvemens ; mais qui pourrait, même en la blâmant, ne pas la chérir, connaissant la source des défauts qu'elle se reproche avec tant d'amertume ; ils naissent tous de ses qualités, ne nuisent qu'à elle-même, sans jamais peser sur les autres.

« Amie dévouée, compagne agréable, l'aimable Bélise loue le bien avec transport, voile le mal, et jouit du bonheur des autres bien plus que du sien. »

— C'est bon ; nous savons bien que vous savez écrire ; mais vous ne parlez point ; il faut vous arracher les paroles une à une. Pauvre génie ! imagination stérile ! âme sans énergie ! Pourquoi ne parlez-vous pas ? — Je fais ce que je peux, monsieur. Cela n'est pas vrai ; quand on écrit comme vous, on est propre à tout ; mais on est enfant, et la paresse croit que l'enfance est une excuse ; mais on craint de mal parler, et la paresse croit que cet orgueil est excusable ; mais on n'est pas destiné à briller dans le monde par le talent de la parole, et la paresse nous fait croire que c'est la modestie qui donne le conseil de se taire. Prétextes que tout cela ! Dites, je n'ai point de goût pour le talent de la parole, à la bonne heure ; ne dites point, je ne veux pas briller ; vous savez bien qu'il n'y a pas de quoi. La modestie consiste à se taire quand il le faut, mais non pas à ne point savoir parler. Je sais ce que je peux, dites-vous ; cela est faux, encore une fois : réfléchissez un instant ; vous improvisez avec les doigts sur le piano, et vous ne pouvez point exprimer vos pensées en parlant. Allons, du courage ; apprenez d'abord à parler, et vous aurez alors du mérite à vous taire. Quelle bizarrerie ! je n'entends rien à la composition musicale ; et vous écrivez vos compositions sans faute dans une langue que je ne sais pas même lire. Vous improvisez ; vous changez de tons plusieurs fois, et je ne l'entends pas ; vous avez ri souvent de mon ignorance ; et voilà que vous restez en arrière dans la seule langue que je connaisse un peu. Avez-vous donc le projet de prouver l'universalité de l'Enseignement universel ? Je vous remercie ; mais croyez-moi, pensez un peu à vous-même. On ne sait une langue que lorsqu'on la parle sur tous les sujets et dans tous les tons : vous le pouvez, n'est-ce pas ? — Oui, monsieur, tout le monde le peut. — Vous dites peut-être cela pour me calmer ; dites le contraire, cela m'est égal, mais parlez, parlez donc.

PORTRAIT DE CLARICE.

« Je crois qu'il est impossible de trouver une figure plus intéressante et à la fois exprimant plus d'amabilité que celle de la jeune Clarice. Tout en elle est agréable et gracieux ; une douceur inaltérable fait le fond de son excellent caractère , et la plus grande sensibilité, jointe à la plus exquise délicatesse , rend irrésistible l'inclination qui attire vers elle ; ce charme inexprimable agit sans exception sur tous ceux qui la connaissent.

« Son maintien est toujours modeste , son air toujours réservé ; mais cette réserve disparaît dès qu'on lui parle , et semble se perdre dans un sourire naïf et presque enfantin.

« Pleine de candeur et d'ingénuité , l'aimable Clarice est d'une humeur toujours égale ; tout , chez elle, est dans une harmonie parfaite. Sa gaîté est douce et tranquille; son sérieux n'est point triste ; et on trouve , sur sa physionomie touchante , l'expression de sa belle âme et de toutes les vertus , qui font de cette jeune personne un modèle parfait pour toutes ses compagnes. Ce serait inutilement qu'on voudrait lui chercher quelques défauts, je ne lui en connais point , sinon peut-être un excès de délicatesse , quand elle craint d'avoir, sans le vouloir, offensé ou blessé quelqu'un ; mais ce défaut , si c'en est un , ne nuit qu'à elle-même ; elle n'a point cette délicatesse quand elle-même est offensée ; au contraire , alors au lieu de recevoir des excuses, c'est elle qui demande pardon, et dit naïvement : *Vous n'avez pas pu vouloir me faire de la peine, cela est impossible.* Voilà Clarice tout entière ; c'est une jeune et tendre fleur, non une rose éclatante ou un superbe lys, mais une simple et douce violette qui semble vouloir se cacher pour faire place aux autres. »

— Parfait ! si pourtant il y a du parfait; mais vous me comprenez bien. — Oui, monsieur. — De quel pays êtes-vous ? — De Louvain. — Messieurs vos parens parlent-ils la langue française habituellement ? — Non, monsieur. — Parliez-vous cette langue dans votre enfance ? — Non, monsieur. — Eh bien ! vous écrivez comme les meilleurs écrivains français ; j'invite un philosophe littérateur à venir vérifier ce fait, si par hasard, ce résultat (comme je le présume) *ne fait pas pitié aux Français.* Mais vous ne savez pas dire deux mots de suite. Allons, allons, du courage ! c'est une sottise ; sortez de cette indolence : parler, c'est écrire vite. Il faut vous exercer d'abord à écrire en quinze minutes, puis en quatorze, treize, douze, onze, dix, neuf, etc. ; enfin, quand la main ne pourra suffire, parlez comme cela, et vous parlerez aussi bien que qui que ce soit de mémoire d'homme ; cela se peut, n'est-ce pas ? — Oui, monsieur, tout le monde le peut, mais il faut bien s'exercer ; j'ai appris jusqu'à quatorze livres de Télémaque par cœur. — Vous en repentez-vous ? — Non, monsieur. — Eh bien ! parlez. Tenez, dites quelque chose de bien tourné sur cette réponse triviale, sur cette espèce de mot d'ordre niais : *Oui, monsieur, tout le monde le peut.*

Si un antagoniste dit : J'écris aussi bien que cela ; je lui réponds : Voyons. Donnez une plume à monsieur.

Si un malin me demande pourquoi je lui ai refusé ces compositions, puisque je les publie, je réponds : Cela ne me convenait pas alors, cela me convient aujourd'hui. Je n'ai pas besoin que le public soit d'avis que nos élèves écrivent comme les meilleurs écrivains français. — Je le vois bien. — Mais les maîtres ont besoin, dans l'intérêt de leur établissement, que ces résultats soient connus, et j'ai fait ce qu'ils me demandent. Du reste, cela ne peut ni leur nuire, ni leur être utile ; le public n'en saura rien, je défends aux journalistes d'en parler. La *Gazette*, qui demande des résultats à grands cris, va dire : Je n'ai pas d'oreilles ; tout ira comme il allait ; l'Enseignement universel se propage, cela est vrai ; mais il ne prendra point. Enseignez quelque chose, vous aurez des élèves ; n'enseignez rien, vous en aurez encore ; point de sotte espérance, point de sot découragement, mes chers disciples. La méthode bonne ou mauvaise, ne fait rien pour emplir ou vider un pensionnat ; le public s'arrête devant l'enseigne, mais il ne s'inquiète point de l'enseignement ; il croira, il ne croira point à vos prospectus ; au petit bonheur ! Courage ! surveillez vos élèves, ayez le nombre de répétiteurs nécessaires ; ne négligez rien pour remplir les devoirs de votre profession ; de la bonne conduite, et surtout du caractère et de l'énergie.

Si un homme cherche la vérité de bonne foi, je lui dirai : Vous voyez qu'on ne dit pas mieux, qu'on ne pense pas mieux. Eh bien ! interrogez tous les enfans, les uns après les autres, ils vous répondront tous : Je l'ai appris, le voilà dans mon livre : tout le monde peut le faire comme moi ; ce n'est pas une preuve de mon génie, c'est la preuve que j'ai suivi exactement la méthode de l'Enseignement universel.

A tant de preuves, à tant de faits, je ne manquerais pas de réponses, si j'étais par besoin, par vanité ou par préjugé, antagoniste de l'Enseignement universel.

Si j'avais besoin, je dirais : Mon existence est compromise, donc la méthode est mauvaise ; donnez-moi un emploi dans l'Enseignement universel, et j'en dirai ce que je dis de la vieille qui me nourrit.

Si j'avais de la vanité, je dirais : Je passe pour un habile homme, et voilà des enfans qui écrivent mieux que moi, donc il faut soutenir, d'abord par derrière, que les faits sont faux ; si on me les met sous les yeux, je dirai que je n'ai pas vu écrire ; si l'on me demande quel est l'homme que je crois capable d'écrire tout cela tous les jours, sur tous les sujets, je changerai tout-à-coup d'avis, je

soutiendrai que cela est mal écrit, je calomnie-
rai l'inventeur ; je déraisonnerai tant, qu'au bout
d'un quart-d'heure il ne sera plus question de
ces faits qui m'importunent ; j'y aurai substitué
une question de métaphysique ; j'en appellerai à
la vanité de tous mes auditeurs ; je trouverai
bien des personnes de mon avis, si je leur suppose une supériorité d'intelligence, et je triomphe.

Si j'avais conservé les préjugés de mon enfance,
je dirais : Je n'y connais rien, mais monsieur tel,
homme de mérite, dit que cette méthode est détestable, et je le crois. Vous avez beau m'appeler,
je n'irai rien voir ; je ne veux rien entendre ; parlez à monsieur tel, homme de mérite, en qui j'ai
confiance ; ce qu'il dira, je le répéterai ; c'est tout
ce que je puis faire pour votre service. Soumettez-
vous à monsieur tel, homme de mérite, en qui j'ai
confiance ; ce qu'il verra, je l'aurai vu ; ce qu'il
dira, je le répéterai : je vois par ses yeux, et il
parle par ma bouche. Mais quand il n'y aurait que
le silence des autorités locales, en faudrait-il davantage pour confondre le charlatanisme ? — Hal-
te-là, me répondrait peut-être le bon M. Jacotot ;
ceci devient délicat. — Je le sais bien, lui dirais-
je, vous sentez que ce silence vous accable. —
Mais, monsieur, l'autorité n'a jamais vanté une
méthode. — Vous savez le contraire, imposteur !
— Mais, monsieur, un magistrat peut se tromper ;
on peut l'induire en erreur, surprendre sa reli-

gion. — Subterfuges que tout cela. Votre prétendue méthode n'est point une méthode ordinaire ; elle renverse toutes les idées , les enfans sont
des génies , les génies ne sont plus que des enfans.
— Eh bien, monsieur, vous dites vous-même la raison de ce silence dont vous vous armez contre moi.
Messieurs les magistrats doivent naturellement
croire, comme vous, que tout cela est chimérique ; c'est à leurs yeux une opinion , comme tant
d'autres, qui ne mérite point d'attirer les regards
de l'autorité ; et la preuve de ce que j'avance , c'est
que dans le principe on m'a pris pour un maître
d'école dans la Belgique , et l'on m'a envoyé l'arrêté
de Sa Majesté sur les écoles primaires. Le magistrat, mieux instruit des faits, s'est abstenu de donner suite à tout cela ; il a vu qu'il ne s'agissait dans
l'Enseignement universel ni de lire, ni d'écrire,
mais de tout ; il a vu que j'étais d'une catégorie
particulière ; bref, on m'a laissé en repos quand on
a su que je m'adressais à toute la terre sans parler à
personne, et que si je cherchais à rendre service à
quelques Belges , cela ne pouvait pas avoir grand
inconvénient. De mon côté, je n'ai point compris
quelle influence pouvait avoir l'intervention de
l'autorité sur la vérité des faits. — Eh ! vous avez
eu tort, il fallait soumettre tout cela à l'autorité.
— Plaisantez-vous , monsieur ? Vous vouliez que
je demandasse aux magistrats s'ils croyaient comme
moi à l'égalité des intelligences. — Et pourquoi
pas ? — C'est qu'ils auraient probablement dit

qu'ils n'étaient point de cet avis. Comme hommes ils m'auraient ri au nez, puisque tous les hommes me regardent comme un insensé d'avoir choisi parmi tant de systèmes métaphysiques connus, précisément celui de l'inventeur des tourbillons ; de plus, comme magistrats, ils m'auraient répondu qu'ils ne sont point chargés de la controverse. Suivez en paix vos exercices, m'auraient-ils dit, nous vous protégerons comme habitant, si vous êtes soumis aux lois ; mais nous sommes contens de nos méthodes reçues ; c'est à l'autorité supérieure à prononcer. — Eh bien, vous deviez vous présenter devant l'autorité supérieure. — Voulez-vous dire que c'était mon devoir ? — Non pas précisément, mais à peu près ; cela était convenable. — Ainsi, monsieur, à ma place, vous iriez donc à l'autorité supérieure lui dire : *Tous les hommes ont une intelligence égale ?* — Eh ! non, je ne dirais pas cela ; je commencerais par renoncer à cette sottise ; mais je viendrais doucement avec quelques petites compositions, tant en français qu'en musique, etc. — Et je dirais : *Voilà qui est écrit comme écrivent les grands écrivains ?* — Eh ! non, je ne dirais pas cela d'abord, parce que votre phrase est mal rédigée ; *écrit, écrivent, écrivains :* je tournerais cela autrement, je tâcherais de faire avaler ma pilule. Pour un charlatan vous n'avez guère de tact ; je dirais : Voilà des enfans qui *promettent*, ils ont de *bons principes*. — Mais, monsieur, je ne puis pas dire tout cela, vous changez toute ma méthode. — Eh bien, il faut la changer aussi. Oh ! le nigaud ! il veut faire son chemin, et..... — Vous avez raison ; si je voulais faire mon chemin, je serais un nigaud ; mais je ne suis pas si bête que je le parais, puisque je ne veux que rendre service à quelques individus, et je suis content ; je suis satisfait du succès. — Grand bien vous fasse, mon cher monsieur Jacotot.

— Voilà ce que je dirais, si j'étais antagoniste de l'Enseignement universel, ou par besoin, ou par vanité, ou par préjugé.

J'ai eu pendant long-temps la vanité du génie ; mes enfans l'ont tuée tout-à-fait : il n'y a pas un de nos antagonistes, ou poète, ou prosateur, je n'excepte personne, qui ait jamais eu de son génie une plus haute idée que moi du mien. J'ai essayé de toutes les manières s'il ne me resterait pas une petite supériorité sur quelque point. A force de rêver au moyen de soutenir mon rang dans la société des esprits, je me dis un jour : *tout est dans tout*. Quand je prononce ces mots, les savans disent qu'ils n'y entendent rien ; même nos partisans n'y voient goutte, ils l'avouent dans les journaux. C'est bien ; voilà mon affaire. Je comprends, moi, *tout est dans tout* ; ce sera mon intelligence privilégiée, dont la sagacité voit partout des ressemblances et des différences qui échappent à l'œil du vulgaire. Jamais mes enfans ne pourront voir des nuances aussi imperceptibles. Essayons ; cette fois j'espère bien que l'expérience ne réussira pas ; j'en serais fâché pour la méthode ; mais enfin je serai un homme supérieur, et cette idée console de toutes les contrariétés ; l'univers est injuste envers moi, mais je pourrai le mépriser du haut de ma grandeur ; je m'envelopperai dans mon génie, je ne regarderai que moi, et j'aurai du plaisir en me regardant. Vanité des vanités ! Je dis à un enfant : Etes-vous mathématicien ? — Oui, monsieur, tout homme est mathématicien quand il le veut.— Impertinent, dis-je tout bas, petit orgueilleux qui méprise ses semblables ! Vous savez donc les mathématiques ? — Non, monsieur. — Savez-vous la division ? — Oui, monsieur. — Connaissez-vous la soustraction ? — Oui, monsieur, puisque je sais la division. — Mauvais signe, dis-je entre mes dents ; ce petit raisonneur va me jouer un mauvais tour, et j'en choisis un autre ; puis j'ajoute : Voyez-vous le fait de la soustraction ? Que pensez-vous du mathématicien qui fait une soustraction ? généralisez-moi cela. — Je ne vous comprends pas, monsieur. — A la bonne heure, dis-je en moi-même, m'y voici ; il me semblait bien que cette profondeur avec laquelle je puis tout creuser par la pensée était un attribut essentiel à mon être ; les savans n'ont pas tous les torts ; cela n'est aisé que pour moi. Que j'étais bête de ne pas croire que j'ai de l'esprit tout seul ! Voilà qui est décidé, je suis au-dessus des enfans, et les savans, qui n'ont pas tant d'esprit qu'eux, sont bien loin de moi. En disant ces mots, je me rengorgeais, je m'élevais de toute la tête au-dessus de toute la marmaille qui m'environnait ; je planais, et, je l'avoue, j'étais rayonnant ; je suis sûr que j'avais alors cette belle physionomie dont les élèves de l'Enseignement universel me font compliment le jour de ma fête. Cependant il me vint un remords : si l'enfant n'a pas écouté, si ma splendeur l'a ébloui, si mon air capable l'a intimidé. Il y a peut-être distraction, il faut m'en assurer ; ma victoire sera plus complète et plus sûre, si je triomphe par la bonne foi, sans ruse, sans détours. Que pensez-vous de Mentor dans la tempête ? — Qu'il est adroit, prudent, etc. — Parleriez-vous bien de l'adresse, de la prudence, en considérant toutes les circonstances de ce fait ? — Je l'ai fait mille fois. — Eh bien, monsieur, ajoutai-je sèchement, car je recommençais à prendre un peu d'humeur, eh bien, monsieur, parlez du mathématicien qui se trouve dans les embarras d'une soustraction ou d'une division. — Oui, monsieur. — Je reviens savoir comment le petit génie s'est tiré de là, et il me dit :

LE VRAI COURAGE.

« L'homme courageux semble n'avoir qu'une
» seule chose à faire pour arriver à son but ; ce-
» pendant il est obligé de travailler d'abord à em-
» pêcher tous les obstacles qu'il pourrait rencon-

» trer dans son entreprise ; et ce n'est encore là
» que la plus petite partie de son ouvrage, puis-
» que ce n'en est que la préparation. L'ordre
» guide ses moindres actions, et par sa persé-
» vérance et son attention il arrive à son but sans
» avoir éprouvé aucun revers. »

Voyons, dis-je, comment vous justifieriez tout
cela ; voyons les faits.

L'élève continue à lire.

Tout est dans tout.

LE VRAI COURAGE, SUR LA DIVISION.

« L'homme courageux semble n'avoir qu'*une*
» *seule chose à faire* ; car lorsque l'arithméticien
» fait une division, quelque longue qu'elle soit, il
» commence par les chiffres de la plus grande va-
» leur, et ne semble point s'embarrasser des au-
» tres.
» *Il est obligé de travailler à empêcher les obsta-*
» *cles,* etc. ; *l'ordre guide ses moindres actions,*
» car il doit faire attention à l'ordre des chiffres ;
» il tire une barre sous le diviseur, de peur que
» les chiffres qui le composent et ceux du quotient
» ne se mêlent.
» *Il arrive à son but sans avoir éprouvé aucun*
» *revers,* car la patience, l'attention et l'ordre
» sont cause qu'il ne fait aucun mécompte. »

10

J'avoue que j'ai été renversé d'abord ; puis, faisant comme je fais toujours quand j'ai tort, et que je veux pourtant avoir raison, cela est mal écrit, dis-je. — Oui, monsieur, je n'ai pas eu le temps de soigner mon style. A chaque exercice nouveau, nous perdons beaucoup de temps, parce que nous croyons difficile ce que nous n'avons pas encore fait. — Quel âge avez-vous ? — Bientôt douze ans. — C'est égal, soignez votre style. — Oui, monsieur. — Et vous ? — Monsieur, j'ai regardé le mathématicien qui fait une soustraction. — Lisez.

LA SAGESSE.

« L'homme sage voit de loin ce qui pourrait
» contrarier son dessein, il l'évite par sa pré-
» voyance. Il n'est point rebuté de quelques obs-
» tacles, il les surmonte par son adresse. Il ne se
» contente pas de raisonner, il veut avoir la cer-
» titude de n'être point dans l'erreur. Le devoir de
» l'homme sage consiste à penser, à réfléchir, à
» exécuter avec patience et modération. S'il man-
» quait de tranquillité d'esprit, il ne pourrait par-
» venir à son but, ou n'y parviendrait que par ha-
» sard ; tandis qu'en travaillant avec sagesse, il
» suit la marche des pensées qu'il a dans la tête et
» peut se les représenter avec exactitude et sans
» erreur. »

— Que voulez-vous dire par ces mots : *Il ne se*

contente pas de raisonner ? où est le fait ? — Monsieur, j'ai vu que l'arithméticien fait la preuve de la soustraction, il veut avoir la certitude que donne l'expérience. — Pourquoi parlez-vous d'obstacles ? Où est le fait ? — Monsieur, il y a quelquefois des zéros dans le plus grand nombre, *il surmonte cet obstacle par son adresse*, comme Mentor passe au milieu de la flotte des Troyens, *par son adresse. Tout est dans tout.* — Cela est bien court. Vous n'avez pas regardé assez longtems. — Monsieur, c'est la première fois... Puis, j'entends qu'on dit tout bas : Nous avons bien fait, il est content, car il gronde. — Oui je gronde et j'ai raison. Vous ne faites attention à rien ; il y a mille faits que vous n'avez pas vu ; le pauvre mathématicien est bien dans un autre embarras que le marin ; celui-ci a des ressources sous la main, le mathématicien doit tout inventer et toujours. L'infini est là, mais vous êtes aveugles, tous, tous. — On rit, car il n'y a rien de si gai que l'Enseignement universel. — Ne riez pas et regardez mieux une autre fois ; à propos ; ce peu de lignes, est-ce vous qui les avez écrites ? — Oui, monsieur. — Vous a-t-on aidé ? — Mais, monsieur, qui est-ce qui m'aiderait ? — D'abord j'ai donné mon ouvrage avant de sortir. Mais de plus qui pourrait m'aider ? Qui le voudrait ? j'ai lu ma composition à mon grand cousin ; il n'y a rien compris : C'est un résultat qui fait pitié, ce sont *des faits qui ne sont pas des faits.* Oh ! monsieur, sa colère m'a fait

rire ; il prétend que je suis une bête, et vous aussi, de croire que *tout est dans tout*. J'ai répondu
que je voyais tout ce que j'avais dit. Cela est impossible, a-t-il répliqué ; je n'ai rien vu dans Burnouf, donc tout n'est pas dans tout. — Donc vous
n'avez pas regardé, mon grand cousin. Qu'est-ce
que c'est que cela, Burnouf ? — Burnouf, voyez
la buse, Burnouf c'est,.... Voilà l'Enseignement
universel ! Burnouf c'est un homme ; ils ne connaissent pas Burnouf ! Burnouf c'est un homme
qui a fait une grammaire. — Eh bien ! un grammairien qui regarde une langue, et qui veut mettre de l'ordre dans toutes les réflexions qu'il a faites, ressemble parfaitement à Mentor qui explique
à Idoménée les règles d'un bon gouvernement.
Faites ceci, évitez cela et vous parlerez bien ; faites ceci, faites cela et vous gouvernerez bien, voilà tout. — Voilà tout, ah ! voilà tout ? petit tran-
cheur. Je voudrais vous y voir ; Burnouf n'a point
fait de réflexions ; il a recueilli les réflexions des
savans. Voyez quelle étude, quelle érudition ! —
Eh bien ! je ferais là-dessus l'attention, comme je
pourrais la décrire en parlant d'un élève qui copie
sans faute le premier paragraphe de Télémaque.
— Ainsi vous avez autant d'esprit que Burnouf ?
— Et vous aussi, mon grand cousin. — Moi,
cela va sans dire, mais vous ? — Et moi aussi.
— Ah ! vous avez plus d'esprit que Burnouf ? —
Je n'ai pas dit cela. — Je ne comprends rien à
votre *tout est dans tout*. — Eh bien, allez chez

monsieur Deschuyfeleer, mon grand cousin. — Ainsi, pour comprendre que *tout est dans tout*, il faudra que les avocats, les médecins, les botanistes, les peintres, aillent chez M. Deschuyfeleer, ou chez monsieur Deséprés, ou chez monsieur Jacotot, ou chez son neveu M. Defacqz, ou chez... — Je n'ai pas dit cela, mon grand cousin : ces hommes peuvent le voir seuls ; je dis qu'ils peuvent venir voir que je le vois, moi qui suis votre petit cousin.

Le petit bavard causerait encore si je n'avais dit en m'éveillant (je songeais à ce que je viens d'entendre) : Allons ! je me rends, *tout est dans tout*. Un autre disait dans son coin, en parlant de moi : *Tacitus rem considerabat*, il est dans l'épitome, *tout est dans tout*.

A vous, monsieur, dis-je à un autre.....

DE LA CHARITÉ.

« 1. L'homme charitable cherche toujours l'occasion et les moyens de faire le bien.

» 2. Mais, dans sa bienfaisance, il n'est jamais parcimonieux ou follement prodigue ; au contraire, toujours sage et mesuré, il distribue ses aumônes d'après les besoins du pauvre.

» 3. L'heureux souvenir de ses largesses passées est le guide et l'encouragement de ses nouveaux bienfaits.

» 4. Tout ce qu'il a est destiné aux indigens, mais

c'est avec discernement qu'il leur partage son bien, qu'il les nourrit de son pain, ou qu'il les couvre de ses vêtemens.

» 5. Enfin à chaque plaie du cœur, il sait appliquer le baume qui la guérit.

» 6. Mais ce n'est point assez pour lui d'avoir arraché un malheureux à la misère ou à la mort, il lui apprend encore à tirer tout le fruit des ressources qu'il lui a fournies, et ainsi il assure son avenir.

» 7. Car il ne veut pas que ses bienfaits soient stériles ; mais qu'ils soient comme une mine féconde dont le travail accroît le produit et la richesse. Heureux donc, mille fois heureux, ceux qui, dans le malheur, rencontrent de tels hommes ! leur ruine ne sera point consommée ; leurs larmes seront taries ; leur sort sera assuré ; et (8) ce qui est plus précieux encore, ils apprendront par l'exemple de leur bienfaiteur à devenir bons et humains comme lui. »

— Quel est le fait que vous avez regardé ? — J'ai regardé le mathématicien qui *veut* écrire l'équation des sections coniques ; *tout est dans tout*. L'homme charitable, l'orgueilleux, etc., quiconque *veut* atteindre un but, suit dans le choix des moyens une marche uniforme. L'intelligence humaine a toujours la même allure ; l'amour de la musique, le vice, la vertu, les défauts, les bonnes qualités, tout ce qui détermine notre volonté trouve toujours la même intelligence prête à la servir, toujours de la même manière. — Cela est vrai, chez monsieur Deséprés cette preuve se tire mille fois par jour, de toutes les parties des mathématiques. Mais voyons comment vous justifieriez ce que vous avez dit de la charité.

DE LA CHARITÉ SUR LES SECTIONS CONIQUES.

« 1. Le mathématicien cherche la solution de toute question proposée.

» 2. Il mène un plan parallèle à la base pour avoir une ordonnée commune.

» 3. Il y est conduit par la connaissance de l'équation du cercle.

» 4. Il choisit $y^2 = FP \times PG$.

» 5. Idem.

» 6. Il développe $FP \times PG$.

» 7. Après avoir trouvé son équation, il en fait l'application à tous les cas possibles.

» 8. L'exemple du mathématicien apprend à le devenir. »

Cela suffit, monsieur, lui dis-je. J'ai montré tous ces faits, tous ces résultats, à des gens qui ont autant d'orgueil que moi ; l'un m'a dit franchement : Il faut nous résigner, mon confrère le spirituel ; tout s'apprend quand on regarde, on regarde quand on veut. D'autres m'ont dit : Les résultats sont faux. — Venez voir. — Je ne veux pas voir un résultat faux. D'autres m'ont dit : C'est vous qui fabriquez tout cela dans toutes les villes où l'on souffre des établissemens, où l'on corrompt l'innocence de nos enfans en leur enseignant à mentir avec impudence. — Eh bien ! monsieur, vous n'êtes pas conséquent ; le silence de l'autorité, en ce cas, est ma justification. Que l'autorité se taise quand les petits Belges croient que tel poète n'a pas plus d'esprit qu'eux ; c'est peut-être une absurdité, mais elle n'intéresse pas l'ordre public, et le silence de l'autorité en pareil cas ne prouve rien ni pour ni contre Mais. . . . . . — C'est bon, cela suffit, vous me fatiguez avec vos dilemmes.

D'autres disent, en lisant cet interminable article sur le génie : Voilà un excellent volume sur la musique, il n'en dit pas un mot. — De quoi vous plaignez-vous, monsieur le public ? — De rien, monsieur, je ne me plains pas ; vous m'avez dit que je n'existais pas et je me tiens pour mort. J'ai acheté votre livre ; je le trouve plaisant, vous le permettez, n'est-ce pas ? Vous êtes bien bon, monsieur Jacotot. — Que demandez-vous ? — Rien, monsieur Jacotot ; vous me répondriez quelque impertinence ; je me parlais à moi-même ; je me disais : Il a raison de faire ses livres comme il lui plaît, il nous a prévenu, cette fois-ci sera dupe qui voudra ; tel prospectus, tel ouvrage ; on ne comprend pas plus l'un que l'autre. — Eh bien ! monsieur. — Ne vous fâchez pas, monsieur Jacotot ; je n'oserais point entamer une dis-

cussion avec vous ; vous êtes trop fort pour moi ;
cela n'est pas généreux de votre part ; vous savez
que *nous n'avons d'aplomb que quand vous n'êtes
pas là*, et vous me faites une figure qui m'intimide ; n'abusez point de votre supériorité, je vous
en prie ; je ne dis rien, je ne contredis rien ; mais
vous qui parlez si bien, donnez-nous un peu de
musique, s'il vous plaît, si cela vous est égal, car
je sais bien qu'on ne vous fait pas chanter quand
vous n'en avez pas envie. — Est-ce que vous êtes
de ceux qui n'ont de l'aplomb que lorsque je ne suis
pas là ? — Quand on comparaît devant un grand
homme..... — Vous venez de vous trahir, doucereux ! voilà pourquoi vous manquez d'aplomb.
Vous ne croyez pas que je sois un grand homme,
et vous avez raison. Vous m'appelez ainsi, et vous
avez tort. Vous sentez que vous êtes fourbe, votre conscience vous accuse, elle vous fait trembler ; je répète, tout haut, ce qu'elle dit tout bas :
Ce n'est pas de moi que vous avez peur, c'est de
vous-même ; allez ! *vous n'aurez jamais d'aplomb
quand je serai là.* Commencez-vous à comprendre
que cela ne signifie point que j'ai du génie et que
vous en manquez. Je finis cet article par cette dernière objection, mes chers élèves ; je vous prie de
remarquer que le doucereux faisait un mauvais
raisonnement. Je suppose que je croie à la supériorité de mon génie, cela prouve que je suis
un faquin comme tant d'autres. Mais mon orgueil n'est pas une raison. Ne croyez point au

génie quand même j'y croirais, travaillez comme s'il n'y en avait pas ou comme si vous l'aviez.

Cependant le doucereux n'a pas tort en tout. Revenons à la musique.

J'ai dit dans la septième leçon : Quand on sait les cinquante premiers airs de la méthode, on commence à réfléchir.

1° Vérifiez la grammaire élémentaire, c'est-à-dire, les principes qui sont en tête des solféges, par exemple ; vous apprendrez ainsi les noms de tout ce que vous savez. Notes, intervalles, renversemens, mesures à 2 ou 3 temps, etc., tout diffère. Vous avez fait tout cela, sans pouvoir rien désigner par le nom adopté en musique. Si je vous dis : Frappez *ut mi sol*, comment appelerez-vous cela ? — Réunion de trois notes. — C'est bien, mais vous avez oublié ce que vous faisiez quand il fallait écrire sur la botanique ; dans cette science, comme dans la musique, vous ignoriez les termes techniques ; n'avez-vous pas fait le portrait de plusieurs fleurs ? N'avez-vous pas remarqué qu'on peut tout dire en français, qu'on peut parler de tout avec la langue commune, avec la langue de Fénelon ? Cette réflexion est utile surtout pour les demoiselles ; dès qu'elles peuvent écrire dans la langue commune aussi bien que vous l'avez vu dans les compositions que nous venons de lire, elles sont assez savantes. Il ne leur reste plus qu'à s'assurer qu'avec ces connaissances acquises, on est réellement capable d'écrire , pour soi , toutes les réflexions que suggère la présence d'un fait dont on veut conserver le souvenir. La langue commune suffit aux savans , elle doit donc vous suffire ; ils y intercallent seulement quelques nouvelles expressions de convention qu'on appelle techniques ; vous pourrez donc intercaller dans votre style des expressions que vous inventerez dans le même but. Il suffit , pour cela , de regarder , de saisir une ressemblance avec une chose connue , et d'indiquer cette ressemblance par un mot. Les savans qui ont parlé des plantes , ont remarqué qu'il y avait des parties principales à comparer entre elles : un mot seul est nécessaire en ce cas. Quel embarras jetterait dans votre discours un signe composé de plusieurs mots inséparables. Comment parlerez-vous clairement de l'opération par laquelle on ajoute plusieurs nombres ensemble ! si vous ne la désignez point par un mot unique ; il vous faudra traîner partout avec vous cette kirielle de mots qui jettera le trouble dans vos phrases. Voilà une plante ; voyez cette partie brillante ; il y a là quelque chose qui ressemble à ce qu'on nomme feuilles dans la langue commune ; mais si vous saisissez cette ressemblance , et si vous me dites la feuille de la plante , je ne vous comprendrai point , parce que ce mot a déjà son acception. Qu'ont fait les savans ? Ils ont aperçu comme vous cette ressemblance , mais ils ont cherché dans une langue étrangère , et ils ont emprunté le mot *pétale* , qui veut dire feuille. Imitez , il ne tient qu'à vous. Si vous ne connaissez point de langue étrangère , voyez un autre rapport , et dites , par exemple , le *brillant*, *l'éclatant* ; alors , si vous continuez à regarder, vous pourrez dire comme eux : Cette fleur est en forme d'entonnoir, elle est d'un seul *brillant* ; je ne vous comprendrai pas , mais vous vous comprendrez bien , et cela suffit : une demoiselle peut ainsi s'amuser à devenir botaniste , à écrire sa botanique à elle ; il n'y doit rien manquer , quant à la vérité des faits , pas plus que dans Linné. Si vous avez plusieurs plantes à comparer, vous sentirez le besoin d'inventer de nouveaux mots ; par exemple , comment nommeriez-vous celle-ci ? — La belle-bleue. — C'est cela : les savans n'ont pas fait autre chose ; ils ont considéré l'objet sous un seul point de vue, ils l'indiquent , et voilà une langue convenue. Comment nommerez-vous l'ensemble des plantes que vous désirez conserver ? — Ma serre morte. — Comme il vous plaira ; les savans ont dit *herbier*, ils auraient pu dire *plantier*. Vous voilà sur la route : regardez , et si vous savez la langue commune , rien ne peut vous présenter de difficultés insurmontables. Quel nom donneriez-vous à ceci : 0 , 1 , 2 , 3 , 4 , 5 , 6 , 7 , 8 , 9 ? — L'alphabet des nombres. — C'est bien ; revenons à la musique. Quel nom donnerez-vous à trois notes qui font plaisir à l'oreille quand elle les entend ensemble ? — Réunion agréable. — Ici , vous êtes coupable : *accord* est dans Télémaque. Mais que pensez-vous des accords *ut mi sol*, *mi sol ut*, *sol ut mi* ? — Ce sont les mêmes notes ; *ut* et *mi* passent à l'octave. — Mais si vous aviez besoin de leur donner un nom? — Je pourrais dire d'abord le *ut mi sol*, le *mi sol ut* et le *sol ut mi*. — Cela ne serait peut-être pas mauvais ; on montrerait ainsi, pour ainsi dire, l'objet dans toutes ses parties en le nommant, et ce nom ne serait pas plus long que celui des savans. Mais dites autre chose. — J'appellerais le *ut mi sol*, l'accord agréable, *mi sol ut*, le second agréable, et *sol ut mi*, le troisième agréable. — Il ne tient qu'à vous ; mais si vous regardiez la place des notes. — Je dirais le premier changement, la première combinaison, etc. — C'est bien ; vous verrez que vous parlez comme les maîtres ; les expressions diffèrent, mais vous avez vu les mêmes faits. Enfin, si l'oreille compare ces trois accords, qu'en pense-t-elle ? — J'aime mieux l'accord agréable. — Tous les musiciens sont de votre avis. La langue des mathématiques est formée sur ce modèle ; on a fait des mots, on a inventé des signes *uniques* selon le but qu'on se propose, selon le point de vue sous lequel on considère l'objet. Mais, ici, je veux dire en musique, il est permis aux demoiselles d'être savantes ; ne vous donnez point la peine d'inventer des mots techniques ; cela est tout fait. Voyez le solfége, vérifiez que vous connaissez tous les faits dont il parle, et vous écrirez vos propres réflexions dans cette langue.

Réfléchissez sur la langue musicale , et vous re-
connaîtrez la vérité de ce que je disais il n'y a
qu'un instant : les signes , dans les langues savantes, comme dans la langue commune, sont inventés pour le besoin du moment, pour exprimer une
opinion , un sentiment, une manière de voir. Par
exemple, avant Rameau , on distinguait l'accord
parfait *ut mi sol* , de ses renversemens *mi sol ut* et
sol ut mi. On croyait que c'était trois accords différens , et le fait est vrai , si l'on demande l'avis de
l'oreille ; mais en regardant la musique sous ce
point de vue, et lorsqu'on a voulu expliquer, c'est-
à-dire raconter l'effet de la succession et de la
combinaison de tous les accords différens, dont le
nombre devient trop considérable par cette manière de les envisager, on a senti que cette analyse
trop détaillée jetait de l'obscurité dans le discours,
et Rameau a imaginé de donner un nom unique
et commun à l'accord parfait et à ses renversemens ; il a généralisé cette marche , et le nombre
des accords a été réduit de beaucoup dans la langue
de Rameau, ou, comme on dit, dans son système,
c'est-à-dire , dans sa manière de regarder la musique. On a attaqué Rameau avec fureur ; il s'est
défendu avec emportement ; tout le monde a tort
quand on se fâche : mais ce qu'il y a de bien singulier , c'est d'entendre les antagonistes de Rameau parler sa langue et se moquer de son système ; Jean-Jacques ne fait pas autre chose dans son
Dictionnaire. On dirait qu'il ignore que le langage

adopté ou inventé par Rameau, et le système, la
manière de voir de Rameau, c'est la même chose.
Une langue n'est que la manière d'énoncer un avis
sous une forme particulière. Regardez les cotylé-
dons dans les plantes, rapportez-y tout le reste,
voilà une langue nouvelle, devenue nécessaire,
puisque le système, la manière de regarder est
nouvelle. Faites résonner un *ut* très grave sur un
violoncelle, par exemple, si vous entendez, ou si
vous croyez entendre à la fois (peu importe) 1° *ut*,
2° *la double octave de mi*, 3° *l'octave de sol*; dites
en figure, en rhétorique, *ut* étant la basse note
que donne un corps sonore, cette basse note fait
entendre en même tems *ut*, *mi* double octave, et
l'octave de *sol*. Continuez à bâtir votre système;
appelez les figures, les comparaisons à votre secours, c'est-à-dire, faites votre langue, et vous
direz : *ut* est la base fondamentale. Avançons;
de ces trois notes, *ut mi sol*, ou *mi sol ut*, ou *sol
ut mi*, quelle est la note basse qui serait fondamen-
le ? Réponse : *ut*. Je dirai donc dans cette langue,
c'est-à-dire dans cette manière de regarder la
chose : *ut mi sol*, ou *mi sol ut*, ou *sol ut mi*, sont
un seul et même accord, et je dirai vrai. Je continuerai à regarder toute la musique *faite*, et je
l'expliquerai, c'est-à-dire, je la raconterai dans
mon système ou dans ma langue de base fondamentale. Mais si je crois (et c'est le tort de Rameau), si je crois dans mon admiration pour moi-
même, que j'ai trouvé le secret de la nature; qu'il

y a un son qui en produit , qui en engendre deux
autres ; que mes devanciers , qui ne parlent point
de ce fait , mais qui ne pouvaient l'ignorer, puisqu'il est dans la nature , ont, à leur insu, bâti toutes leurs compositions musicales sur cette réson-
nance du corps sonore, qui ne sonne distinctement
que pour les musiciens ; si je veux montrer la cause du mode mineur, je m'égare , je donne ma rhé-
thorique pour de la raison ; j'expliquais très bien
quand je prenais ce mot dans le sens de raconter ;
je n'explique plus rien , si je prétends montrer la
cause des faits de la musique. Quand je parle de
l'homme, et que je compare cet animal aux autres
animaux , je vois des faits différens , je puis supposer qu'un génie particulier l'inspire , et je fais
ma langue en conséquence, et je dis vrai, c'est-à-
dire, je raconte exactement ce qui se passe. Mais si
je finis par être moi-même dupe de ma méta-
phore ; si je donne pour cause du fait le mot que je
viens d'inventer, *je ne me connais plus moi-même ;*
j'ai oublié que je suis un animal qui fait des mots ,
des figures , des comparaisons , pour raconter ce
qu'il pense à ses semblables.

Or , voici le but de cette observation , sur laquelle je reviendrai dans les volumes suivans : je
veux vous prémunir contre le danger d'une
langue savante , même de la langue commune. Tel fait se présente en médecine ; le médecin
veut le raconter , se figure qu'il voit cheminer des
humeurs comme si elles étaient poussées par une

force ; il dit : *Vis à tergo, force par derrière* ; il explique , c'est-à-dire il raconte clairement le fait qu'il regarde sous ce point de vue ; mais s'il croit avoir vu la cause , s'il croit expliquer un fait par un autre fait , il est dans l'erreur. *Connais-toi toi-même* , lui dirais-je ; souviens-toi que c'est une langue , une manière de parler, un système , une supposition métaphorique , une figure rhétoricienne.

Cependant le public répète ; ces métaphores passent dans le langage commun ; voyez dans Télémaque *Nosophuge* et *Traumaphile*. On s'accoutume à ces expressions, on ne regarde plus ; tout a été vu ; regarder sous une autre face, est une audace téméraire ; *voilà les principes* , c'est par là qu'il faut commencer.

Erreur évidente, historiquement évidente ! Rameau la combat avec une ingénuité remarquable. *Il est étonnant* , dit-il , *que toutes les règles aient été observées avant d'être connues*. Il a cru, en faisant son système, son recueil d'observations , qu'il faisait la musique ; il n'a pas remarqué qu'il racontait la musique faite. Dire que la base fondamentale doit quelquefois monter ou descendre de tierce , c'est dire : J'ai remarqué que dans tel morceau qui plaît, les notes fondamentales de deux accords qui se suivent sont à une distance qu'on nomme tierce.

Il en est de même de tous les autres observations qu'on appelle *règles* , *principes* ; elles dérivent du fait qui existe toujours d'avance.

11

Ne lisez donc point les observateurs avec le préjugé qu'ils ont créé la langue ; mais vérifiez leurs
observations sur la musique que vous avez ap-
prise.

2° Réfléchissez vous-même sur ce que vous
savez ; voyez le premier air de la méthode : *mi* ,
sol | *re, re* | *ut, re* | *mi, ut* | *mi, sol* | *re, re* | *ut* ,
re | *ut* || *re, re* | *mi, mi* | *fa* , *mi* | *re* , *sol* | *re* ,
re | *mi, mi* | *fa, mi* | *re* | *mi* , *sol* | *re* , *re* | *ut* ,
re | *mi, ut* | *mi, sol* | *re, re* | *ut* , *re* | *ut.* || Voilà
un petit discours. Le musicien exprime sa premiè-
re idée par cette phrase : *mi, sol, re, re, ut, re, mi,
ut.* Puis il recommence , et dit *ut* au lieu de *mi ut*
à la fin. Voilà ce que je puis imiter , voilà ce que
l'on imite naturellement sans que qui ce soit vous
l'ait fait remarquer, quand on commence à balbutier des phrases musicales. Cette répétiti on est partout, le changement de la fin est approuvé , il est
indiqué par l'oreille. Tout homme qui sait quelques morceaux de musique le fera sans maître.

Après la première phrase vient la seconde : *re,
re, mi, mi, fa, mi, re, sol* ; puis la répétition du
commencement et le changement de la fin, comme
nous l'avons remarqué à la première phrase, *re,* au
lieu de *re, sol.*

Enfin on répète mot à mot les deux parties de la
première phrase ; voyez.

Vous croyez que vous savez le premier air quand
vous le touchez avec facilité et exactitude ; erreur,
présomption, mes chers élèves ; on ne sait jamais

assez dans ce sens , qu'on peut toujours , après des siècles , regarder le même objet sous une infinité de points de vue différens.

Tâchez de vous rappeler les airs de votre connaissance qui sont composés comme celui que je viens de vous montrer, et vous direz en retrouvant, ou la répétition , ou le changement , ou la succession des deux phrases , ou la symétrie que nous avons remarquée au commencement et à la fin : *tout est dans tout.*

On ne comprend pas notre méthode, mes chers élèves, et voici pourquoi. Tel lecteur, en ce moment, lit avidement ce que j'écris, recueille toutes mes paroles et s'écrie : Tout ce qu'il dit ne peut pas faire un musicien ; donc, etc. Ce qu'il y a de bien singulier , c'est que ce lecteur-là ne sait ce qu'il dit, et pourtant il a raison. Il a raison, car les réflexions du maître , dans quelque méthode que ce soit, ne donnent pas de résultats. Il ne sait ce qu'il dit , car il juge de notre méthode par la vieille. Celle-ci est tout entière dans les principes , c'est-à-dire dans les paroles du maître ; la nôtre est dans ce que fait et dans ce que dit l'élève. Je ne vous suis utile que lorsque je vous recommande la répétition et la réflexion ; si j'ajoute un mot de plus , ce n'est point pour vous instruire, c'est pour vous faire honte, c'est pour insulter à votre paresse. Vous en savez tous plus que moi cent mille fois , et c'est moi qui à force de regarder ce que je n'ai point appris et ce que vous savez par cœur , c'est moi qui

vois ce que vous ne voyez point. C'est pour vous
faire rougir de vous-mêmes que je vous montre
qu'on peut regarder. Je continuerai donc, si vous
le permettez, à me moquer de vous.

3° A force de regarder le premier air , et pendant que vous en appreniez cinquante, d'après mon
conseil, j'ai remarqué qu'il contenait cette succession : *mi-re-ut, mi-re-ut*. C'est un des beaux airs
de Grétry : *Ah ! laissez-moi la pleurer*.

4° Si je lis la première phrase au rebours , et
dans un autre mouvement , j'y trouve *sol-ut-mi-
mi-re-re-ut-sol*, c'est-à-dire l'air : *Je ne vous dirai pas j'aime*. Mais vous ne serez pas musiciens
quand je vous aurai dit tout cela ; je ne le suis pas,
moi qui l'ai remarqué. Vous serez musiciens quand
vous aurez *appris* , que vous aurez *réfléchi* , que
vous aurez *imité, traduit* tout ce qu'il vous plaira.
C'est la vieille méthode qui fait encadrer une science, un art, dans un tableau synoptique , qui vous
enferme dans un cercle de principes , dans un
système, qui vous fait manœuvrer dans ce manège
à la voix du maître. Celui-ci vous renvoie longtems après, et vous promet un heureux voyage , si
vous avez du génie. Il vous recommande à ce guide qu'il n'a jamais vu ; il vous souhaite le bonheur
de le rencontrer en chemin, mais il vous assure en
même tems, avec *la Revue Encyclopédique de France*, qu'il est impossible de le rencontrer. *En as-tu,
tu le sens ; n'en as-tu pas , tu ne le connaîtras jamais*. C'est une vertu musicale, c'est un génie, une

faculté comme la vertu dormitive de l'opium. Oh !
la belle leçon !

5° L'analyse de notre premier air est, à ce qu'il
me paraît, *mi re ut*; c'est le commencement de
l'air de Grétry. Voilà une nouvelle observation.
Telle musique que vous entendrez peut n'être autre chose que l'analyse d'un des morceaux que
vous savez par cœur. Analysez tous vos airs.

6° Je remarque que je puis faire l'analyse d'un
air de mille manières différentes, en considérant le
chant, c'est-à-dire toutes les successions qui me
donnent la même idée : *mi sol re ut, re fa mi re,
mi sol re ut.* Si le chant que vous venez de lire vous
rappelle le premier : il en est l'analyse. Or, celui-ci
peut lui-même se réduire à *mi ut, re, mi ut* ou *mi
re, mi ut;* enfin j'arriverai à *ut re ut*, ou encore
plus simplement à *ut.* C'est l'idée générale, primitive et fondamentale.

7° Réciproquement. J'apprends à connaître les
différens moyens qu'on emploie pour dire *ut :*
1° *ut;* 2° *ut re ut;* 3° *mi ut re ut ;* 4° *mi sol ut re
mi sol ut;* 5° *mi sol re ut, re fa mi re, mi sol re ut ;*
6° *mi sol re re ut re mi ut, mi sol re re ut re ut; — re
re mi mi fa mi re sol, re re mi mi fa mi re ; — mi
sol re re ut re mi ut, mi sol re re ut re ut.*

8° Quand on veut dire *ut*, l'idée secondaire *re*
s'exprime donc ainsi : 1° *re;* 2° *re mi re ;* 3° *re re
mi mi fa mi re;* 4° *re re mi mi fa mi re sol re re mi
mi fa mi re.*

9° Quand on fait un discours en musique, pour
qu'il soit complet il faut deux idées au moins, *ut re;*
de plus, il faut répéter la première, *ut re ut.*

10° Si vous développez l'idée fondamentale, il faut développer l'idée secondaire. Les deux développemens doivent avoir la même étendue, si l'idée principale est *ut*, et l'idée secondaire *re*.

11° Montrez-moi que je dis vrai par les exemples tirés des autres airs; prouvez-moi que cela est faux, que j'ai tiré une conséquence trop générale d'un fait particulier, qu'il est impossible de prévoir toutes les exceptions, je vous ferai mon compliment. Bravo! je ne savais ce que je disais; je le vois maintenant, vous dirais-je. Courage! vous êtes dans la méthode de l'Enseignement universel; répétez, répétez et instruisez-moi de vos réflexions.

Huitième Leçon.

Quand on sait les 50 premiers airs, on les répète sans cesse.

On lit le reste en passant tout de suite à la sonate de Mozart, *mi mi mi mi*, etc.; on lit avec les yeux, et on *raconte avec les doigts* jusqu'à la fin; on relit avec les yeux et on *raconte* sans cesse avec les doigts, le livre fermé. C'est l'exercice analogue à celui dont il est question dans les volumes sur les langues.

1° Quand vous lisez les morceaux dont il s'agit, analysez-les par la pensée. Faites attention surtout à la succession des idées réellement différentes. Écoutez, en lisant, ces accords dont la variété, la place et l'enchaînement font qu'on a du plaisir en écoutant ; démêlez tout cela comme quand vous lisez la description de la grotte de Calypso. Alors je dirai que vous racontez, si vous commencez, si vous continuez, si vous finissez, en me faisant entendre successivement les mêmes tons que l'auteur, et dans le même ordre. Du reste, remplissez les intervalles avec votre génie ; songez que votre génie sait parfaitement cinquante airs.

2° Saisissez le sentiment général de l'auteur : la musique est une langue ; mais cette langue n'exprime aucune pensée ; elle montre les sentimens qu'on éprouve. Le premier air de notre méthode, quel sentiment exprime-t-il ? — La douleur de Calypso. — C'est bien. *Tout est dans tout*. Pénétrez-vous du sentiment de la sonate de Mozart, et quand vous êtes obligé de remplir, votre mémoire ne vous apportera point l'air de la Polonaise, ou vous le rejeterez avec indignation. Vous verrez que qui n'est pas bête avec la langue ne peut pas l'être avec les doigts, comme nous disons bêtement dans l'Enseignement universel.

3° Exercez-vous, en racontant, à employer tous les moyens d'exécution, car :

1. Vous n'avez pas remarqué, en lisant avec les yeux, que l'effet de ce passage tient à ces notes

graves, vous ne les avez point fait entendre, vous avez oublié qu'il fallait croiser les mains, c'est-à-dire passer la main droite au-dessus de la main gauche qui reste en place.

2. Ici le croisement se fait de la main gauche qui passe sur la droite. Vous ne regardez donc rien, vous ne connaissez donc pas votre instrument. Le piano vous offre, par sa construction même, une ressource que vous n'employez pas. Votre auteur ne l'aurait pas fait que vous devriez l'inventer. Disciple de la vieille méthode, vous répétez servilement et vous avez raison; mais quand vous connaîtrez ce que votre maître a dit, ne direz-vous jamais rien vous-même? Écoutez ce grand homme, écoutez son maître, et jugez à quoi ce prétendu maître a pu lui être bon. L'artiste a rompu ses chaînes; écoutez, il ne fait plus rien de ce que son maître fera toute sa vie; s'il avait le malheur de répéter les leçons qu'il a reçues, nous croirions entendre son maître, et il nous ferait fuir: on dirait, à tous ses mouvemens, qu'il joue d'un instrument qu'il a inventé lui-même, et qui n'existe que sous ses doigts. Écoutez bien; voilà *un fait* instructif, mais ce n'est pas un maître. Voyez, il vous enchante, mais il n'explique rien, il ne peut rien expliquer; il ne saurait pas un mot de français, il ne pourrait rien vous dire, que *ce fait, cet exemple* vaut mieux que tous les maîtres qui parlent, que tous les principes qui sont écrits. Lisez, relisez Fénelon, vous le comprendrez,

vous l'imiterez, vous le recommencerez à votre
manière.

3. Mais commencez par regarder! Ici le croisement se fait de la main gauche, il est vrai ; mais
vous n'avez pas vu qu'elle ne quitte sa place que
pour un instant ; elle se détache pour faire résonner ce son aigu auquel mon oreille ne s'attendait point, et qui la charme ; elle retourne, elle
revient, mais elle ne dit qu'un son aigu à la fois,
comme à la hâte, et la voilà qui, prompte comme
l'éclair, me rappelle cette basse qu'elle n'avait
abandonnée que pour un instant, et qui doit en-
tretenir dans mon âme le sentiment exprimé par
la main droite ; car, quoique vous ayez deux mains,
quoiqu'elles parlent à la fois, le sentiment qu'elles
réveillent en moi doit être un.

4. J'entends déjà les successions, les changemens
de ton du compositeur. Courage ! mais étudiez,
regardez, regardez donc. Vos deux mains sont toujours collées l'une contre l'autre ; on dirait que
vous avez les menottes. Vous n'avez donc jamais
réfléchi à ce qu'on dit sur le piano quand les deux
mains qui étaient presque réunies s'écartent et se
fuient tout-à-coup avec rapidité.

5. Rassemblez les deux mains, vite, lentement ;
que l'une revienne lestement, et que l'autre semble
se traîner ; tout cela doit dire quelque chose que
vous ne dites point, monotone que vous êtes !

6. J'entends bien ce triolet de la gauche, mais
il est perpétuel ; vous avez oublié le fil du discours ;

de l'auteur que vous racontez, relisez-le avec les
yeux, et demandez à votre oreille si elle entend ce
que vos yeux voyent.

Neuvième Leçon.

Dès qu'on sait les cinquante airs, on les répète sans cesse, comme
on commence un concerto.

On relit perpétuellement avec les yeux, et on
raconte sans cesse avec les doigts le reste de la méthode. Cet exercice doit toujours se faire, même
hors de l'établissement. S'il vous tombe un morceau de musique entre les mains, il faut, pendant
que vous le lisez avec les yeux, être attentif à tout,
de manière à pouvoir le raconter, s'il y avait un
piano à votre disposition.

Dès qu'on raconte la méthode une fois, bien ou
mal, on se met à un concerto le plus difficile, le
plus savant, le plus à la mode à l'époque où l'on
étudie.

Nous avons choisi un concerto de Ries. On a
commencé par nous dire que nous étions fous ;
nous avons été si heureux, qu'on est forcé de nous
dire aujourd'hui que ce concerto n'est pas difficile.
C'est ce qu'on dit d'Horace depuis que nous l'en-

tendons quand on nous le lit par phrases et même
par mots détachés, et que nous sommes capables ,
en donnant la signification de ce mot, de le décom-
poser dans toutes ses syllabes significatives , et
d'ajouter, pour l'édification de l'examinateur, que
le mot se trouve dans tel endroit , et qu'Horace
l'emploie à telle occasion. Un philologue de dix-
sept ans d'études ne ferait pas mieux que nous. Il
est si aisé d'être philologue quand on veut.

Il faut que vous deveniez philologue en musique. Pour cela , il suffit de regarder ; la volonté
vous tiendra lieu de génie.

Revenons à notre neuvième règle :

1° N'oubliez pas de répéter les cinquante airs.
C'est votre épitome; avec cela vous écrirez en musique. Le fait est là. — Cela n'est pas vrai, car *je
ne le comprends pas.* — Cela est vrai, car cela est ;
au surplus, je veux bien , par bonté d'âme , vous
donner quelques petits détails que vous ne lirez
point, puisque *la Gazette* et *la Revue,* et vous surtout, homme d'esprit et de sens , avez tous décidé
à l'unanimité que ce qui *est* est impossible. Je crois
que nous ne nous entendons pas sur ce mot , *savoir les cinquante airs de la méthode d'Adam.* Dans
la vieille méthode, on est censé savoir ce qu'on a
récité une fois sans faute. Chez nous , on pose en
principe qu'on ne sait jamais. On répète toujours ;
c'est l'éternelle répétition qui seule produit le miracle ; je ne m'en attribue point la gloire , je n'y
prétends rien. Un maître qui , dans l'Enseigne-

ment universel (car je ne parle point aux autres),
fait perdre le temps à ses élèves en leur donnant
des explications, est cause qu'ils auraient répété
trois fois de plus. C'est sa faute, s'ils n'écrivent pas
correctement la musique. Un maître qui n'aime
pas les airs de la méthode, et laisse jouer tout ce
que l'élève veut, ne doit pas obtenir nos résultats.
Un maître qui croit que savoir à moitié doit rendre
à moitié capable, ne comprend rien *au fait* de l'Enseignement universel ; il ne le connaît pas.

Je vous dis, moi, afin que vous n'en prétextiez
cause d'ignorance, que savoir cinquante airs et
commencer à composer en musique et écrire correctement ses petites compositions, c'est le même
fait. Tous les élèves chez nous composent au bout
de quatre mois ; voilà le *fait*. Je prétends que ces
petits compositeurs sont des paresseux, que, s'ils
avaient répété plus souvent, ils sauraient, et par
conséquent parleraient en musique beaucoup plus
tôt. Et ces paresseux, à qui je n'ai pas encore
montré le fait, se rient de mon opinion, comme le
plus violent des antagonistes leur conteste à eux-
mêmes le fait dont ils sont la preuve vivante. Ils
se fâchent, et je leur dis en riant : De quoi vous
plaignez-vous ? *Vous ne vouliez pas croire, et
l'on ne vous croit pas.* Je dois cependant les excuser un peu, car la musique chez nous n'est qu'une
étude accessoire. —Ah ! monsieur Jacotot, ce que
vous venez d'ajouter négligemment, et comme par
hasard, annonce une grande suffisance. —Vous

avez raison ; nous faisons notre étude principale de la musique. — On ne peut pas apprendre les cinquante airs tout seul. — Je suis de votre avis. En conséquence, mes chers élèves :

2° Dès que vous ne saurez pas les cinquante airs, n'oubliez pas de raconter la fin de la méthode. — Mais un enfant ne peut pas raconter. — Puisque c'est votre avis, monsieur le docteur, je dois y souscrire, et je vais m'amender ; en conséquence :

3° Puisque vous n'aurez pas raconté, et pendant que vous ne raconterez pas, attendu que monsieur vous fait l'honneur de vous en déclarer incapables, vous étudierez le concerto de Ries. — Mais, monsieur, un concerto ! cet enfant a les doigts trop courts ; attendez donc qu'ils s'allongent. — Cela est clair. Écoutez donc bien, cher enfant, les conseils de monsieur.

4° Puisque vous ne pouvez pas étudier la première partie du concerto de Ries, n'oubliez pas, dès que vous ne la saurez pas, de ne pas raconter les deux dernières parties. — Parlez sérieusement, mon cher maître, nous n'y comprenons plus rien ; nous n'avons rien à faire avec ce monsieur savant. — Quel âge avez-vous ? — Cinq ans. — Vos doigts sont trop courts. — Ils grandiront. — Touchez successivement ces deux notes à l'octave ; vous voyez bien que le savant a raison. — Non, non, mon cher maître, je sauterai ; vous verrez ; laissez-moi faire ; tenez, comme cela. — A la bonne heure ; mais plus tard vous ne pourrez pas jouer le concerto ; vous aurez beau sauter, les notes manquent, votre piano n'est pas assez étendu. — On m'en achètera un. — Attendez donc. — Vous dites, mon cher maître, qu'il ne faut jamais attendre, qu'on perd son tems avec de telles excuses, que c'est toujours la paresse qui parle en pareil cas. — Oui ; mais que ferez-vous ? — Je jouerai en l'air ce qui sortira de mon piano ; je remuerai les doigts comme je ferais s'il y avait des touches, et quand on entendra comme je joue ce que je puis jouer, on m'en achètera un bon. — Et si on ne vous en achète point ? — Je serai dans le cas d'Haydn : il n'avait, dites-vous, qu'un mauvais clavecin. — Allons, voilà le concerto de Ries ; vous avez du génie, mon enfant. — Qu'est-ce que cela, le génie, mon cher maître ? — C'est ce que vous venez de dire : je veux jouer sur les touches, je veux jouer en l'air ; je veux aujourd'hui, je veux demain, toujours ; voilà le génie, selon moi. — Mais selon eux aussi, n'est-ce pas ? — Non, mon ami ; s'ils vous entendaient parler ainsi, ils vous riraient au nez comme je ris moi-même en ce moment. — Et pourquoi riez-vous ? — C'est que je ne suis pas sûr que vous voudrez toujours. — Mais si je veux constamment avec la même ardeur ? — Vous ferez ce qu'ont fait les hommes de génie. Vos ouvrages seront ce qu'on appelle faits de génie. — Mais ces messieurs ne sont-ils pas de votre avis là-dessus ? — Point du tout ; *la Revue encyclopédique de France*, qui s'y connaît, exige qu'outre cette volonté vous ayez encore quelque chose qu'elle appelle génie. C'est une affaire que je ne connais point, mais que les savans de *la Revue* ont probablement passée en revue avec les dispositions, la capacité, etc., etc. Vous le voud*riez* que vous ne le pour*riez* pas, disent-ils, et vous sentez bien que, puisqu'ils le disent, cela est vrai. — Mais, mon cher maître, tout le monde n'est pas de l'avis de *la Revue*. Dire que le génie est la cause de cette volonté inébranlable, serait-ce dire une bêtise ? — Non, mais ce n'est rien dire de plus. Si j'ai la volonté, j'en ai la cause, et il ne me manque plus rien dans cette supposition. — Mais, voilà un élève qui n'a pas cette volonté, ce goût, ce penchant irrésistible ? — Cela est vrai, mais il peut les avoir un jour ; les goûts changent, disent nos messieurs ; puis ils ajoutent, le génie (c'est-à-dire le goût, les dispositions, etc.) est inné. Oh ! les belles choses que débitent les savans ! Parlons plus simplement. Voulez-vous être musicien ? — Oui. — Vous le serez. Et vous ? — Moi, monsieur, je voud*rais* bien, mais..... — Voulez-vous ? — Non. — Eh bien, vous ne le serez pas, à moins que votre goût ne change. On FAIT TOUT CE QU'ON VEUT, voilà l'Enseignement universel.

Je parle aux gens qui ont de la volonté.

Je parle aussi à tel grand seigneur, à tel individu riche et bienfaisant qui épie toutes les occasions d'exercer sa bienfaisance. Je viens lui offrir un moyen de ménager ses bienfaits, de mettre de l'économie dans la dispensation de ses grâces ; je lui dis : Homme grand, tout à la fois dans l'ordre social et dans l'exercice des vertus, plus d'une fois déjà tu as secouru l'indigence, tu lui as fourni les moyens de sortir des ténèbres de l'ignorance ; par toi ce malheureux-né est devenu riche des talens dont tu lui as facilité l'acquisition par tes bienfaits. Ménage tes ressources, ménage ton patrimoine, qui est celui des pauvres ; vois ce qu'il t'en coûte pour soutenir, pendant des années, cet enfant que tu protèges, dans une carrière, longue et tortueuse. Je viens t'offrir un moyen de tripler, de quadrupler le bienfait, sans rien diminuer de ta fortune épuisée par ta bienfaisance inépuisable. Tes ancêtres, dont le nom était déjà illustre dans l'histoire des empires, ont mérité la reconnaissance et l'amour des pauvres par le soin paternel qu'ils ont pris de l'instruction de cette foule d'hommes destinés, dans l'ordre social, à te servir quand tu commandes, prêts à t'aimer, à te chérir quand, du haut de ta gloire, tu daignes leur sourire et leur tendre une main protectrice ; le nom de tes ancêtres brille à nos yeux sur ces édifices destinés à l'instruction des indigens ; leurs trésors sont engloutis sous les fondemens de ces édifices, monumens respectables de leur touchante humanité. Mais voici un moyen de faire à peu de frais ce qui leur a tant coûté. L'instruction sera plus étendue, si tu le désires ; elle se bornera à celle que tu paies si généreusement dans les colléges , si tu le veux. Mais cette instruction plus prompte devient par cela seul moins dispendieuse. Ecoute-moi, je t'en conjure , je viens plaider la cause des indigens ; ils sont si nombreux que ta puissance , que ta générosité ne peuvent suffire à tant de besoins ; réserve , je t'en conjure , réserve quelque chose pour le pauvre du lendemain ; que ta tendre sollicitude pour ceux qui te doivent la vie ne s'alarme point ; je ne veux pas leur nuire , je viens te rendre un service , je viens t'apprendre à les soulager tous à la fois , je te le dis avec assurance parce que je connais ton coeur. Ce n'est point le faste de la vertu que tu recherches , c'est une bonne action que tu veux faire. Je suis pauvre , moi , je n'ai point de mérite comme toi quand je m'intéresse aux malheureux , je ne puis rien ; que dis-je , je puis tout par toi , quand je te montre du bien à faire ; si je t'en indique les moyens , si tu saisis ma pensée , j'aurai ma part du plaisir que tu éprouveras en toi-même , et je n'en veux pas davantage. Je ne m'excuserai point d'avoir tant tardé à te prévenir. C'est le seul reproche peut-être que tes désirs impatiens , que ta passion du bien pourraient me faire. Je t'estime trop pour penser que l'orgueil ou le dépt de n'avoir pas porté plus tôt aux pieds de ta grandeur mon hommage respectueux, puisse t'empêcher de me prêter une oreille attentive ; un autre le fera peut-être. Mais ce n'est pas à lui, c'est à toi que je m'adresse , homme vertueux , homme rare entre tous les tiens ! ils nous demandent des hommages , quand nous leur demandons du pain ; ils répondent à nos larmes par un dédaigneux silence. Le cœur manque à ces gens-là. Quelque haut que la fortune les ait placés , ils abusent du sort ; mais ils ne savent pas en jouir ; tu le sais , toi , puisque tu souffres des maux de tes semblables. Cette peine est la source de ton bonheur, cette compassion te rend bienfesant et par conséquent heureux.

Mais , quelque grand qu'on soit , même par la vertu , on ne cesse point d'être homme ; écoute donc ma justification , après avoir entendu ma prière. Si je ne suis pas venu plus tôt implorer ta bienfaisance , c'est que je voulais être sûr du succès par des expériences mille fois répétées ; j'en savais assez , sans doute , pour encourager les pauvres à essayer; que risquent-ils ? Ils ne peuvent nuire qu'à eux-mêmes , et le danger n'était pas bien grand. Mais détourner la source de tes bienfaits , ou même diviser le cours de ce fleuve , sans être certain de ne point nuire à la fertilité de ces vastes campagnes où il répand l'abondance , eût été une entreprise téméraire et coupable. Aujourd'hui , homme de bien , il n'y a rien à craindre, et je viens t'en prévenir. Voilà l'hommage que je devais à tes vertus. Je ne te le conteste pas, tu as le droit de l'exiger, et je te l'offre avec le respect que tu mériterais comme homme de bien , quand même tu ne serais rien dans l'ordre social.

Ce n'est donc pas à toi seul que je m'adresse,
grand par tes ancêtres ; c'est tel homme riche que
j'appelle pour m'aider, de quelque pays qu'il soit.
Venez tous, vous n'êtes pas trop nombreux, vous
n'êtes pas trop riches pour tous les pauvres qui vous
attendent ; et vous qui n'êtes ni grands, ni riches,
ni pauvres, hommes d'une condition médiocre,
dont l'opinion est d'un si grand poids dans l'ordre
social, n'abusez point de votre puissance ; ce n'est
point pour moi, vous le savez, que je vous adresse cette prière. N'encouragez point mes efforts, je
ne le demande pas ; mais ne vous opposez point
je vous en conjure, au bien que j'essaie de faire ;
ne détournez point l'homme riche de se prêter à
nos expériences, ayez pitié du pauvre ; ne regardez pas à mes opinions ridicules ; excusez mes erreurs ; faites plus, montrez-moi dans cette circonstance que le public est raisonnable. Songez que le
spectacle de la scène que nous jouons en ce moment est inexplicable, quoique le fait soit vrai.
J'offre mes services gratuitement et l'on rit. ; je
veux aider un père de famille, il est votre compatriote ; aidez-le, j'y consens, je le trouverai bon.
Je me présente pour cette bonne action, et vous
injuriez celui qui en a besoin et qui se prépare à en profiter ! vous l'abandonnez et vous ne
voulez pas que je le recueille ! Vous le menacez
de lui retirer votre protection s'il s'approche
de moi. Cet être moral, qu'on appelle public,
n'existe point, me suis-je dit à ce triste spec-

tacle, et je n'ai pas cru l'injurier. Ne vaut-il pas mieux ne pas exister que d'*être* ainsi ?

Mais à qui parlai-je ? M'entendent-ils ? Le leur dira-t-on ? Ceux qui approchent ces riches, ces grands que j'implore, étouffent ma voix par leurs sarcasmes, ils me ferment le passage. Êtres avilis !... Mais n'insultons point à cette classe d'autres malheureux ; ils sont encore plus à plaindre que les pauvres ! le mal, qu'on fait aux autres, cause je ne sais quelle douleur amère et cuisante qui nous tourmente encore plus que notre victime ; ce spectacle redouble la rage du méchant ; le trait qu'il lance le perce lui-même ; tous les coups qu'il porte retombent sur sa tête. Cette bête farouche croit trouver du plaisir à déchirer, à dévorer ; elle n'en trouve point, et sa propre fureur la ronge ; elle souffre, on le voit ; mais elle ne connaît point la cause de ses souffrances ; elle s'aigrit de ses douleurs, elle les augmente ainsi sans le savoir. Y a-t-il un sort plus à plaindre ? N'aggravons donc point leur malheur ; nous n'y pouvons apporter aucun soulagement. Détournons nos yeux de cette longue agonie. Ce malade désespéré ne réclame point d'inutiles secours.

Mais enfin comment parler à ceux dont j'ai besoin ? Les corporations sont sourdes, les journaux restent muets ; les hommes qui pourraient ont prononcé et ne reviendront pas de leur jugement inconsidéré ; ces riches, ces puissans de tous les pays du monde, je ne les connais point ; je les connaîtrais que je ne suis pas assez riche pour les avertir tous ; je voudrais n'en omettre aucun. Que faire ?

Il y a sur la surface du globe un petit nombre de chefs suprêmes qui représentent les sociétés tout entières. Si chacun de ces monarques connaissait personnellement la vérité, le fait serait à l'instant même avéré sur toute la terre. Chargés, tous, par l'ordre de Dieu qui a organisé les peuplades, de diriger les nations, tous veulent connaître ce qui se fait dans les sciences et dans les arts, pour employer selon leurs vues, selon les besoins de leur gouvernement, ou pour exclure, ou pour tolérer tels établissemens de quelque genre qu'ils soient. Si je pouvais être admis au pied des trônes où sont assis ces hommes devant qui les autres n'osent montrer leurs passions, ni mentir qu'en tremblant, je dirais au souverain : Sire, l'Enseignement universel peut être utile à vos sujets, je viens le leur offrir à tous à la fois dans votre personne auguste. J'en fais hommage à Votre Majesté.

Voilà ce que je dirais ; je n'ajouterais pas un mot. Les rois ne sont point agités par les petits intérêts qui nous rendent ennemis les uns des autres. Dans l'éclat inaltérable de la splendeur du rang suprême, ils voient tranquillement mes antagonistes et moi se débattre dans la poussière, s'il nous voient de si loin !

Mais il est difficile d'arriver jusqu'au trône. Eh

bien ! je n'ai plus qu'une ressource et je vais l'employer. Si, parmi ces hommes puissans et généreux, auxquels je parlais il n'y a qu'un instant, il s'en trouve un, qui, croyant à la vérité de quelques-uns des faits que j'annonce, ait tout à la fois assez de faveur pour approcher un roi et assez de courage pour n'être point intimidé par des clameurs intéressées ; s'il en est un, si ce livre tombe par hasard entre ses mains, qu'il lise attentivement ces paroles : tout ce que je dis est vrai, homme respectable ! soutenez-le avec hardiesse, je n'ai point l'honneur d'être connu de vous, mais je pense qu'on ne peut pas vous tromper, en affectant le langage de la franchise ; il y a dans la vérité un ton auquel il est impossible de la méconnaître ; je juge de vous par moi-même. Tout est vrai, exactement vrai dans cet écrit ; jugez vous-même. Si vous pensez que ces faits soient trop peu de chose pour mériter une démarche de votre part, s'ils ne vous paraissent point miraculeux (comme le disent nos ennemis), je me félicite de ne vous avoir point importuné par ma présence, en sollicitant une protection non méritée pour des résultats insignifians. Mais si vous êtes tenté de nier les faits, tant ils vous paraissent extraordinaires, je me contenterai de vous dire : Ils sont tous vrais : ici finit ma tâche, et commence la vôtre, homme généreux ! vous savez ce que vous devez faire en pareil cas. Je n'ajoute qu'un mot : Si vous avez mérité la confiance du souverain par vos vertus, dites-lui ce que le respect m'empêcherait de dire moi-même.

L'Enseignement universel doit être, comme il l'a toujours été, absolument gratuit de ma part. C'est un bienfait et non pas une spéculation. Je puis me tromper, m'exagérer à moi-même la valeur des résultats ; je veux au moins conserver ce que personne ne peut me contester : le mérite d'un service rendu. Quelque léger qu'il soit, ce qu'on donne est toujours quelque chose.

Dixième Leçon.

Quand on sait toucher la première partie du concerto de flûte, on la répète sans cesse. On raconte toujours les deux dernières parties ; peu à peu on finira par savoir tout cela par cœur.

On continue à improviser.

Improviser est un beau mot, cela signifie simplement parler.

DE LA COMPOSITION I.

On compose en musique, comme dans toute autre langue, quand on veut. On ne sait pas composer dans la langue maternelle, quand on ne l'a pas appris. L'homme d'esprit, celui qui montre le plus de finesse et de sagacité, ne réussira point sans une étude préliminaire. Il peut avoir appris sans savoir comment, mais il ne sait que ce qu'il a appris. Le jeune Liszt, qui fait l'admiration de l'Europe, ne dit sur le piano que ce qu'il a étudié, combiné après l'avoir remarqué dans les livres ; quoique je n'aie pas eu le plaisir de l'entendre, je suis sûr que cet enfant extraordinaire ne fait que répéter ce qu'il a lu. Il plaît à tout le monde, il enchante ses auditeurs, il leur parle donc la langue qu'ils connaissent ; son génie ne l'a donc point inventée. S'il fût né il y a deux siècles, et s'il eût dit ce que nous admirons, nos devanciers ne l'auraient point compris ; la langue qu'il parle n'était point la leur, les expressions qu'il emploie, les accords qu'il fait entendre ne se pratiquaient point avec cette profusion ; cette science ne parlait point à l'âme dans l'ancien tems, de même que les cadences perlées ne sont pas comprises aujourd'hui. On se laissait séduire, il fallait se rendre à une déclaration de Ronsard. Le charme du style est irrésistible : cette éloquence entraînante, qui était alors une excuse, ferait rire tous les Philis de nos jours. Un petit poète, qui rimerait comme Ronsard et n'aurait lu que Gresset, serait un miracle à mes yeux ; je croirais au génie, si je le rencontrais ; jusque-là je ne chercherai point un nom à une cause inconnue. Je vois un fait ; tous les enfans qui sont censés, à cause de leur bas âge, n'avoir pas eu le tems d'apprendre , ont réellement appris puisqu'ils parlent toujours la langue de l'époque où ils brillent par leurs talens. Ce fait constant , qu'aucune expérience n'a jamais démenti , suffit pour me confirmer dans mon opinion. Le jeune Liszt n'a point une intelligence musicale supérieure , mais il est infiniment plus savant que nous tous. Voilà donc cette science profonde , qui coûte tant de peine à acquérir dans les livres , devenue le jouet dont s'amuse un petit enfant. Ces faits, qui se renouvellent de tems à autre , à la honte de votre système ou du mien , démontrent , selon moi , que tout est acquisition, mais que nos méthodes sont lentes et insuffisantes pour donner les résultats qu'on obtient seul et sans maître. Je suppose , à la vérité , que le jeune Liszt a appris ce qu'il sait ; vous êtes, dites-vous, certains qu'il l'a inventé.

> Dans sa tête un beau jour ce talent se trouva ,
> Il n'avait que dix ans quand la chose (le génie) arriva.

Premier miracle. Or, ce génie a inventé précisément ce qui se fait en musique aujourd'hui; second miracle. Il est né pour trouver la musique de son siècle ; comment peut-on s'aveugler à ce point ? Nous apprenons tous , et voilà un enfant qui n'a rien appris , et qui sait tout ! nous avons , grâce à nos méthodes et à notre crédulité dans la vertu des principes , nous avons une telle idée de la difficulté de devenir savans , que nous ne pouvons plus croire à une acquisition prompte et rapide. Si un fait extraordinaire se présente , nous recourons à des chimères. Il est né musicien , il est né savant , disons-nous , ou plutôt , car nous n'oserions point prononcer si gravement une pareille absurdité , nous disons : il faut , pour apprendre , plus de temps qu'il n'a d'années , je le sais par expérience ; s'il eût été obligé d'apprendre, il ne serait pas arrivé plus tôt que moi ; je ne connais point d'autre route que celle que j'ai suivie , il n'y en a pas, il ne peut pas y en avoir ; donc il n'a pas appris ; son génie a tout fait. Il ne faut rien moins qu'un être supérieur à moi par l'intelligence pour savoir si vite ce que je sais , ce qui m'a coûté tant de peines. Plutôt que de réformer nos méthodes habituelles , nous demandons à notre imagination une cause quelconque d'un phénomène inexplicable par notre opiniâtreté.

De plus , par une bizarrerie inconcevable , cet être supérieur, nous lui contestons à l'instant même la supériorité qui nous tenait dans le ravissement. Nous allons lui donner des maîtres, nous nous fesons une fête de développer ce génie auquel il manquera toujours quelque chose, si nous , indignes, n'y mettons pas la dernière main. S'il écoute mes conseils, dit l'un , s'il suit mon avis , dit l'autre, jamais la terre n'aura entendu un pareil prodige. Apprenons-lui nos règles , et vous verrez ce qu'il fera quand nous l'aurons instruit. Personne ne s'enquiert de ce qu'il a fait ; on ignore les particularités de sa vie ; si on les raconte quelque jour , tout sera présenté sous le point de vue le

plus favorable à notre système, c'est le génie seul ;
donc Liszt n'a rien appris , il ne travaillait point ,
il ne s'exerçait point , il n'a jamais rien répété. Et
cependant, exerçons-le maintenant, redressons les
erreurs de son génie. Ces intelligences supérieures
ont besoin d'être éclairées par la médiocrité. Ils
inventent, mais nous jugeons ; ils ont le génie, mais
ils n'ont pas le goût. Ne pouvant pas nous attribuer le génie qui fait, nous nous décernons le goût
qui épure tout.

En tout genre , c'est la même chose. Présentez
une découverte à mille personnes, il n'y en a pas
une qui, de bonne foi , ne s'avoue incapable de
l'avoir faite , ou du moins qui ne soit forcée de
convenir qu'elle n'y a point contribué. Mais , par
le petit mot d'éloge donné à l'artiste, on se dédommage ; on se venge, pour ainsi dire, en corrigeant,
en modifiant, en réparant, dans un avis donné par
l'incapacité, une faute, une omission du génie. Je
n'ai point inventé les bateaux à vapeur, je n'ai
point le génie des découvertes ; mais j'ai le génie , nous avons tous le génie du perfectionnement. C'est un grand artiste , mais il lui manque
quelque chose ; il l'ignore , et , moi , je le sais. Ce
peintre a du génie, ce musicien est un savant compositeur ; je ne m'y connais pas , je n'oserais pas
prononcer : cependant il me semble que s'il eût
fait telle chose , s'il rectifiait ceci ; s'il n'insistait
pas tant sur cela, je crois qu'alors l'ouvrage serait
parfait.

Voilà le sort de ces génies transcendans avec leurs admirateurs. Il paraît qu'il faut deux hommes pour faire un ouvrage parfait : un homme de génie qui invente, et ensuite un sot qui polisse et qui perfectionne en disant : *Je prends surtout ce qu'il y a de bon*. Propos de gens nuls ou médiocres.

Figurez-vous un petit Parisien en bas âge, élevé par lui-même dans le sein d'une famille opulente. Il ne connaît que le beau langage ; toutes ses expressions sont recherchées, polies, pleines de grâce. Il arrive, dans une école, chez un peuple étranger, où la langue française s'apprend péniblement sous la direction de vieux philologues qui savent tout le dictionnaire ; on met le petit en face de ces grands ; la conversation s'engage, on admire la facilité et la tournure des phrases de l'élève de la nature ; les élèves des savans et de la grammaire semblent pesans, inanimés, presque d'une autre nature à côté de ce petit prodige ; les maîtres eux-mêmes veulent discourir et sont vaincus. Peu importe, il faut au génie des maîtres ; le génie ne peut point se guider lui-même, c'est un aveugle ; il est arrivé seul jusque-là, mais il ne saurait faire un pas de plus. Prenez garde, il va tomber. Pauvre Listz ! voilà ton histoire.

J'avoue que je ne comprends point une pareille inconséquence. Nous n'avons point la bosse du génie, mais chacun se croit la bosse du bon goût. Cette suprématie qu'on s'arroge vaut mieux que celle à laquelle on renonce ; c'est le moyen de commander. Cette distinction n'est pas maladroitement inventée par notre orgueil. Ainsi nous avons des esclaves ; et, qui plus est, ces esclaves nous les choisissons parmi les esprits supérieurs ; pour les autres, ils sont au-dessous de notre critique, ils ne méritent point d'attirer nos regards ; nous réservons notre censure pour les génies ; ceux-là seuls sont dignes que nous les châtions pour leur bien. C'est un honneur auquel nous n'admettons qu'avec réserve, et quand nous y sommes forcés par l'évidence ; mais enfin s'il arrive qu'un homme sorte malgré nous de la médiocrité, nous lui accordons le privilège de recevoir la correction des hommes de goût, parmi lesquels chacun de nous se place sans façon au premier rang.

D'après le principe de l'Enseignement universel, ce spectacle n'a rien de choquant ni de bizarre. L'homme à talent ne travaille que pour plaire à ses égaux par l'intelligence ; il comparaît devant eux sans honte, comme ils le jugent sans orgueil. Ils applaudissent avec transport aux succès de l'homme de génie ; c'est un des leurs qui a réussi ; c'est un motif d'encouragement, et non point de jalousie.

La théorie philosophique sur les classes différentes d'hommes, sème parmi eux tous les germes de discorde. Sachant qu'il y a sur la terre des êtres privilégiés destinés à briller au-dessus des autres par la nature, on se dispute, on se pousse, on se heurte en courant à ce but de tous les désirs. L'espérance est la même dans tous les cœurs, car aucun de nous ne peut connaître cette prétendue imbécillité qui nous fait huer de nos voisins. Un sentiment intérieur nous révèle notre capacité ; le doute n'est que pour la capacité des autres.

Les infériorités sociales ne se maintiennent même que par le principe de l'Enseignement universel. Ce cadi pourrait-il conserver la puissance sur cette masse qui obéit, s'il était inférieur par l'intelligence à ses esclaves ? Ce petit blanc, qui conduit un troupeau de nègres comme il conduirait un troupeau de bœufs, resterait-il maître de ses nègres, s'il n'avait une intelligence égale à la leur ? L'homme règne sur des animaux ou sur d'autres hommes ; il commande également à ses inférieur et à ses égaux ; mais il ne pourrait point régner sur des intelligences supérieures. L'ordre social fixe les rangs, chacun doit s'y tenir en repos, personne n'a le droit de les changer ; quand on voudrait faire une distribution primitive des pouvoirs dans une peuplade nouvelle, on ne le pourrait point. La société n'existe que par les distinctions, et la nature ne présente que des égalités. Il est impossible que l'égalité subsiste long-temps en fait ; mais même, lorsqu'elle est détruite, elle reste encore la seule explication raisonnable des distinctions conventionnelles, elle les maintient en repoussant toutes les prétentions contraires.

Ce n'est pas nous qui avons fait la société ; nous y sommes placés, dès notre naissance, sans aucune espèce de consentement possible de notre part ; mais notre raison repousse tous les changemens qu'on y veut faire lorsqu'on la consulte. En thèse générale, métaphysiquement parlant, si on me demande : Que pensez-vous de l'organisation des sociétés humaines ? Ce spectacle paraît contre nature, répondrais-je. Rien n'y est à sa place, puisqu'il y a des places différentes parmi des êtres non différens. Que si on propose à la raison humaine de changer l'ordre, elle est obligée de reconnaître son insuffisance. Ordre pour ordre, places pour places, différences pour différences, il n'y a point de motifs raisonnables de changement.

D'après les principes philosophiques sur la diversité des intelligences, il faut admettre tantôt que les nègres sont des bêtes, puisqu'ils labouraient pour les blancs ; tantôt que les blancs sont des sots, puisque les nègres les ont chassés. On ne sait plus ce qu'on dit ; on sait encore moins ce qu'on fait. On commande fièrement à des génies qui sont tout fiers d'obéir à tel sophi qui n'a pas le sens commun ; et pour sauver l'avilissement d'une obéissance ridicule, dans cette supposition, la flatterie lui prête toujours une intelligence supérieure.

On n'a pas encore imaginé que le commandement peut appartenir à notre égal en intelligence, ou à un génie supérieur; il est vrai que cet ordre ne saurait se maintenir entre les mains d'un de ces hommes qui serait inférieur par l'intelligence aux autres hommes.

L'égalité des intelligences maintient l'inégalité sociale. Le puissant ne doit pas s'énorgueillir d'un hasard ; le petit n'en doit point rougir. Il n'y a pas de raison pour que ce soit lui qui devienne grand tout-à-coup à la place d'un autre.

Je ne dis ceci que pour vous , mes chers élèves, le *public* aura toujours de l'orgueil ; il gémira toujours , il croira toujours à la supériorité d'intelligence.

Dans quelque position que le sort vous ait placés , vous ne vous en plaindrez point , car il n'y a point de raison dans ces combinaisons sociales ; vous ne demanderez point le changement , car il n'y aurait pas plus de raison dans la combinaison nouvelle. Vous jouirez tranquillement ou souffrirez avec patience. Quiconque n'est point content de sa position , quelle qu'elle soit , ne serait satisfait d'aucune autre. Voyez cet homme qui semble heureux de sa petite élévation : ce spectacle vous trompe; il se dresse , il se trouve encore trop bas , il envie le poste supérieur, il croit valoir quelque chose par sa position , il vous méprise , il ne sera jamais heureux.

Mais si les principes de l'Enseignement universel sont la base du véritable bonheur de l'homme

en société, ce sont les seuls applicables dans l'étude des sciences et des arts. Travaillez, la nature a
tout fait pour vous comme elle a tout fait pour les
autres. Vous êtes l'égal de tous; vous n'êtes inférieur
ni supérieur à personne par l'intelligence ; fussiez-
vous aussi fort que le jeune Liszt, je vous dirais :
Continuez, du courage, de la patience ; consultez
tout le monde, mais ne prenez personne pour
maître.

Par la même raison je vous présente comme
modèle cet enfant extraordinaire ; voyez ce qu'on
peut devenir seul. Liszt est la preuve évidente
qu'il y a une chose appelée *génie*, ou bien il
est la preuve évidente qu'il existe une route inconnue aux savans pour arriver à la science.

Cette route, si je ne me trompe, est celle que
l'on suit dans l'Enseignement universel; je crois que
c'est la méthode du jeune Liszt : c'est cette méthode de la nature qui en a fait un savant improvisateur. Nous sommes tous improvisateurs-nés, dans
ce sens que nous pouvons tous apprendre à improviser. Personne ne naît improvisateur de fait,
car il faut savoir une langue : or, une langue ne
se devine point, puisque c'est une convention arbitraire.

Quelques savans qui adoptent la méthode (car
enfin il y a de tout dans le monde), quelques savans n'ont point compris ce mot *arbitraire* dont
je me suis déjà servi en parlant des mots. Ils ont
cru que *arbitraire* signifiait sans raison quelcon-

que. Ce n'est point là le sens de ce mot en français. Il y a des lois naturelles, dit Domat, et il
ajoute : Il y a des lois *arbitraires*, c'est-à-dire fon-
dées sur *une* raison, et non sur la raison qui est
immuable. L'unité est une quantité choisie *arbi-*
trairement ; cela ne veut pas dire sans aucune raison. Notre langue musicale est *arbitraire*, les Grecs
ne la comprendraient pas ; nous n'entendons rien
à ce qu'on nous raconte de la leur. Les mots pri-
mitifs sont et doivent être des onomatopées, disent
les savans, mais ces onomatopées varient ; donc
elles sont *arbitraires*. Un Français ne devine
point la valeur de l'onomatopée *brek*, etc. Il
n'y a de naturel à l'homme que de parler et d'entendre au moyen de signes *arbitraires*, avec des
bruits, quand il a le sens de l'ouïe, avec des gestes
quand il a des yeux et qu'il est sourd ; seulement
un certain nombre de gestes sont naturels et compris par toute la terre ; il en est de même de certains accens qui sont le fondement de toutes les langues musicales.

Mais ces accens ne peuvent point faire une langue musicale complète, autrement nous serions
tous musiciens. Avec tout cela, qui tient à notre
nature, il nous reste à apprendre les conventions
arbitraires. Que si les onomatopées se montrent
partout dans les mots radicaux de toutes les langues, c'est qu'on a dû s'habituer à parler à l'oreille, puisqu'elle est toujours prête à écouter quand
les yeux regarderaient en vain : dans les ombres
de la nuit, par exemple, il y a des faits qui sont

toujours accompagnés d'un certain bruit ; en imitant le bruit je réveillerai l'idée de ce fait , et pour ce but j'invente une onomatopée *arbitraire*. Enfin il y a des faits qui ne font pas de bruit ; l'odeur de cette rose ne dit rien à mon oreille ; il ne peut être que très-rare et très-arbitraire de ma part de désigner les sensations de l'odorat par des onomatopées. Ce sera une figure , une comparaison tout-à-fait *arbitraire*.

Quand je dis de la main droite *mi sol , re re , ut re , mi ut , mi sol , re re , ut re , ut* , si ma main gauche dit en même temps *ut mi sol fa mi sol ut ,* mon oreille sera satisfaite. Cet accompagnement est naturel dans ce sens ; mais il est arbitraire , car il pourrait être tout autre. Les anciens Grecs n'avaient pas l'idée , dit-on , de cette harmonie ; donc elle n'est point naturelle ; c'est une invention, c'est une habitude que nous avons contractée d'entendre à la fois avec plaisir deux discours qui n'en font qu'un ; mais enfin c'est une habitude. Il y a bien des gens qui deviennent grands musiciens et qui ne saisissent d'abord que le chant , comme les enfans qui parleront très-bien et distingueront un, jour toutes les syllabes , commencent par n'en retenir qu'une dans chaque phrase qu'ils entendent. Tout s'apprend ; Liszt a appris quand on doit dire $\frac{mi}{ut}$, quand $\frac{sol}{si}$, etc. , car cette langue harmonique a ceci de particulier, que tantôt il faut dire $\frac{mi}{fa}$, et tantôt $\frac{mi}{si}$. Mais , demandez à un savant, il vous expliquera, c'est-à-dire , il vous racontera toutes les circonstances, tous les faits ; il vous dira que le choix dépend de ce qui précède et de ce qui suit. Voilà la vieille méthode.

Voici la nôtre. Puisque le plus petit enfant distingue, sans grammaire ni syntaxe, dans quelles circonstances il faut finir ou commencer un mot par telle syllabe ; puisqu'il apprend à connaître les accidens de la grammaire, pourquoi pas les accidens de la musique ? Puisqu'un petit Français de père et de mère, et par conséquent pas *musicien-ne*, s'il vient au monde en Allemagne, parlera l'allemand et la musique, tandis qu'il n'aurait appris que le français à Paris ; puisque ce fait est constant et invariable, pourquoi ce petit Français, écoutant sans cesse Adam, Mozart et Riés, etc., ne comprendrait-il pas leurs paroles ? pourquoi ne balbutierait-il pas d'abord ? pourquoi ne finirait-il point par écrire et parler comme eux, s'il persiste ? L'expérience faite dans nos établissemens sur les langues ne permet point d'en douter. Les résultats que nous avons obtenus en musique sont plus démonstratifs encore pour l'universalité de la méthode.

Cependant Liszt doit aller mille fois plus vite que nos élèves, et bien plus sûrement encore. Il regarde seul. Nos élèves sont toujours un peu distraits par nos exhortations et nos conseils.

Par exemple, je dis : Faites sonner une note quelconque de la main droite ; accompagnez-la de la gauche, encore, encore, etc. ; Où avez-vous vu chacun de ces acompagnemens divers dans vos livres ? Quand le premier est-il d'usage ? Dans quelle circonstance pratique-t-on le second ? et ainsi de suite.

Je dirai une autre fois : Voyez cet accord sur le papier ? L'entendez-vous distinctement, ce mot harmonique, quand il n'est aperçu que par vos yeux ?

En parlant ainsi, je distrais l'élève, je le sais bien ; il vaudrait mieux qu'il n'écoutât que lui. Aussi ce bavardage ne dure-t-il guère, et je me hâte d'ajouter : Regardez vous-même, vous verrez mieux qu'avec mes yeux.

On n'a jamais tout vu. On peut toujours voir davantage, voilà la véritable règle, parce qu'elle impose silence à toutes les autres qui nous entravent et nous retardent. Si vous avez appris le français par notre méthode, vous devez comprendre que la musique est une langue. On ne sait jamais le français, vous ne saurez donc jamais la musique. Rien que pour lire, il y a la même difficulté des deux côtés. Les grammairiens ont inventé pour les langues une règle, c'est-à-dire un obstacle de plus. Le voici.

Je veux parler de la ponctuation. Le sens est suspendu, disent-ils, après telle partie du discours : ceci, généralement parlant, est un incident. Nous distinguerons tout cela par des signes muets qui vous avertiront quand vous devez élever, suspendre , baisser un peu ou laisser mourir entièrement la voix. La virgule, le point , etc., etc., vous indiqueront tout cela. Qu'arrive-t-il? que presque personne ne sait lire : on s'abandonne à la foi du grammairien ; il lit d'abord pour nous , et nous répétons en dormant ce qu'il vient de dire avec sa virgule. Il n'y a d'actif que lui ; nous nous endormons au bruit monotone de notre voix toute passive et sans accent. Que si nous voulons réveiller l'auditeur en criant ; le cri se fait toujours entendre sur la virgule , nous ne lisons point ce que l'auteur a dit , nous déclamons l'avis du grammairien qui nous a rendus incapables d'en avoir un nous-mêmes Les anciens avaient plus de confiance dans la sagacité de leurs lecteurs, ils écrivaient sans ponctuation.

La musique a bien aussi quelquefois sa petite ponctuation. Le compositeur s'imagine que ses lecteurs , accoutumés à une obéissance passive , ne peuvent avoir son âme ni deviner son génie. Elevé à marcher en cadence et avec la régularité d'un automate , l'exécutant ne saura point distinguer le piano du forte Est-ce un 3 , ou un 8 , ou un 5 qu'il faut supposer à cette note, etc., etc.? l'esclave est ponctuel , mais il ne sait pas lire dans les yeux de son maître. De là une musique chargée de signes , d'avertissemens sans nombre.

Il est vrai de dire que l'harmonie exigeant le concours de plusieurs, cette corporation musicale, qui ne peut avoir une volonté commune , doit être conduite comme un régiment. Plus il y a de docilité, plus on est sûr de l'effet. Heureux l'auteur, quand cette masse obéit au commandement et n'exécute que le mouvement prescrit ! Plus on est musicien, plus on sent la nécessité de cet ordre inaltérable. Si chacun jouait son intention et voulait faire prévaloir son opinion, il n'y aurait plus d'harmonie.

Mais, dans une langue ordinaire, la lecture ne se fait que par une seule voix, et le grammairien n'a plus le droit de donner des lois à son semblable.

Je puis lire, selon les sentimens que j'éprouve, de mille manières différentes :

« Ces beaux lieux, loin de modérer sa douleur,
» ne fesaient que lui rappeler, le triste souvenir
» d'Ulysse, quelle y avait vu, tant de fois, auprès
» d'elle. »

Ou bien, en suspendant la voix, assez pour faire remarquer le fait auquel je pense, le fait que je regarde, et en marquant ces pauses du sentiment par des virgules :

« Ces beaux lieux, loin de modérer sa douleur
» ne faisaient que lui, rappeler le triste, souve-
» nir, d'Ulysse, qu'elle y, avait vu tant de fois au-
» près, d'elle. » Etc., etc.

Lisez, dans cette intention, la musique comme toute autre langue. Mais, dans l'harmonie, quand vous faites partie d'un corps, n'ayez plus d'autre volonté que l'obéissance aux ordres, à la

volonté du compositeur. Il a compté sur une corporation.

Un des premiers violons de l'Europe, M. de
Bériot, a été le témoin de quelques-uns de nos
résultats, et il n'en a point été étonné ; il n'a point
crié au miracle, quoiqu'il sache que je ne suis
point musicien. C'est que M. de Bériot, 1° est un
des premiers virtuoses de Paris ; 2° il a lui-même
suivi notre méthode, car elle n'est pas neuve puisque
c'est la méthode de la nature. On demandait à
M. de Bériot, s'il croyait donc que je pourrais enseigner le violon aussi bien que lui. Il m'a commu-
niqué, en riant, cette objection, et je lui ai répondu : 1° C'est une flatterie ! vous êtes au-dessus des éloges de ces gens-là, mais ils espèrent
vous tenir par cette petite louange dont vous n'a-
vez pas besoin. Ils disaient la même chose à M.
Baillot et à M. Lafond ; 2° cette flatterie dans leur
bouche est une impertinence : ils disent que je ne
suis propre à rien, ils le croient, et comme vous
paraissez croire le contraire, ils vous ravalent jusqu'à moi par une comparaison indécente, et in-
conséquente dans leur système. Dites-leur d'a-
bord cela ; 3° ajoutez que je réponds : Choisissez
votre élève, je choisirai le mien ; suivez la vieille
méthode, j'emploierai l'Enseignement universel,
et je suis sûr que mon élève ira plus vite que le vôtre ; 4° Prenons deux élèves au hasard, répétons
cette expérience, et le succès sera tantôt de votre
côté et tantôt du mien. Cependant vous faites des

prodiges sur le violon... et je ne suis pas même un mauvais râcleur ; 5° enfin suivons l'un et l'autre la méthode de l'Enseignement universel, et vous n'êtes encore sur de rien si le hasard me donne un élève laborieux. Le maître ne fait rien à l'affaire. L'élève est tout par sa volonté.

Puis nous avons ri de ces messieurs ; il n'y a rien en effet de si singulier. L'Enseignement universel fait le sujet de toutes les conversations sur un petit coin. On dirait qu'on tremble que les faits ne soient vrais ; quel malheur pour l'espèce humaine si l'on pouvait tout apprendre en si peu de tems ! il faut s'opposer à cette innovation. Malheureusement elle est d'une nature particulière, il n'y a guère d'autre ressource que de nier les faits. Les témoins intimidés par les caquetages n'osent déposer de ce qu'ils ont vu. Ils ne s'y connaissent pas, dit-on. J'en suis fâché, mes chers antagonistes ; celui que je viens de citer est connu de toute la Belgique, de toute la France, il le sera bientôt de toute l'Europe. Interrogez-le, mais non, ne l'interrogez pas : il vous dira ce qu'il vous a déjà dit : Le fait est vrai ; et vous lui avez déjà répondu que si le fait était vrai, personne sans doute ne serait plus capable d'en juger que lui ; mais qu'il aura été dupe de quelque prestige ; que le charlatan, qui ne sait pas la musique, aura fasciné les oreilles du musicien. Le fait n'est pas vrai, dit un logicien qui ne sait pas plus la musique que moi ; ce fait n'est pas vrai puisqu'il n'est pas possible.

Je ne dis pas cela, réplique un autre. Vous êtes un charlatan, car vous savez la musique, vous connaissez *le double emploi ;* etc., etc. — Je vous remercie, je ne m'oppose point à ce que vous croyiez que je connais la musique, mais voici pour vous un nouvel embarras : de deux choses l'une ; je suis savant comme vous le prétendez, ou ignorant comme le soutient *la Quotidienne.* Si je suis ignorant, il est démontré, par les résultats, que les maîtres savans sont inutiles, que l'Enseignement universel est la méthode de la nature. Si je sais la musique, je suis savant universel ; car je suis prêt non seulement à enseigner ce qu'il vous plaira, mais encore à écrire, sur tel science ou tel art que vous choisirez, un volume aussi instructif et aussi bien écrit que celui-ci. Or vous comprendrez facilement que, dans ce cas, je suis le seul charlatan de mon espèce. A la rigueur il peut y avoir pour apprendre une route beaucoup plus courte que tous les chemins connus jusqu'à ce jour ; mais un homme qui sait tout est un phénomène réellement inexplicable. Je vous trouve bien effronté de me parler avec si peu de respect, mon aimable antagoniste ; ignorant que vous êtes, vous osez lever les yeux en ma présence ; vous ne fléchissez point le genou devant le savant des savans ; vous exigez, de la part d'ignorans, des égards, des déférences, un silence respectueux, une attention soumise quand vous ouvrez la bouche, pour parler d'une ou deux sciences tout au plus ; et, quand je parais, vous—

rebelle, tu n'abaisses point ton front dans la poussière devant la face auguste de ton suzerain !

Si, par hasard, vous croyez au génie, mon cher, rien que la mort ne peut expier votre forfait. Nature inférieure que vous êtes, imbécille qui ne savez que ce que vous avez appris, regardez-moi, si vous pouvez soutenir mes regards ! me voici ! c'est moi qui ai tout deviné, tous les hommes sont en moi ; ce qu'ils ont inventé pendant la succession des siècles, la force de mon génie l'a découvert ; je n'ai pas besoin de leurs livres ; je suis celui qui sait tout !

Mes chers disciples, je reviens à vous, puisque monsieur garde le silence. Quand le premier volume a paru, les grands hommes du siècle, qui m'ont fait l'honneur de me lire, se sont évertués à qui mieux mieux ; jeunes, vieux, savans, ignorans, professeurs, écoliers, tous se disputaient l'honneur du coup de pied. *Gazette, Revue, Pandore, Quotidienne, Journal de Paris*, tous m'ont frappé successivement sans me blesser. Je me suis contenté de déclarer, dans le second volume, qu'*aucun homme distingué dans les lettres ou dans les sciences n'oserait écrire contre l'Enseignement universel*. Tous ces bavards anonymes, qui n'avait pu résister d'abord à la démangeaison, se sont tenus pour avertis. *La Revue encyclopédique de France*, qui fait métier de tout dire, et que le bon public paie pour qu'elle dise tout, *la Revue* a fait semblant de ne pas voir ; *la Gazette* a fait semblant de ne pas entendre. J'ai imposé silence à *la Gazette* ; j'ai fait taire *la Revue*. *Aucun homme distingué ne parlera*, ai-je dit du haut de mon Enseignement universel ; à ces mots , je ne sais quelle terreur les a saisis. Il m'a bien maltraité , dit l'un ; si je ripostais ? D'après ses principes mêmes, il y a répliqué à tout en bonne rhétorique. Je changerais la question, je dirais : *Le bon monsieur Jacotot , le digne homme , etc. ; un sot trouve toujours un plus sot qui l'admire.* Puisqu'on admire M. Jacotot, on m'admirerait aussi ; *tout est dans tout.* Si j'essayais ?.... Mais non; il dira que je ne suis point *un homme distingué* , et on le croira. Les mêmes gens qui se moquent de lui se moqueront de moi ; les moqueries le font rire , mais moi j'en mourrai de chagrin. *Aucun homme distingué !* que cela est adroit ; alors je n'écrirai pas ; je ne puis pas écrire , car enfin la prohibition me regarde. — Non , mon cher, la prohibition ne vous regarde pas ; continuez, puisque vous avez si bien commencé ; enveloppez-vous sous le manteau d'un écolier ; si l'homme de paille que vous avez poussé à mal faire réussit , vous revendiquerez la gloire du succès; si votre entreprise littéraire le ruine , si elle lui fait perdre l'estime des honnêtes gens, vous l'abandonnerez à son malheureux sort ; vous garderez le silence, et vous direz dans l'occasion , et suivant les circonstances : Il n'y a qu'un sot qui s'aventure ainsi ; *aucun homme distingué* (comme moi) n'a encore osé écrire contre l'Enseignement universel.

Puisque les hommes distingués sont si dociles, puisqu'ils m'obéissent, je vais continuer à leur donner des ordres : je vous rendrai compte du résultat dans les volumes suivans.

Hommes distingués par vos écrits littéraires ! et vous surtout, hommes de lettres au-dessus des hommes de lettres, magistrats suprêmes de cette république ! journalistes plaisans ou sérieux ! *Revue* ou *Gazette !* prêtez-moi des oreilles attentives ! arrivez tous, nous vous provoquons au combat. La plume, l'encre et le papier vous attendent !

Si *la Gazette* avait des oreilles, je lui dirais d'écouter nos compositions, nos improvisations musicales. Entre vous tous, quoi ! pas un, pas même *la Revue encyclopédique*, n'a d'oreilles !

Avec mon Enseignement universel, je me ris de vous tous, et voici pourquoi. Qui êtes-vous ?— Je sais l'hébreu. — Ah ! vous savez l'hébreu ; eh bien ! je vais vous montrer du français ; et vous ?—Moi, je suis de Paris. — Eh bien ! écoutez mon Hollandais qui improvise ; bein ! à un musicien je montre de la peinture ; à un peintre de la musique. Mais si j'étais maître de musique, par exemple, j'attrapperais bien l'universel, et voici ce que je ferais : je me présenterais dans un établissement ; je ne ferais semblant de rien, je me mettrais au piano, je jouerais quelque petite chose, pas beaucoup, de peur d'intimider l'élève ; ensuite je le prierais de faire aussi son petit discours et sa petite improvisation. Je verrais bien 1° si l'élève parle ; 2° si ce qu'il a dit a le sens commun ; 3° s'il change de ton dans les principes ; 4° s'il revient au ton dans lequel il a commencé ; enfin, si l'élève tient le piano pendant une, deux, cinq, dix, quinze minutes, etc., sans se perdre et sans se répéter. Pauvre monsieur Jacotot, si j'étais malin, moi qui donne des leçons de piano ! Mais, non, pourquoi troubler cet homme qui a bonne intention ? pourquoi désabuser ces pauvres parens ? Qu'importe que ces petits croient qu'ils apprennent la musique ? N'ayez pas peur, monsieur Jacotot, je n'irai pas. — Nous n'avons pas peur, monsieur Lebon, nous n'avons pas peur que vous veniez, et surtout il y a à parier que vous ne vous mettrez point au piano après le petit. Croyez-vous que votre qualité de maître me fasse peur ou me soucie ? Il y a tant de maîtres qui ne savent point improviser ! Venez, nous vous attendons. Mais vous ne viendrez pas, je n'ai qu'un mot à dire pour vous en empêcher : AUCUN MUSICIEN IMPROVISATEUR NE VIENDRA.

J'ai décidé, dans ma sagesse, que l'Enseignement universel ne prendrait point ; il faudrait que l'espèce humaine changeât de nature. Beaucoup de personnes croient qu'au moins à ce sujet je suis dans l'erreur. Quand on verra les faits, me crie-t-on. On ne les verra point, dis-je ; mais d'ailleurs j'ai un ressort tout prêt pour mener ce bon public comme il me plaira. Je suppose, par impossible, qu'on se récrie sur la merveille du jour ; que *la Gazette* et *la Revue* soient honnies de tout le monde, qu'on leur fasse rendre compte du prix de l'abonnement qu'on leur paie pour dire ce qui se passe dans les sciences et dans les lettres ; je suppose tout cela ; il ne tient qu'à moi de raccommoder le public avec *la Revue* ; un mot suffit : *Tous les hommes ont une intelligence égale.* Vous l'entendez, dira l'*Encyclopédique*, il nie les dispositions, la capacité, la vertu musicale : donc l'enfant n'improvise pas. Cela est évident, répondra le public. *La Revue* chantera victoire, et moi aussi. Voilà comme les charlatans triomphent. Qui sait ? ce prétendu Enseignement universel n'est [peut-être qu'une allégorie. Qui vous dit que je ne fais point en ce moment l'histoire morale de l'homme public ? Si j'ai voulu prouver combien il est facile à conduire par la déraison et la folie, quelle démonstration plus claire de ma théorie ? Il croit *la Gazette* et *la Revue !* Si je lui montre des faits, le voilà ébranlé, il est prêt à les prôner, à les adopter ; me voilà vainqueur. J'ai dit que le public ne raisonnait point, et il va se rendre à l'évidence ; je presse un ressort : *Tous les hommes ont une égale intelligence*, et voilà la machine qui revient sur elle-même : la roue tourne en sens contraire, et vous entendez dire en chorus : Donc les faits sont faux.

Oui, mes chers disciples, l'Enseignement universel est un roman ; c'est l'histoire de l'espèce humaine sous forme allégorique. Ne croyez pas un mot de ce que j'ai dit, pas plus que de ce que je vais ajouter.

L'homme apprend tout sans se rendre compte à
lui-même des moyens qu'il emploie pour apprendre. C'est en suivant cette marche qu'il devient
tout à coup savant. Reste à réfléchir, à raconter ce
qu'il a appris ; alors, alors seulement il paraît aux
autres qu'il a fait usage de son intelligence. La
vieille méthode est longue, parce qu'elle ne nous
permet pas de faire un pas que nous ne rendions
compte de ceux que nous avons faits. Chez nous,
au contraire, on improvise, on compose d'abord
en musique, et on réfléchit ensuite. Apprends,
étudie la chose, et tu l'étudieras toi-même ensuite. L'étude de l'homme est la dernière chez nous.
Il est nécessaire que j'apprenne la musique avant
de me *connaître moi-même*, avant de rechercher
ce que c'est qu'un homme qui devient musicien.
Nous commençons par le devenir ; puis, revenant
par la pensée sur la route que nous avons parcourue, nous finissons par *nous connaître nous-mêmes*.
Si nous racontons tout cela clairement et avec ordre, nous montrons notre science acquise depuis
long-temps, si nous y ajoutons des images, des
figures, des comparaisons sensibles, nous plaisons
en instruisant ; nous sommes poètes, nous avons
du génie.

M. Jourdain parlait français, heureusement
pour lui, lorsque le maître de philosophie vint
lui donner la première leçon, et lui apprit qu'il
faisait de la prose sans le savoir. Cette scène de
Molière est un chapitre intéressant sur l'instruc-

tion publique pour ceux qui savent lire. Nicole elle-même faisait la moue pour dire *u* ; mais elle ne s'en doutait pas ; elle ne l'avait pas remarqué, et voilà que M. Jourdain, devenu savant par cette observation du maître, fait le capable avec la pauvre fille, qui disait *u* aussi bien que le philosophe.

Un petit Français parle bien sans le savoir, sans se dire à lui-même : Je vais faire accorder le substantif et l'adjectif. Restaut vient après, heureusement pour lui.

Un écolier du collége demande d'abord à Lhomond comment il faut faire *u*, malheureusement pour lui ; jamais il ne dira *u* aussi lestement que Nicole.

Un enfant demande à son maître de musique le nom de tout ce qu'il voit, les rapports de tous les sons qu'il entend ; le maître le lui dit, malheureusement pour lui.

On touche du piano avec les deux mains ; on parle avec la langue et les lèvres, etc. Les mouvemens de tous les muscles qui doivent concourir à la prononciation du mot *badaud*, par exemple, se font à la fois. Il y règne un concert admirable pour le philosophe qui analyse, tout simple pour celui qui se contente de parler. Le savant, l'ignorant en philosophie, disent *badaud* aussi bien l'un que l'autre ; les réflexions du savant, anatomiste ou autre, ne le rendent ni plus ni moins apte à dire *badaud*. Ce sont deux sciences différentes ; tous deux *savent faire* ; l'anatomiste *sait* de plus *raconter* ce qu'il fait , sans le faire mieux , à l'aide de cette connaisance nouvelle qui n'a aucun rapport avec la première , qui ne peut y influer en rien. J'ajoute que cette connaissance est secondaire , et qu'avec toutes ces explications on ne fera point parler un sourd-muet aussi bien , aussi facilement qu'un enfant à qui on n'explique rien. Que si le vice des explications n'est point senti , c'est que le fait qui les accompagne suffit pour donner les résultats qu'on leur attribue , sans voir que ce qu'on peut dire de plus flatteur à leur louange, c'est qu'elles sont rarement dangereuses , quoique toujours inutiles.

Donnez à un Français les deux positions successives de la langue , lorsque nous prononçons le mot *badaud* ; dites-lui d'accompagner ces mouvemens de la langue , des mouvemens des lèvres nécessaires pour qu'il résulte un mot français de cet accord , vous verrez l'embarras du Français ; il ne vous comprendra point , il se moquera de vous. Appelez à votre secours un savant en *us* , qui ne sait pas dire un mot de français, ce savant lui dira en latin : La première position est celle que la langue prend dans la prononciation des lettres labiales ; la seconde est celle qui fait sonner une consonne dentale. Voilà le problème en équation , il est déterminé ; on peut le résoudre en latin en disant *rado*, etc. ; mais en français je ne puis le résoudre. Si le Français a compris , il dira en riant :

Badaud, *bedeau*, *bateau*, *va-t-en*, etc., etc., et ses lèvres joueront d'accord avec sa langue.

C'est par ce fait que j'explique le fait de l'improvisation dans l'Enseignement universel. Nos enfans jouent toujours des deux mains comme on parle à la fois de la langue, des lèvres, etc. Dites-leur de parler, ils vont le faire tout de suite des deux mains; ils disent *u* comme Nicole en faisant tout ce qu'il faut faire. Leur main gauche n'était pas leur main droite, ni réciproquement; les lèvres ne se placent point ainsi, à cause de la position de la langue: Nicole veut parler, et elle parle. Notre enfant veut parler avec les doigts, et il improvise. Nicole répète ce qu'elle a appris; et lui aussi. Nicole ne sait ni quand ni comment elle s'est exercée à mettre d'accord et la glotte et le larynx, etc. Lui ne sait pas où il a vu cette cadence qu'il accompagne d'une gamme de la main gauche. Il le saura. *Connais-toi toi-même*; raconte-moi ton histoire; te voilà musicien, tu seras savant quand tu voudras. C'est ce que le maître de philosophie aurait dû dire à M. Jourdain. Mais Molière voulait se moquer de la vieille méthode, de la méthode qui fait dire gravement : *L'opium fait dormir, parce qu'il a une vertu dormitive.* On n'a pas compris Molière, pourquoi me comprendrait-on, puisque je ne fais que répéter ce qu'il a dit ?

Cependant Molière n'a pas tout dit, et nous n'allons pas plus loin. On est d'accord qu'il ne faut

pas commencer l'étude d'une langue par des explications anatomiques ; mais on n'a pas encore
renoncé , on ne renoncera jamais à la nécessité
des explications grammaticales. Nous ne lisons
pas , nous badaudons dans les livres. Voyez l'a-
vantage qui résulte de cet avis , si vous voulez en
profiter. Etes-vous musicien , et voulez-vous être
utile à un pauvre ; jouez devant lui , répétez la
même chose , et laissez-le tâtonner. S'il avance ,
encouragez-le ; qu'il répète , il réfléchira après.
S'il ne travaille point , abandonnez-le. Quand on
est pauvre , on doit travailler ; qui ne comprend
pas cela ne doit rien comprendre ; il ne vit pas , il
végète.

N'êtes-vous pas musicien ; faites comme moi ;
il faut un jour pour savoir ce qui est nécessaire ;
mettez-vous à l'ouvrage avec votre élève , demain
il en saura plus que vous, etc.

Etes-vous riche ; mettez cet enfant pauvre dans
un établissement d'Enseignement universel ; signi-
fiez-lui qu'il doit travailler ou renoncer au bienfait
dont un autre , plus digne peut-être , se trouve
privé. Un an suffit pour être instruit chez nous ;
annoncez que vous ne voulez pas payer davantage,
et vous verrez.

Enfin , qui que vous soyez , suivez l'Enseignement universel pour votre propre instruction ,
c'est le conseil que je vous donne ; profitez-en si
vous voulez.

Onzième Leçon.

On continue à composer des morceaux d'une certaine étendue (comme on dit), des sonates, par exemple.

DE LA COMPOSITION II.

Je prétends que tout est également facile et difficile ; proposition mal sonnante pour les partisans du génie. Musique ou poésie, ou mathématiques, partout il faut connaître des faits d'abord et le signe de ces faits. Or, connaître un fait, n'est ni facile, ni difficile pour l'intelligence ; c'est au hasard, c'est à notre volonté, c'est à l'un et l'autre, en même tems, que nous devons cette acquisition ; l'intelligence n'a point de peine à prendre, elle voit ce qu'elle voit, elle est infaillible ; c'est l'orgueil, c'est une passion quelconque qui nous distrait et nous fait assurer que nous avons vu, que nous avons entendu ce qui ne s'est point montré à nos regards, ce qui n'a point frappé nos oreilles.

$x^2 + px + q = o$; ce fait n'est ni plus ni moins facile à voir que celui-ci : *Il y a liaison dans l'harmonie, lorsque cette harmonie procède par un tel progrès des sons fondamentaux, que quelques-uns des sons qui accompagnaient celui qu'on quitte, demeurent et accompagnent encore celui où l'on passe.*

Mais ces deux manières de parler sont également inintelligibles. Montrez le fait d'abord ; assurez-vous qu'il a été vu, rien de si aisé ensuite que d'apprendre ces phrases qui ne sont qu'une peinture, un récit général de tous les faits analogues à celui qu'on vient de voir ou d'entendre.

Préférez dans l'instruction les méthodes générales, dit M. De La Place ; c'est la vieille méthode autorisée par le suffrage d'un grand homme. On dit le contraire dans l'Enseignement universel ; montrez des faits, et dites à l'élève de les raconter en général. 1° *Apprends le fait ;* 2° *imite-le ;* 3° *connais-toi toi-même ;* c'est la marche de la nature. Je joue tous les airs de la méthode, je les répète sans cesse, je commence à parler cette langue, et je sais la musique ; je cherche à me connaître moi-même ; je réfléchis sur ce que j'étais ; je vois ce que je suis devenu ; je me rappelle peu à peu en détail ce que j'ai appris, ce que j'ai fait, je le dis, et me voilà savant.

Un élève de l'Enseignement universel m'a proposé, contre mon système, une objection qui paraît solide, et que je crois utile de résoudre ici.

Vous dites que tout est également facile dans

les sciences et dans les arts ; cependant nous sommes nous-mêmes la preuve du contraire. Nous traitons de petits sujets, nous faisons de petites compositions ; mais, pour ordonner les parties d'un grand ensemble, nous sentons notre incapacité. Nous ne saisissons pas bien un tout un peu grand ; notre vue n'a pas assez de portée. Si nous la fixons sur un détail, mille autres nous échappent. Nous voyons successivement plusieurs objets, mais nous ne pouvons les envisager tous à la fois. Nous n'avons pas le sentiment de cette unité que vous recommandez ; il faut un génie supérieur, ou du moins un génie d'une espèce particulière, et ce génie nous a été refusé. L'*Ecole des vieillards* est admirable dans les détails, elle pêche par la composition. Corneille est supérieur à tous pour la composition d'une scène, d'un acte ; mais la pièce en contient deux, elle manque d'unité. Ces résultats différens n'annoncent-ils pas la différence des esprits ?

— Croyez-vous, mon cher élève, qu'il y ait parmi les hommes des esprits différens ? — Je vous le demande, mon cher maître. — Croyez-vous que je sois plus savant que vous à ce sujet ? — Je ne le pense pas. — Pourquoi me questionnez-vous donc ? — Parce que vous assurez que tous les hommes ont une égale intelligence. — Point du tout, mon ami, j'assure qu'on ne sait ce qu'on dit quand on assure qu'il y a *différence d'intelligence* parmi les hommes, et qu'on ajoute :

cette *différence d'intelligence* est la cause des résultats différens. Dites donc, mon cher élève : tel homme compose bien et exécute mal, tel autre exécute bien et compose mal ; Campistron écrit très bien ; il est contemporain de Racine. Pradon écrit très mal, il compose bien, c'est-à-dire, il dit de très bonnes choses. Il ne parle point la langue de Racine, mais il compose dans la même intention : voilà des faits différens. Voulons-nous convenir que nous exprimerons cette différence par ces mots : Campistron a le génie du style, Pradon celui de la composition, Racine a les deux génies à la fois ; convenons de cela, je le veux bien ; mais si vous croyez expliquer le fait, vous êtes dans l'erreur, je ne puis plus convenir avec vous que vous l'expliquez. Si j'en convenais, nous déraisonnerions l'un et l'autre : c'est ce que fait et fera toujours l'espèce humaine. Elle a beaucoup de goût pour les sylphes, les dryades, etc.

Ainsi votre objection, sous ce point de vue, n'a aucun sens ; vous ne dites rien, vous parlez en l'air comme la *Gazette* et la *Revue* : on explique tout par les *capacités*, les *génies*, les *vertus*, les *qualités occultes* ; je viens vous dire : Vous n'expliquez rien. Vous convenez qu'en effet vous disiez des sottises, et il faut bien que vous en conveniez ; mais vous n'avouez votre erreur que sous condition, ergoteur maladroit ! vous me dites, d'un air capable : Quelle est donc la cause de ces résultats différens ? Je suppose que j'aie répondu :

Je l'ignore. — Il faut bien une cause. — Oui. — Quelle est-elle ? — Je l'ignore , et vous aussi , pourrais-je dire ; je ne crois point à cette *différence d'esprit* comme *cause* ; je ne comprends pas une *différence d'esprit , cause* , ni vous non plus. Qu'importe que je connaisse ou que je ne connaisse point cette cause que vous croyez avoir découverte. Renoncez-y, puisque je vous montre que vous parlez sans rien dire ; cherchez-en un autre , ou plutôt cherchons-en une , puisque celle-là n'est qu'un mot , qu'un récit de faits dont je vous demande la cause. Ne dites plus : le *génie* est la *cause* des belles tragédies ; ne le dites jamais , si c'est une sottise , quand même j'en dirais une autre ; n'imitez point le mauvais exemple que je vous donne ; restez fermement attaché à la vérité que nous venons de découvrir. La *Revue* ne sait ce qu'elle dit quand elle assure que la *capacité* est la *cause* de tout ce que nous faisons. Si par hasard , l'inventeur de l'Enseignement universel intervient dans cette grave question , et dit : *Tous les hommes ont une intelligence égale ; je ne crois point que les hommes aient des intelligences inégales :* je ne sais pas ce que cela signifie , c'est une vieille phrase qui n'a point de sens. Que le nom de la *Revue* ne vous impose point ; que le mien n'influe en rien sur votre décision , ne le décomposez poin t par syllabes , comme dans la satire ; ces syllabes n'ont aucun rapport à la question : Voilà encore un principe de cet Enseignement universel. Vous trouverez des gens qui contesteront ce principe ; je suis sûr que le satirique croit avoir fait merveille , et il a raison , s'il a compté que le public rirait. Le public rit de tout , de lui , de vous , de moi : il a le génie de rire.

Mais revenons, mon cher élève ; apprenez à raisonner juste. Si le *génie cause* n'a pas le sens commun , une fois déchu de l'empire qu'il s'arrogeait sur les tragédies , les comédies , etc. , il ne peut plus remonter sur ce trône abattu pour toujours. En logique, l'usurpateur une fois chassé ne revient plus ; en rhétorique , c'est autre chose ; ses partisans ne s'avouent vaincus qu'à regret ; ils conservent toujours l'espérance de relever leur chère idole renversée. Que mettrez-vous à la place ? etc. Mille sophismes arrivent à la file pour sonder le terrain , épier l'occasion et profiter de la moindre bévue. C'est cela qu'on appelle raisonner. Ces souteneurs de thèses changent sans cesse la question , ils font rouler à vos yeux éblouis l'objet sous toutes ses facettes , pour vous représenter sans cesse la première , qu'ils étaient convenus de ne plus montrer. Vous dites que le *génie* n'est pas *cause* des tragédies , j'en conviens ; mais quelle est la cause ? — Je l'ignore. — Donc c'est le génie. Le *génie* n'est pas cause , dites-vous , j'en conviens ; mais prouvez-moi que vous m'expliquerez tous les faits par le fait seul de l'attention. — Je vois que j'essaie en vain. — Donc c'est le *génie*.

— Ce retour à une erreur abandonnée , ce retour insensé, sans autre motif qu'une erreur commise par l'adversaire, est la preuve de la mauvaise foi qui cherche à se justifier par le tort d'autrui. Nous appelons cela déraisonner dans l'Enseignement universel. Cette habitude est vieille, elle ne se perdra point : donc l'Enseignement universel ne fera point fortune.

Maintenant qu'il n'est plus question du *génie cause* entre nous deux, que devient votre objection ? — Elle reste entière, mon cher maître ; en effet, j'appelle facile, ce qui se fait tout de suite par tout le monde. — Or, aucun de nous n'a composé tout de suite une sonate. Nous parlons par petites phrases, mais la première fois il n'y a point d'unité dans nos compositions musicales : ce sont des pots-pourris, des bouts-rimés, des mosaïques. Nous ne pouvons pas faire mieux, nous n'avons pas la *capacité* (c'est un fait, je ne parle pas de la cause) ; nous n'avons pas la capacité de développer une seule idée dans ses parties principales et accessoires ; nous y intercalons malgré nous des idées disparates. Nous ne fesons pas bien ; nous sommes long-temps à l'ouvrage avant d'atteindre à un résultat présentable sous le rapport de l'unité. En un mot, nos phrases sont dans l'unité, cela se fait au bout de quelques mois, *cela est facile* ; l'ensemble n'y est pas, cela vient tard, *cela est difficile* ; me comprenez-vous enfin, mon cher maître ?

— Très bien, mon cher disciple, mais que concluez-vous de là ? Que celui qui arrive le premier a le plus de génie. Vous avez raison si vous voulez dire : celui qui arrive le premier arrive le premier. Si vous prétendez que le *génie* est *cause* de son arrivée, vous retombez dans l'erreur que vous aviez solennellement abjurée. Nous tournons dans le cercle dont nous étions sortis de bonne foi ; permettez-moi de vous y laisser tourner avec Diafoirus et la *Revue*. Je ne comprends rien à ce que disent ces *génies*, ces *capacités*, ces *vertus*-là.

En tout, mon cher disciple, les causes premières sont inconnues à l'homme ; il voit des faits, il les explique les uns par les autres, ou il les raconte un à un. Votre condisciple arrive le premier, voilà un fait ; il a été plus attentif, voilà un autre fait ; il a plus de génie que vous, n'est pas un autre fait, c'est le même que celui-ci, il arrive le premier. Et, quand il serait faux que le fait de l'arrivée tînt au fait de l'attention, il ne pourrait pas dépendre du fait du *génie*, qui n'est que le fait de l'arrivée.

Le mot *génie* n'est pas le nom d'une cause. Voilà un homme qui réussit sans maître ; il *engendre* la science, pour ainsi dire : il a du *génie*. Voilà un homme qui parle long-temps sur le même sujet, il n'oublie aucun détail ; ils sont, pour ainsi dire, tous à la fois dans son âme, comme dans un vase qui les contiendrait et n'en laisserait échapper aucun. *Capit omnia*, il a de la *capacité*, etc., etc.

Je vous ai déjà dit cela mille fois, — Je le sais, mon cher maître : mais, dites-moi, quoique vous ne soyez pas si sûr de ce que vous dites que vos antagonistes, dites-moi, je vous en prie ; comment expliquez-vous les deux faits que j'ai cités ? car ils existent.

— Ils existent, mon cher élève, mais non point nécessairement dans l'ordre où vous les avez présentés. Il ne tient qu'à moi de renverser cet ordre, et je vous ferai dire quand je voudrai : Il m'est plus difficile de trouver les détails d'exécution que d'inventer un bel ensemble, une belle composition.

N'apprenez que des plans, soit en musique, soit en littérature, et vous ne saurez faire que des plans ; n'étudiez que des successions d'accords ; supprimez, par la pensée, les liaisons et le chant, vous aurez de belles compositions dans la tête, vous les imiterez, vous parlerez par plans, si je puis m'exprimer ainsi, mais vous ne saurez point parler par phrases.

C'est le contraire que vous avez fait, et vous avez obtenu le résultat inverse. Lorsque vous ne connaissez qu'une sonate, que savez-vous ? Beaucoup de phrases, et *un seul* ensemble. Si vous étudiez deux sonates, le nombre des combinaisons phrases devient immense et vous n'avez encore *que deux* ensembles à comparer, si toutefois vous avez répété souvent les sonates, si elles sont *entières* dans votre tête, si vous *en êtes capable*, comme on dit en géométrie. Je ne suis pas né musicien, dites-vous ; mais vous êtes né pour apprendre, si vous voulez ; que savez-vous ? Haydn venait de *naître* pour la musique le jour où il s'écria : *Je sais six sonates de Bach ! je les comprends, j'en suis capable ;* c'est la même chose.

Vous qui voulez que je prouve tout, et qui ne prouvez jamais rien, à votre tour, s'il vous plaît. Répondez. Qu'y a-t-il à la clef dans cette sonate que vous touchez si bien ? — Je ne m'en souviens plus ; je crois.... — Il ne faut pas croire. Vous n'êtes pas *né* musicien. Qu'avez-vous remarqué au commencement, au milieu, à la fin ? quelle est l'intention de l'auteur ? que veut-il me dire avec ce *mi fa fa* dièse *sol* ? Pourquoi continue-t-il en ajoutant *mi ut* ? Pourquoi cette plainte par demi-tons ? Avez-vous vu cette succession ? Savez-vous qu'elle est dans le livre, vous qui récitez sans manquer, *croque-note* ? Pourquoi la voix de ce page expire-t-elle sur ses lèvres ? Pourquoi redescendre ainsi, *mi ut*, après le sol un peu prolongé ? Quel sentiment éprouve ce jeune adolescent ? Cette suspension, cette incertitude, cet abandon, cette ignorance de la cause d'une émotion inconnue, qu'il n'a pas encore éprouvée : entendez-vous tout cela ? Savez-vous autre chose ? Y avez-vous pensé ? Avez-vous voulu y penser ? Avez-vous écouté Mozart, dans un silence attentif, *mi fa fa* dièse *sol mi ut* ? Vous naîtrez musicien quand vous écouterez ce que vous savez par cœur. Mais si vous

n'avez rien vu dans Mozart, comment le retrouve-
rez-vous dans Cherubini ? Vous apprendrez encore machinalement *mi fa fa* dièse *sol*. Voilà une expression musicale qu'ils vous disent tous, et vous
n'écoutez pas ! Il est clair que vous ne voulez pas
être *né* musicien. Si vous aviez prêté à votre langue
maternelle une oreille aussi peu attentive, vous ne
pourriez pas dire un mot ; vous ne seriez *né* d'aucune langue.

Prouvez-moi que vous avez fait ce que je dis.
Racontez-moi vos expériences, vos observations.
— Mais je n'en puis point faire. — Eh bien !
prouvez-moi que vous n'en pouvez point faire.
Dites-moi : Vous voulez me contraindre à trouver
Cherubini, Rossini, dans Mozart ; la tâche est
au-dessus de mes forces ; il n'y a pas une expression semblable : la colère, la joie, tous les
sentimens ont des signes différens dans chaque auteur.

— Je n'ai pas dit cela, mon cher maître ; je
connais assez bien les expressions, ce sont les ensembles que je ne connais pas ; c'est de cela que
nous parlions, vous changez aussi la question quelquefois ; je sais bien que *mi*, *mi fa sol*, ne veut pas
dire *mi fa fa* dièse *sol*. Le mouvement n'est pas
le même ; le premier saute, l'autre se traîne.
Tout le monde sait cela, mais les plans, les
plans ?

— Je vous ai déjà répondu à cette question,
mon cher élève, mais vous n'êtes guère attentif.

Je vous ai dit qu'on pouvait apprendre les plans ,
c'est-à-dire des analyses, comme toute autre chose. Ne connaissez-vous pas la composition du premier livre de Télémaque. Le jeune homme arrivera dans une île charmante, a dit Fénélon ; il y
sera jeté par une tempête ; il y trouvera une déesse avec ses nymphes ; cette déesse lui demandera
le récit de ses aventures ; Télémaque les lui racontera. Otez le nom de Télémaque , voilà une belle
composition en général ; vous voilà déjà riche
d'un plan. Dès à présent, cette seule phrase: *il raconte son aventure* ; ce seul mot *récit* ne se présentera plus à votre pensée sans les accessoires dont
je viens de parler. Que l'on vous propose d'improviser sur un sujet analogue , vous serez déjà
moins embarrassé que vous ne l'auriez été avant
cette science acquise. Reste à vous exercer.

Cependant ce n'est point la seule utilité que vous
retirerez du premier livre , sous le rapport de la
composition. Voilà une personne triste ; un nouveau personnage se présente et la distrait quelques
instans de sa douleur ; la description des lieux ,
des personnages , de leurs mœurs , vous fournira
des détails intéressans ; la peinture des plaisirs
dont ils jouissent , leurs récits et leurs discours
concourront à remplir la scène et à embellir votre
tableau.

Partez d'un mot , d'un évènement , d'un personnage , d'un sentiment quelconque , etc., choisi
dans cette composition. Reformez un nouveau

tout, combinez autrement les idées, groupez les personnages en les fesant changer de plans, changez l'ordre des récits et des discours, vous ne finirez jamais. Or c'est cela qui se fait seul dans la tête de celui qui *sait*, sans qu'il s'en doute, lorsqu'il répète toujours et qu'il réfléchit sans cesse à ce qu'il dit.

Que si le premier livre, et par conséquent les vingt-trois autres, ont cette inépuisable fécondité, jugez des résultats infinis de leurs combinaisons.

Tel n'a point été l'ordre de nos études. Les livres se présentent à nous faits, ils se montrent avec tous les détails qui nous séduisent, qui nous arrêtent ; ce grand nombre de sensations épuise notre attention, il ne nous reste, de ce que nous avons lu de cette manière, que des souvenirs vagues du plan, des réminiscences tronquées, qui nous sont inutiles ou qui portent la confusion dans nos idées, quand nous voulons composer nous-mêmes.

Faites comme Racine, ne changez point de livre ; vous devez comprendre maintenant que vous ne le saurez jamais. Or voici comment vous pourriez soutenir votre thèse, mon cher élève : vous apprendriez votre livre, comme Haydn apprenait Bach. Vous me prouveriez que vous le savez, en me racontant vos observations, et vous ajouteriez : Or, je ne suis pas plus capable qu'avant, donc votre méthode est fausse. Ce n'est pas cela ; vous par-

lez comme tout le monde , sans rien dire. Je sau-
rais tout cela , que je ne *pourrais* pas composer,
car je sens que je n'ai pas la *capacité*. Je suis très-
content que vous sentiez votre incapacité actuelle,
c'est une preuve que vous n'êtes pas fou. Je vous
dis que la *capacité*, comme nous l'entendons , c'est
la science, et que la science s'acquiert par l'attention , par la volonté. Savez-vous , par exemple , ce
que disent tous les poëtes quand ils racontent une
tempête ? L'avez-vous retenu ? Cette petite composition est-elle gravée dans votre mémoire ? Se
présente-t-elle à votre pensée , sans effort , sans recherche , avec le mot *tempête* que vous venez , je le
suppose , de prononcer par hasard ? Le savez-
vous ? — Mais..... — Vous voyez bien que vous
ne le savez pas. Que savez-vous donc ? Quelle tra-
gédie avez-vous lue ? — Athalie. — Connaissez-vous la composition de la pièce ? Parlez , je
vous écoute. — Je ne pourrais pas tout de suite.
— Vous ne savez pas la composition de la pièce,
ni d'un acte , ni d'une scène , et vous dites : Je n'ai
pas le génie des tragédies. En voilà la cause , c'est
votre ignorance. Je vous offre un moyen de me
réfuter victorieusement , et vous le rejetez par paresse, vous enfermant pour vous défendre dans le
château défendu par des *génies* , sûr que vous êtes
invincible dans ces retranchemens inaccessibles à
l'homme , dans ce fort enchanté , créé par la ma-
gie. Quoi ! vous ne pouvez pas dire *bonjour* en allemand , si vous ne l'avez point appris , et vous

voulez dire *tempête* en poésie sans l'apprendre !
Vous prétendez que, sans répétition, sans exercice, ce mot se présentera toujours, en tout tems,
accompagné du bruit des vents, du désespoir,
des promesses, du repentir, etc. ? Parlez, mais
parlez donc ! récitez votre livre, imitez ; vous
restez muet et vous ajoutez tranquillement : *Je
n'ai point de génie.* Je vous réponds que ce n'est
point du *génie* que je vous demande, c'est de
l'exactitude, de la docilité. Avez-vous résolu de
ne rien faire, il ne tient qu'à vous. Allons, courage, un moment de honte est bientôt passé. Dites pour la dernière fois que vous n'avez pas de
génie.

Etudiez toutes les compositions, comparez-les,
faites-en la synonymie, et exercez-vous à les
imiter.

Synonyme de composition, etc.
Mais, mon cher maître, nous perdons la musique de vue. — J'y reviendrai, puisque vous le
croyez utile pour vous ; autrement je suis convaincu que tout ce que je dis ne fera point un musicien. On est musicien quand on veut. *Apprenez,
répétez, vérifiez,* voilà la méthode. Le reste ne
contient que des phrases ; je pourrais en faire
d'autres ; vous pouvez voir toute autre chose, c'est
par forme d'exemple que je parle. On se plaint de
mes divagations, et je divague toujours ; ils ont
leurs vues, et j'ai les miennes. S'ils venaient à
bout de me forcer à parler de la chose dont il s'a-

git, ils pourraient me faire une objection que je ne
veux point leur laisser. Voyez, diraient-ils, avec
quel soin il explique tout ; il ne passe rien, il
donne tous les développemens nécessaires ; sa méthode, comme toutes les autres, est un recueil de
règles et de principes ; c'est la même marche ; il
n'est pas heureux dans le choix de ses principes,
mais enfin il a un petit mauvais système de règles
de composition. Grâce à Dieu, ils ne peuvent pas
me faire ce reproche ; ils en sont furieux, et ils
s'écrient dans leur fureur : Où est la méthode (c'est
à dire, dans leur langue, où sont les règles) ?
voyons les principes ? il divague, mais il ne dit
rien, il n'explique rien. Acte de l'aveu, chevalier
fougueux de la vieille méthode, nous n'avons ni
règles ni principes. L'Enseignement universel n'est
point une grammaire, et cependant venez nous
voir, et dès que vous entrerez, les élèves chante-
ront pour vous calmer, ils improviseront pour vous
adoucir.

Voilà ce que je leur dis pour m'amuser, mon
cher élève, mais avec vous c'est autre chose. Écoutez bien, voici une règle, mais ne la dites à personne, ne révélez pas notre secret. Je vous disais
que mes observations ne doivent vous occuper que
comme des exemples. Faites vos observations, et
n'apprenez point les miennes. Chacun trouve beau
le passage qu'il a remarqué, et ne voit rien de bien
intéressant dans le morceau qui ne l'a pas frappé.
Sur ce beau sujet de rhétorique on peut écrire des

volumes ; après quoi on est aussi avancé qu'au commencement. Nous sommes tous d'accord que Mozart a du génie. Je viendrai, moi, pour le prouver avec, mon *mi fa fa sol* de tout-à-l'heure ; un
autre me rira au nez, et me citera tel autre passage qui l'a enchanté ; il me l'expliquera, et sera furieux si je ris. Que faire dans ce conflit de juridic-
tions ? Mon cher élève, je vais vous le dire : vous
devez écouter ce que dit monsieur comme ce que je
dis, puis réfléchir vous-même pour nous imiter
lorsque nous réfléchissons. Dites tout bas : Le maître a raison ; je suis un étourdi ; j'ai sauté à pieds
joints sur ce *mi fa fa sol* ; l'autre monsieur a raison aussi ; voilà un passage que je n'ai jamais regardé ; il y a même du bon dans ce qu'ils disent
tous deux ; mais jouons ces deux passages, et
voyons ce que j'éprouverai moi-même, car je dois
être actif ; ni le maître, ni monsieur ne doivent
penser pour moi, et monsieur et le maître ont
tort, s'ils ont la prétention de me dicter ce que je
dois penser, ce que je dois sentir.

J'ajoute, mon cher élève, que cet exercice est
toujours profitable, et voici comment : quand
même vous exprimeriez mal vos sentimens, ils
ne seraient pas moins réels. Puisque vous avez
été ému à la vue de ce signe, fussiez-vous incapable d'assigner la cause de cette émotion, peu
importe ; elle existe au fond de votre âme, cela
suffit ; prononcez-le comme il faut pour vous
émouvoir, et si je suis présent, je serai ému, puis-

que vous l'êtes. *Connais-toi toi-même*, et tu me connaîtras, et tu sauras ce qu'il faut faire pour me toucher.

Ne dites cela à personne, mon cher élève, ils diraient que je sais la musique et que je vous en donne les règles. N'en dites rien, il n'y a que nous qui ayons deviné ce principe. Il est vrai que les petits enfans ont fait cette remarque et qu'ils s'en servent avec leur mère, qui ne peut résister à tel mot, choisi juste entre mille autres pour vaincre un refus ou justifier une petite désobéissance. Ce n'est point que je méprise les règles, vous le savez bien; il faut les reconnaître, et c'est dans cette intention que j'en conseille la vérification. Mais voici à quoi se réduit selon moi, le mérite des règles. Si vous les violez toutes, vous êtes sûr de déplaire; mais en les observant toutes, on n'est jamais sûr de plaire.

Notre règle suffit; mais songez que vous savez aussi bien qu'il ne faut point s'abandonner aux émotions qu'on éprouve. L'homme à qui vous parlez en musique ou en vers est un animal raisonnable. Vous ne pouvez pas plaire aux deux à la fois; songez que la raison sommeille quand l'animal est ému. La raison ne rit point, elle n'en a jamais l'occasion; il n'y a que du ridicule sur la terre, mais ce ridicule ne porte point la joie dans l'âme. C'est la passion qui rit; le rire est une petite convulsion de l'animal; c'est comme animal que je ris du sérieux de cet autre animal qui me lit en

haussant les épaules ; ces convulsions nous trahis-
sent tous deux. Je dirais, pour m'excuser, que je
suis *né* gai, et il n'aurait rien à répliquer dans ses
principes ; il prétendrait qu'il est *né* sérieux, et
je rirais encore de cette prétention d'après mon
système.

Or, voici où j'en veux venir, mon cher élève.
Je ne suis pas maître de moi ; mon naturel jovial
m'emporte, et je ne fais pas rire personne. Je suis
réellement de bonne humeur, mais je ne me donne pas le temps de chercher les signes que je vous
fais, et je choisis mal. Ne m'imitez pas en cela,
mon élève, n'exagérez rien, modérez-vous, ne
forcez ni l'amoroso, ni le maëstoso ; songez qu'on
n'intimide point la raison, que ce n'est point elle
qui soupire. Cette bouche qui vous sourit, cet œil
humide qui vous regarde avec langueur, quand
vous entendez cette harmonie mélodieuse, ces fi-
bres qui se contractent, appartiennent à l'animal ;
et si l'âme prête son attention à tout cela, prenez
garde, n'abusez point de votre empire ; le rire
peut succéder à ces larmes ; ce charme n'opère
que par intervalles. *Connais-toi toi-même* tout entier. Une espèce toute raisonnable n'aurait ni musique, ni vieille, ni nouvelle méthode. Plus de fureur, mais plus de rire, la société n'existerait pas
telle qu'elle est ; plus de passions, plus de freins,
plus de lois, la raison seule régnerait sans rien
commander ; plus de vices, plus de vertus, plus
d'efforts pour faire le bien, plus d'attraits pour
le mal.

Les hommes sont réunis, parce qu'ils sont hommes ; leur réunion est la source de leurs plaisirs
comme de leurs peines ; ils se tourmentent, ils s'a-
musent les uns les autres ; la culture des arts leur
cause de douces jouissances et leur donne des instans de dépit et de jalousie. Cette jalousie est le
plus bizarre et le plus inexplicable de tous les sentimens qui nous agitent. Voilà un objet qui vous
plaît, un autre le possède, et vous pourriez le posséder vous-même. Je plains votre malheureux
sort, mais je comprends vos souffrances. Ces gémissemens sont en quelque sorte des vœux qui
pourraient être exaucés, ils expriment des désirs
qui pourraient être satisfaits. Mais que signifient
ces regrets ? que voulez-vous quand vous désirez
l'impossible ? Quoi ! vous êtes homme, et vous sé-
chez dans le désir de devenir un être d'une autre
nature ! Cet individu a du génie, c'est son lot ;
cela ne se communique point, cela ne s'acquiert
point, et vous enviez cette nature supérieure ! Y
pensez-vous ? Quoi ! tout insensés que nous sommes dans nos désirs, ce feu s'éteint à l'instant ! il
ne s'allume même jamais dans un cœur qui reconnaît l'impossibilité de les voir accomplis ! Cette
sympathie qui excuse toutes les folies aux yeux de
la jeunesse, cette sympathie, ce penchant auquel
il est, dit-on, impossible de résister, cette sympathie n'existe jamais où l'impossibilité est marquée visiblement par la distance immense des
rangs ou de la fortune ; et pour peu qu'on puisse

espérer, le sentiment va prendre naissance, le désir va se réveiller, et l'on oubliera qu'il n'aurait
jamais eu vie sans cette légère lueur qui l'a fait
éclore. L'homme n'envie point l'impossible, il ne
le recherche point, il n'en est point jaloux. Ce sentiment que nous cause la présence d'un homme supérieur est donc la preuve de la possibilité d'atteindre à cette hauteur. Ce vice nous révèle la
grandeur de notre origine. Ici, comme toujours,
le désir, le dépit, la jalousie ne se soutiennent que
par la possibilité ; et ces mouvemens sont approu-
vés par la raison quand ils ne nous portent point à
vouloir dépouiller celui qui possède (ce serait tenter l'impossible) ; mais quand ils nous décident à
faire courageusement ce qu'il a fait pour atteindre ce but de toutes les vanités, ce trône où
tout le monde peut s'asseoir par la seule volonté.

Voilà, mon cher élève, une seconde raison
pour vous modérer. Il a trop d'esprit, disons-
nous, c'est-à-dire il est trop supérieur ; mais ce
n'est pas du bon esprit, c'est-à-dire de la bonne
supériorité. Vous voyez que nous ne savons
pas ce que nous disons ; mais nous sommes comme
cela, nous ne changerons pas, arrangez-vous en
conséquence. C'est un homme de génie, mais il a
trop d'orgueil, disons-nous encore bêtement,
comme si un homme de génie, d'une nature supérieure, pouvait avoir de l'orgueil avec des êtres
de basse intelligence comme nous. Nous n'avons

pas d'orgueil avec les chiens, pourquoi aurait-il de l'orgueil avec nous, ce génie? Est-ce que par hasard il nous estimerait plus que nous ne nous estimons nous-mêmes? Quoi! ce génie n'a pas le génie de voir que nous ne sommes que des bêtes? Il fait des frais de génie pour nous; il est bien bon. Mais, quoi qu'il en soit, modérez-vous, ayez du génie et faites comme si vous n'en aviez pas.

Douzième Leçon.

On répète les cinquante airs, on continue à raconter la méthode d'Adam; on répète le concerto et on le raconte. On compose, on improvise.

On vérifie Catel.

Si cette répétition est nécessaire, dira le public, la méthode est manifestement impraticable; les jours n'ont que vingt-quatre heures, et cette courte durée ne suffit point pour cette ennuyeuse répétition qui devore tous les instans. L'élève n'est jamais à lui-même, et chaque fois qu'on lui crie: Composez, racontez, improvisez, vérifiez, il doit répondre: Je répète. Il est vrai, mes chers

élèves, que, plus vous avancerez, plus la répétition deviendra longue; alors vous la ferez en deux,
en trois jours, etc. Telle est la solution de ce problème. En général le public montre beaucoup
d'esprit pour trouver des objections, mais il n'a
presque jamais le talent de les résoudre. Ce monsieur Jacotot, disent-ils, ressemble à ce gascon
qui se vantait de tuer son homme chaque fois qu'il
se battait. Vous battiez-vous souvent? lui deman-
dait-on, et il répondait sans se déconcerter : Jamais. M. Jacotot met à l'acquisition de la science
des conditions impossibles, et si vous lui reprochez
de n'avoir rien appris par sa méthode, il vous
dira : C'est que vous n'avez point répété vingt-cinq
heures par jour.

D'après cela, cher public, qui croyez à *la Revue*, et qui n'êtes pas assez sot pour donner dans
l'Enseignement universel......

Cette fois-ci, je vous y prends, dit un modéré.
Permettez-moi de vous faire une petite observation. J'ai cru longtems à vos protestations, mais
vous répétez trop souvent le nom de *la Revue*;
Toutes les critiques vous font rire, dites-vous,
cela revient trop souvent. Vous ressemblez à ces
coquins qui vous étourdissent de leur bonne foi,
de leur franchise. Eh! mon ami, si *la Revue* était
si peu de chose, il y a longtems que vous l'auriez
oubliée. N'auriez-vous point par hasard sollicité
ses faveurs? n'avez-vous point compté sur ses
bonnes grâces? auriez-vous été séduit par un sou-

rire , et la coquette a-t-elle brusquement trahi vos
espérances ? — Hélas ! — Allons , expliquez-
moi ce mystère ; aussi bien cet acharnement n'est
point naturel. — Puisque vous savez tout , je ne
veux rien vous cacher. Il n'est que trop vrai , le
coup terrible m'a été porté d'une main que je n'aurais pas soupçonnée. J'avais publié ma méthode,
je jouissais de mes succès ; les Belges croyaient
m'avoir quelque obligation. J'espérais que les Parisiens ne découvriraient jamais ma fourberie. J'a-
vais volé les Belges sous prétexte de les enrichir ;
ils me remerciaient comme si je leur avais donné
du mien. Ni la Hollande , ni la Belgique n'avaient
découvert ma fraude ; tout le monde criait au miracle. Mon audace , mon effronterie croissaient
chaque jour ; je distribuais aux Belges le patrimoine d'un Belge , et personne en Belgique ne se doutait du stratagème. Tout-à-coup voilà qu'un petit
Parisien (on n'a pire que les siens) s'avise d'un
nommé Cleynarts , je crois. Ce petit furet court à
Diest , patrie du volé ; il lit et relit les papiers du
défunt ; il y découvre à ma honte , 1° que ce monsieur Cleynarts enseignait gratuitement tout le
monde ; 2° qu'il avait montré en trente jours , à
des Wallons , le hollandais qu'il ne savait pas lui-
même ; 3° que plusieurs pères de famille avaient
profité de sa méthode pour placer (même en six
mois) leurs enfans dans les universités ; 4° (et c'est
ici que je suis confondu) que ce monsieur Cleynarts avait appliqué sa méthode à la composition

musicale et à toutes les sciences, même à celles qu'il ignorait ; qu'en conséquence, le public d'alors avait appelé cette méthode Enseignement universel ; que le public s'en était moqué comme il se moque de moi, et toujours avec raison.

Jugez quel a été mon désappointement quand *la Revue* a déclaré qu'elle avait vu tout cela, et qu'elle a prononcé cet arrêt foudroyant : C'est la méthode d'Enseignement universel de Cleynarts de Diest. Ne vous étonnez plus de ma fureur contre ce petit Parisien et cette vilaine *Revue*. Rien ne lui échappe, elle justifie bien son titre *d'Encyclopédique* à mes dépens. — *La Revue* a fait son devoir, monsieur, je suis bien aise de connaître cette petite histoire ; votre déconvenue rendra une autre fois plus circonspects les fripons littéraires. En conséquence je n'achèterai pas vos livres, on n'en a plus besoin ; un abonné à *la Revue* sait tout sans bibliothèque. Je cours m'abonner à *la Revue*; adieu. — Pauvres abonnés à *la Revue*, vous pouvez vous vanter d'être bien informés !

DE LA COMPOSITION. III.

Je disais qu'on ne compose que lorsqu'on connaît des compositions. Quelques-uns d'entre-vous, mes chers élèves, ont prétendu, dans le principe, qu'il est plus difficile d'apprendre des compositions musicales que des compositions littéraires. Oui et non. Oui ; car dès que vous avez lu une seule fois le premier livre de Télémaque, vous pouvez le raconter, vous en avez retenu la composition, l'analyse à la première lecture. Cependant ne vous fiez point à votre mémoire ; si je vous demande, dans trois jours, de composer une tempête, un repas, vous verrez, à votre embarras, que vous ne *savez point* composer un repas. Vous avez tout retenu pour le moment, mais cela s'envole ; et si je vous prie d'improviser un repas, vous resterez muet. Vous avez oublié les *nymphes qui servaient*, leurs *habits blancs* et leurs *cheveux tressés* ; la *description des mets* ; les *chants* ; les *sentimens des principaux personnages* ; votre mémoire ne vous aide point. Ce que vous balbutierez sera sans grâce, sans ordre ; vous sentirez votre incapacité, et vous direz : Je n'ai pas le *génie* de faire un repas ; c'est bien le *génie* qui me manque, car j'ai lu beaucoup de repas. Je vous répondrai, avec votre permission, que vous n'avez jamais *lu la composition* d'un repas ; vous n'avez jamais remarqué que, dans tous les poëtes, un repas n'est autre chose que l'imitation ou la traduction de celui-ci.

Ainsi, rien de si aisé que de répéter, à une première lecture, une composition littéraire ; vous retiendrez moins facilement une composition musicale. Mais cette différence ne dépend point des capacités, des intelligences, ce n'est pas une difficulté pour l'esprit, mais pour la mémoire. La musique est une langue dont vous n'avez pas d'idée quand vous en commencez l'étude ; vous vous rappellerez

une petite chanson, parce que vous en avez entendu souvent ; ces modulations se rattachent à celles
que vous connaissiez d'avance. Mais si vous n'a-
vez jamais fait attention à l'harmonie , cette succession d'accords vous étonne, vous frappe, vous
plaît vaguement ; vous ne distinguez rien ; c'est un
tout dont vous n'êtes point accoutumé à saisir les
détails. Cette marche musicale vous impose , mais
à peine remarquez-vous que le musicien a tourné
dans un cercle, et qu'il finit lorsqu'il est revenu au
point de départ.

Accoutumez-vous à reconnaître tous les détours
de l'artiste ; voyez ce fleuve qui coule sur ces belles
prairies ; tantôt ses eaux sont lentes et paisibles ,
tantôt il roule ses ondes avec rapidité ; suivez tous
ses mouvemens ; vous croyez qu'il s'arrête, le voilà
bien loin ; il revient lentement sur ses pas, il remon-
te vers sa source, il s'en éloigne, il y retourne ; il
s'écarte encore , il a fini son cours. Étudiez tout
cela, répétez-le sans cesse. Comparez; *tout est dans
tout.* Peu à peu vous retiendrez les entrelacemens,
les points de rebroussement de toute espèce de cette
courbe à plusieurs branches , dont tous les points
successifs, isolés, conjugués, sont tous déterminés
par une relation unique , tous compris dans *une*
analyse, dans *une* composition régulière.

On retient ce qu'on regarde ainsi ; toutes les compositions analogues ne seront plus un fardeau pour
votre mémoire. Vous vous représenterez, dans une
sonate, les différentes parties , les matériaux poé-

tiques d'une tempête ou d'un repas ; vous aurez le *génie* pour imiter l'un aussi facilement que l'autre.

Mais dans le principe, j'en conviens, un morceau de littérature n'offrant que des faits, des événemens, des circonstances analogues à celles qu'on connaît d'avance, tout cela est plus facile à retenir quand on consulte la mémoire. Parlez-vous de l'intelligence, la différence disparaît. On combine ce qu'on sait d'une science aussi facilement que ce qu'on a appris d'une autre science.

Répétez, réfléchissez ensuite. C'est la méthode de Cleynarts, vous dira *la Revue*. *La Revue* a raison ; c'est la méthode des enfans, c'est la méthode de tout le monde ; mais ce n'est pas la méthode de *la Revue*, elle réfléchit, elle juge avant d'apprendre.

C'est de là que vient la solidité de son jugement ; voilà pourquoi elle a tant d'abonnés.

O Cleynarts ! que diras-tu de ce petit Parisien, quand tu liras *la Revue ?* Il m'a châtié, mais je le méritais ; je baise avec respect la main qui me corrige. Mais toi, savant Cleynarts ! toi qui as deviné qu'il fallait apprendre l'arabe sans grammaire, comme l'apprennent les enfans ; toi qui as prouvé par des faits, que cet enseignement est universel, en donnant gratuitement des leçons à tes concitoyens, et de peinture, et de musique, et des langues que tu ignorais ! toi, qui leur as montré à écrire en français aussi bien que la *Revue ;* que diras-tu de cet étranger, qui se contente de dire, en parlant de

moi : *C'est la méthode de Cleynarts* , sans profiter
de l'occasion pour te décerner les louanges que tu
mérites ? Ces Parisiens n'ont de bouche que pour
critiquer ; l'éloge a mauvaise grâce sur leurs lèvres
pincées ; pardonne, ombre savante ! pardonne à ces
caricatures littéraires. Cela ne sent pas le prix de
l'arabe, ni du grec , ni de tout ce que tu savais , ni
de tout ce que tu enseignais sans le savoir. Pardonne cette rivalité chez un peuple voisin et léger ! Ces badauds ne se donnent le temps de rien
considérer ; ils écoutent d'un air évaporé ce qu'ils
entendent , ils vous échappent en pirouettant. Un
compatriote t'eût rendu justice , au moins ; il re-
vendiquerait, avec raison, l'Enseignement universel que je t'ai volé, comme Prométhée déroba , dit-
on, le feu du ciel ; mais il poserait sur ta tête la
couronne que j'ai voulu profaner en y portant une
main téméraire. L'Enseignement universel suffit
pour faire la gloire de toute une nation : c'est un
bienfait dont il n'existe point de souvenir dans les
annales des sciences, et voilà un Parisien qui s'ex-
tasie sur un hémistiche, et ne sent point le prix du
bien que tu as fait , lui qui connaît à fond l'Enseignement universel ! tu étais oublié des Belges depuis qu'ils t'ont perdu , et il ne leur reproche pas
leur ingratitude à ton égard ! Hélas ! qu'est-ce qu'un
savant de Diest à Paris ? un être inconnu : ses vices,
ses talens, son génie, tout est perdu dans cette foule
immense ; aucun Parisien n'a jamais entendu prononcer ton nom, ni sur le boulevard, ni au Palais-

16

Royal. Dans ces pensées, j'arrive dans ta patrie,
je me pare de tes dépouilles ; j'ai eu tort, j'en conviens ; mais je me console en songeant que je n'ai
fait que du bien avec *ta méthode d'Enseignement
universel*. Je ne puis cependant voir sans dépit que
la Revue ait dévoilé ma supercherie ; qui aurait cru
qu'un Parisien connût si bien Cleynarts et l'Enseignement universel ?

Treizième Leçon.

On fait ce qu'on veut pourvu qu'on n'oublie pas ce qu'on a
appris.

Lorsque l'élève est sorti de l'établissement,
lorsqu'il est maître de ses actions, je lui conseille
de ne jamais perdre de vue ce qu'il a appris, et
d'y rapporter tout le reste. Il sait exécuter, composer, improviser en musique ; mais cette étude
n'a pu être, dans le pensionnat, qu'une étude accessoire. Il faudrait un établissement spécialement
destiné à chaque art, à chaque science, pour atteindre le but auquel les plus grands hommes ne
sont arrivés qu'à force de travail et de temps. L'essai que vous avez fait de la méthode suffit pour

vous convaincre que vous êtes sur la route ; ne
vous en écartez jamais. Ce qu'on appelle la vieille
méthode ne vous aurait point conduit où vous êtes.
On ne voit dans aucune école de l'Europe les enfans, tous les enfans composer et improviser. Tel
est l'Enseignement universel : 1° on apprend ra-
pidement ; on fait tout de suite ce qu'on obtient
péniblement dans les écoles ordinaires ; 2° on obtient des résultats inconnus dans ces écoles ; 3° ces
résultats sont ceux qu'on a cru, qu'on croit et
qu'on croira ne pouvoir être obtenus que par des
génies.

Qui que ce soit, journaliste ou autre, qui nie ces
trois points ou l'un d'eux, est un antagoniste de
l'Enseignement universel ; qu'il ait tort ou raison,
c'est une question que je n'examine point ; mais
c'est un antagoniste de l'Enseignement universel.
Est-il modéré ? est-il ultra ? est-il pur ? est-il blanc,
rouge, libéral, ou Quotidienne ? je ne fais point attention à ces nuances : c'est un antagoniste de
l'Enseignement universel. Mais, direz-vous, s'il
a raison ? Eh bien ! c'est un antagoniste qui a
raison.

DE LA COMPOSITION IV.

Tout est dans tout. Rien n'est dans rien. N'oubliez pas cet exercice ; faites des comparaisons,
des synonymes de composition. Lorsqu'un poète
traite deux sujets semblables ; lorsqu'un musicien
exprime, de deux manières, le même sentiment

de joie ou de tristesse, rien ne peut être plus instructif que de comparer le poëte ou le musicien à lui-même : ainsi vous verrez les ressources que son génie emploie pour éviter la monotonie qui semble inhérente à ces répétitions. Toujours dire la même chose, et ne se répéter jamais, voilà le problême. Le même inconvénient se fait sentir dans la mélodie comme dans l'harmonie ; vous n'avez à votre disposition que des chants usés ; vous ne pouvez pratiquer que les accords qui se pratiquent, leur succession même est soumise à des règles qu'on sait toujours. *Tout est dans tout.*

Cependant, *rien n'est dans rien.* La moindre différence suffit pour rajeunir cette vieille chanson, et lui donner la fraîcheur de la jeunesse. Tout le monde connaît le vieux air : *Ce mouchoir, belle Raimonde,* etc., etc. ; c'est l'air de Joseph : *J'étais simple,* etc., mais Méhul change tout, au moyen d'une seule note ; au lieu de dire *timide* avec *re ut,* comme ferait la belle Raimonde, il le prononce *ut* dièze *re.* Descendez d'un ton, vous ne dites rien ; montez d'un demi-ton, vous parlez à l'âme ; vous voyez Joseph, aujourd'hui dans les grandeurs, au comble de la gloire, qui se rappelle cet âge heureux de la naïveté ; cette époque où il fut vendu par ses frères jaloux de ses vertus, trop simple pour se défier de sa famille, trop timide pour résister. Faites ces synonymes de composition ; remarquez tout cela, et imitez.

Un enfant peut faire des synonymes de composition, comme un grand. J'ai proposé de comparer la composition de deux discours de Télémaque, le premier à Aceste dans le premier livre ; le second à Sésostris dans le deuxième livre. Voici ce qui a été remarqué par l'élève :

« 1° Télémaque, errant pour chercher son pè-
» re, se trouve en présence d'un roi. C'est le
» même sujet.

» 2° La situation est la même : il est au pouvoir
» d'Aceste, il est au pouvoir de Sésostris.

» 3° Mais Aceste lui parle durement et le me-
» nace ; Sésostris l'accueille avec bonté.

» 4° L'auteur n'a point fait le portrait d'Aces-
» te ; mais il se complaît à détailler les vertus de
» Sésostris.

» 5° Il est donc naturel que le jeune fils d'U-
» lysse s'irrite contre Aceste, et parle à Sésostris
» avec une confiance respectueuse. »

Puis l'élève a ajouté :

« Télémaque dit à Sésostris : « *Vous n'ignorez*
» *pas, ô grand roi !* » Il dit à Aceste : « *Sachez,*
» *ô roi, que je suis Télémaque, fils du sage Ulys-*
» *se.* » Il est impossible de mieux peindre les sen-
» timens du jeune homme. De ces deux expres-
» sions, la première est modérée et respectueuse ;
» l'autre, au contraire, est fière et menaçante ;
» elle montre bien ce que doit éprouver Téléma-
» que à la vue d'un ennemi que son père a vaincu.
» *Sachez !* ce mot est prononcé dans le transport
» de l'indignation.

» Lorsque Télémaque dit : *O grand roi !* on sent
» que ce jeune prince est saisi d'un profond res-
» pect à la vue de Sésostris.

» Fénélon fait dire à Télémaque, d'un côté :
» *Rendez-moi à mon père* ; et de l'autre : *Otez-moi*
» *la vie.* Quelle différence ! dans le premier pas-
» sage, c'est une prière ; dans l'autre, c'est le
» mouvement d'un cœur offensé. Rien ne dé-
» peint mieux le caractère hautain du jeune Télé-
» maque. »

Voilà ce que l'élève a dit. Tels sont les résultats
de l'Enseignement universel. Quel est celui de
nous, mes chers lecteurs, en me comptant, ou
sans me compter, quel est celui qui a plus de génie ? qui voit mieux les ressemblances et les différence de deux compositions ? C'est, entre mille,
un de ces faits qui ne sont pas des faits, comme le
disent, dans l'ombre, les littérateurs distingués
que j'interpelle inutilement de se nommer, de se
montrer, et de venir composer avec nous. Les Laharpe croiront-ils que l'on peut être Laharpe et
Longin quoique enfant ? Cela est impossible, donc
cela n'est pas, voilà le refrain de la vieille. Cela est,
donc cela n'est pas impossible, tel est le refrain de
l'Enseignement universel.

Laissez dire les Laharpe ; n'oubliez pas qu'ils
sont mille fois plus savans que vous : mais continuez à réfléchir sur le peu que vous savez ; comparez les compositions musicales, comme vous
comparez les compositions poétiques.

Quand vous saurez le concerto de Ries, lorsque vous en connaîtrez toutes les expressions, apprenez toutes les parties ; exercez-vous à entendre tous les instrumens à la fois, faites-en la partition, relisez-la sans cesse avec les yeux ; rappelez-vous toutes les parties en parcourant des yeux, tantôt la première, tantôt la seconde. Il faut tout savoir, tout voir quand on entend, tout entendre quand on lit. C'est l'étude de toute la vie, même quand on se borne au concerto de Ries. Rapportez-y tout le reste.

Je vous ai dit de vérifier Catel. C'est l'affaire de quelques jours, quand on sait, quand on finit par là ; c'est un labyrinthe et un casse-tête, quand on se jette trop tôt dans cette lecture. Si l'on vous demande : Connaissez-vous Catel ? répondez : Je le vérifierai quand je saurai la musique. Avez-vous lu Burnouf ? Non, pas encore ; je le vérifierai dès que je saurai le grec, dès que je l'aurai étudié un ou deux mois.

A l'ouvrage, mes chers disciples, vous venez de lire la méthode appliquée à la musique.

Telle est la solution du problème proposé à la sagacité des métaphysiciens et aux discussions profondes de messieurs les journalistes. J'ai encore une petite série de problèmes à leur proposer ; vous verrez qu'ils garderont le silence, faute de pouvoir les résoudre ; ils contesteront la vérité des faits ; laissez-les dire. Ils répèteront à satiété *qu'ils ne comprennent pas* ; je n'ai jamais soutenu qu'ils comprenaient ; enfin ils vous opposeront le témoignage de quelques magistrats, de quelques hommes de génie : ne vous effrayez point ; ces esprits dont on vous fait peur sont les meilleures gens du monde, voilà pour les savans ; quant à l'autorité vous savez ce que vous devez répondre. Ajoutez, si vous voulez, qu'il n'y a point de règle sans exception. Monsieur le Bourgmestre d'Anvers a honoré monsieur Deséprés de sa présence en visitant l'établissement qu'il dirige : monsieur le duc d'Ursel est venu à Louvain ; monsieur le Commissaire, chargé de faire un rapport sur l'instruction à l'assemblée des états provinciaux à Bruxelles, est aussi venu à Louvain ; depuis cette époque, il a dit ce qu'il avait vu, il a annoncé les résultats dont il avait été le témoin. Quelques Régences ont proposé, m'a-t-on dit, de substituer l'Enseignement universel à la vieille routine. Chacun son avis sur ces sortes de matières ; un magistrat en pareil cas ne peut pas plus compter qu'un simple particulier sur la foi d'autrui. Il y a divergence d'opinions parmi les magistrats comme entre les citoyens. Cela se peut, cela est impossible, n'est pas une question qui se décide à la pluralité ou à la minorité des suffrages ; rien ne prouve rien, ni pour ni contre ; je ne fais gloire d'aucun suffrage favorable, je ne suis intimidé d'aucune opinion contraire à la mienne. La chose est là.

Les fonctionnaires publics des pays voisins ne

sont pour moi que des hommes. Je leur dirais :
Ne compromettez point votre position sociale ,
par une protection trop ouvertement déclarée ;
n'usez point votre crédit en soutenant une opinion qui ne prendra jamais racine. Profitez de
notre méthode pour l'instruction de vos enfans ,
si vous la connaissez ; mais les préjugés de votre
peuple , mais les préjugés de ceux de votre ordre
y opposeront toujours un obstacle invincible. Un
homme considérable d'une célèbre contrée d'Allemagne est venu à Louvain s'assurer de la vérité des résultats. Je lui ai fait comprendre de
quel intérêt il était pour lui de garder le silence.
Dans ces occasions , le riche , le puissant se com
promettent comme le pauvre. Celui-ci perd ses
protecteurs , s'ils croient à l'inégalité des intelligences ; ils supposent qu'il veut franchir, au moins
par la pensée , l'intervalle social qui les sépare.
Le puissant passe aux yeux des siens pour un
souteneur d'innovations. La douloureuse expérience que l'Europe vient de faire , a , pour long-
temps , perdu de réputation tous les systêmes anciens , et flétri d'avance tous les nouveaux : point
d'examen ; c'est un changement , nous n'en voulons pas.

Est-il vrai que l'adoption de l'Enseignement
universel ne serait pas le bonheur de l'espèce
humaine , ni d'aucun peuple , je l'ai expliqué
dans mon premier volume ; il ne peut servir
qu'aux individus ; l'espèce humaine , l'espèce

peuple , l'espèce corporation , l'espèce classe
sociale , n'ont rien à en attendre : ni bien , ni
mal.

L'Enseignement universel n'est fait pour aucun
pays en particulier ; il est à chaque individu , de
quelque région qu'il soit. En Amérique, comme en
Europe , il peut se trouver un homme qui en profite , sans que l'autorité locale s'informe de ce résultat. Les maîtres partout doivent être munis de
l'autorisation des magistrats pour tenir école ; elle
n'a encore été refusée à aucun ; n'oubliez pas ce
fait ; il est décisif.

Je n'ai rien demandé et je ne demande rien dans
mon intérêt personnel , pas plus en Prusse qu'en
Espagne ou Angleterre. J'ai demandé en Belgique
et on m'a donné. Je suis content de mon sort. Le
public inconnu , c'est-à-dire , les pamphlétaires ,
m'ont reproché de tenir la place d'un Belge , ils
m'ont appelé étranger, ils m'ont représenté comme
un voleur des places dûes aux Belges , tandis que
la Revue m'a désigné comme un voleur des découvertes des Belges. J'ai pensé que tout le monde ne
partageait pas l'avis de ces messieurs, et cette pensée m'a fait rire des anonymes. Ont-ils peur ? ont-
ils honte ? pourquoi se cacher ? J'ai cru qu'ils n'a-
vaient pas peur de moi , et ils ont raison , car je
n'ai pas peur d'eux. D'où j'ai conclu qu'ils avaient
honte , et je profite de mes avantages en leur pres-
crivant le silence sur ce volume , à moins qu'ils ne
s'enveloppent de l'incognito , sous peine d'infamie

en cas de récidive. Ordre dans ce cas, à tous les honnêtes gens de leur courir sus par la pensée , et de les poursuivre de leur mépris , jusqu'à ce que la mort de leur renommée de probité et de vertu s'ensuive ; car cette exécution mentale me ferait rire.

An surplus , et après cet arrêt burlesque , j'observe que l'autorité d'aucun pays ne pourrait établir l'Enseignement universel pas plus que la vaccine. L'autorité , dans tous les cas semblables , encourage , mais ne fait point violence ; ceci est vraiment du ressort de ce qu'on nomme *l'opinion* , de ce qu'on appelle le *public*. Il est le véritable souverain , c'est à lui que je devrais présenter ma requête ; mais ce souverain-là est partout et on ne le trouve nulle part. Cet être imaginaire , composé de membres infinis , vous frappe d'une main et caresse de l'autre. Il voit d'un œil quand tous les autres divergent. Il entend une chose d'une oreille et le contraire de mille autres ; ces rapports contradictoires de tant de sens sur ce corps immense n'ont aucun centre commun ; il ne sait ni ce qu'il voit , ni ce qu'il entend ; dans cette confusion d'objets , qui s'offrent tous à la fois , il est comme dans un chaos qu'il lui est impossible de débrouiller. *La Revue* se charge de lui faire un rapport de ce qui se voit ; *la Gazette* l'étourdit , *la Quotidienne* lui fait peur ; les journaux lui parlent , tous à la fois , sur des tons différens ; il ne sait auquel entendre , il juge au hasard ; il choisit à tâtons ,

il rejette sans motifs ; sa partie jeune veut du nouveau ; sa partie vieille ne goûte que le vieux ;
sa partie moyenne n'existe jamais un instant dans
le même état ; elle était jeune hier et la voilà
vieille demain, après demain il n'en sera plus
question. Comme ces animaux, composés de parties dont chacune a sa vie propre, aussi entière
et aussi complète que le tout, il perd toujours ;
il se répare toujours, il change sans cesse et
reste toujours le même. Ma phrase commencée
pour un public, quelque courte qu'elle soit, ne
peut être achevée que pour un autre ; elle n'est
entière pour aucun. Le premier volume est connu de l'un qui ne lira jamais celui-ci. Le troisième va tomber sur un autre qui n'a jamais entendu parler du premier. Essayez donc de faire comprendre quelque chose à ce maître souverain de
l'opinion.

Cependant, quelque passagère que soit son approbation, quelque fugitif que soit le succès qu'elle procure, on jouit quelquefois de l'apparence de
ce triomphe ; alors tout cède à cette puissance
instantanée, mais irrésistible. S'il lui prenait la
fantaisie de prendre sous sa protection capricieu-
se l'Enseignement universel, alors l'autorité sociale de tous les empires interviendrait pour ré-
gulariser ce mouvement inattendu des esprits ;
alors les journaux retentiraient des louanges du
fondateur de l'Enseignement universel. Les poètes traduiraient tous leurs confrères passés pour

proclamer ce nouveau chef-d'œuvre. *Tout est dans tout.* Ils trouveraient tous leurs matériaux dans Homère. *Enseignement universel*, voilà une rime masculine ; *méthode universelle*, voilà une rime féminine ; cela irait tout seul. Quel triomphe !

Dites tout cela en riant, mes chers disciples ; dites autre chose, si vous voulez, mais ne vous fâchez pas. N'oubliez pas surtout que, pour composer en musique ou en poésie, il faut au sujet choisi en ajouter d'autres ; exemple : au repas, il faut ajouter des habits : les nymphes avec leurs habits blancs. Ne confondez pas une composition et une description. Dans une composition, il y a plusieurs choses différentes réunies par le compositeur. Dans une tempête, les vents, les nuages, les flots, etc., servent pour la description. Les vœux, le désespoir, les discours, etc., voilà les matériaux de la composition. Dans votre concerto, distinguez soigneusement les idées différentes qui le composent.

On vous dira, si vous êtes maître, que vous n'avez pas beaucoup de peine à diriger vos élèves ; que c'est une méthode bien commode pour les maîtres. Gardez-vous de le croire. C'est dans la vieille méthode que le maître n'a ni inquiétude ni soucis. Le remède est indiqué par l'usage ; que le malade guérisse ou meure, peu lui importe, il n'est responsable de rien. Mais voyez quelle responsabilité pèse sur vous ! Esclaves de la perpé-

tuelle répétition , si vous cessez un instant de surveiller les exercices , ils ne se feront point , ou on
les suivra lâchement et sans ardeur. Vous devez
être présent à tout , animer le courage , et stimuler la paresse.

On vous dira : Tel jeune homme a suivi la méthode, et il ne sait rien ; donc elle est vicieuse ;
répondez hardiment : Faites-le venir, il récitera
son livre, nous vérifierons s'il a suivi la méthode.
Voyons , monsieur, la première sonate de Mozart. Vous n'allez pas en mesure , à ce qu'il me
semble ? — Qu'en savez-vous , puisque vous ne
connaissez pas la mesure ? — J'ai dit : *Il me
semble*. Mais prouvez-moi que vous allez en mesure. — Je ne le puis , car on ne me l'a pas montré. — Connaissez-vous ce signe ? — Non , on
ne me l'a pas dit. — Vous n'avez donc pas vé-
rifié la grammaire musicale ? — Jamais. — Allez , vous n'avez pas suivi notre méthode.

Mozart dit : *Mi* , *mi* , *mi* , *mi*, *ut la* | *sol* dièze.
Voilà six notes dans la mesure à quatre temps. Il
me dit , par d'autres signes : *Mi* ; voilà un temps ;
mi mi est le second ; *mi* le troisième ; *ut la* le quatrième. Il me dit encore, etc. Si vous ne dites pas
cela , *vous n'avez pas suivi la méthode.* — Je suis
incapable. — Toute tête humaine est capable ,
monsieur ; et puisque vous voulez la comparaison
à un vase , ce n'est pas de la capacité , mais du vide
que je me plains ; *vous n'avez point suivi la méthode*. Ces métaphores ne sont point des raisons ;

un cul-de-jatte n'ira point à Paris aussi vite que vous ; ce fait prouve votre capacité pour la marche, et son infirmité atteste son incapacité. Il n'a jamais donné de preuve de sa capacité. Quant à l'intelligence, c'est autre chose, votre capacité est prouvée il y a longtems ; vous en donnez la preuve en ce moment par l'air gauche et le ton embarrassé dont vous vous défendez. — Mais je suis cul-de-jatte pour la musique ; je n'ai point d'oreille. — Ah ! vous êtes perclus de l'ouïe comme cette pauvre *Gazette !* Saisissez-vous bien les différens tons que j'ai employés pour prononcer cette phrase ? — Oui, je vous comprends à cause du mot *ah !* et du mot *pauvre*, et parce que je sais que *la Gazette* s'est moquée de vous. — Et si j'avais dit simplement : Ah ! vous êtes comme *la Gazette ?* — J'aurais compris à cause de *Gazette.* — Et si j'avais dit : Ah ! vous n'avez pas d'oreille ? — J'aurais compris à cause de *ah !* — Et si j'avais dit : Vous n'avez pas d'oreille ? — J'aurais compris à cause du jeu de votre figure. — Et si nous étions dans l'obscurité, l'accent du dépit qui m'anime contre *la Gazette*, ce dixième de comma, ces intervalles inappréciables, les saisiriez-vous ? — Mais..... — Allez ! vous avez plus d'oreille qu'il ne faut ; les intervalles musicaux sont plus faciles à saisir que ces nuances qui n'échappent point aux petits enfans sur toute la terre ; ils ont besoin de les saisir, et ils les saisissent. Vous dormez quand le musicien parle ; vous n'écoutez pas,

et vous dites que vous n'avez pas d'oreille ! Paresseux , *vous n'avez pas suivi notre méthode*. Votre
ami est disposé à vous obliger ; il dit *oui*. Entendez-vous le ton ? Ce grand *vous* promet, il dit *oui*.
Saisissez-vous ce dixième de comma qui fait la différence ? Cette coquette a dit *oui* ; mademoiselle
Mars l'imite à ravir : vous n'entendez pas ? Ces
nuances ne peuvent s'écrire ; mais elles ont une
place fixe sur une échelle dont on n'a pas besoin de
vous montrer les échelons ; l'oreille sent leurs
distances : c'est l'infiniment petit pour les yeux ;
cela est sensible, fini et distinct pour elle. Il faut
une étude perpétuelle pour exprimer ces intervalles avec la voix, pour faire ces figures non arbitraires du sentiment ; il les retrouve pures quand
il en a besoin ; l'art tâtonne pour les reproduire. *La Gazette* fait cela comme vous, et vous dites : Nous n'avons point d'oreille. Vous êtes deux
paresseux.

Interrogez vos élèves ; qu'ils prouvent qu'ils
connaissent les faits, et qu'ils y ont réfléchi.

Le métier d'un maître de l'Enseignement universel est pénible ; c'est encore une raison pour
laquelle les autres ne l'adopteront pas. On dirait
qu'ils sentent leur tort ; ils se mettent en fureur
quand ils lisent dans un journal l'annonce d'un
nouvel établissement. Eh ! mes amis, continuez à
dormir dans vos chaires, et laissez-nous en repos.
De quel droit m'interrogez-vous ? Qu'y a-t-il de
commun entre vous et moi ? Suivez à la piste votre

maître ; obéissez à l'inventeur de la vieille méthode. Je ne suis point embaucheur ; je ne veux
pas vous faire déserter, ni vous enrôler dans mon
régiment ; mais vous devriez sentir qu'il n'est pas
de ma dignité de parlementer avec vous. Envoyez-
moi votre général, j'aurai une entrevue avec lui,
et nous déciderons de vous. Peut-être accepterai-
je ses propositions ; mais enfin il en résulterait
quelque chose. Vous parler ne mènerait à rien. Depuis l'origine des enseignemens, il n'y a encore eu
que deux hommes, l'inventeur de la vieille et
moi. Fut-il vainqueur dans cette lutte ? Songez
donc que les soldats ne comptent pour rien dans la
bataille (c'est sans doute votre avis, car c'était celui de César). César et Pompée étaient à Pharsale,
voilà tout. Vos camarades, chefs de légion, cen-
turions, primipiles, soldats, on n'en connaît pas
un. Pompée fut vaincu, et sa défaite a rendu César immortel. Il n'y a pas un petit écolier qui ne
me demandât volontiers de ferailler avec lui. En-
voyez-moi votre maître, mon ami, et je lui con-
seillerai de m'envoyer le sien, et ainsi de suite. De
cette manière je suis tranquille, car il y a long-
temps que l'inventeur de la vieille est enterré. Je
ne me compromets pas beaucoup, n'est-ce pas,
mes chers disciples ; mais ce ton de faquin m'a
souvent réussi avec ceux qui croient aux intelligences inégales, et c'est tout simple : à la rigueur,
et d'après leurs principes, j'ai peut-être plus
d'esprit qu'eux ; cette pensée en intimide beau-

coup , et j'en profite , mais je ne leur dis pas mon
secret.

C'est la caricature de Sterne , dit l'un ; c'est le
paillasse de Montaigne , dit l'autre. — Concluez,
mon cher lecteur. — Donc les faits de l'Enseignement universel sont faux. — Mais, je vous en
prie , mon cher lecteur, ne dites pas cela , cette
nouvelle m'attristerait trop. Du moins , ne vous
nommez pas , je vous en supplie ; votre nom seul
porterait un coup mortel à ma gloire , et je vous
assure que j'y tiens beaucoup ; surtout votre décision nuirait au débit de mes œuvres. Recomman-
dez-les , je vous en prie , méthode à part. Avez-
vous rien , dans votre bibliothèque , de compara-
ble à ceci ? Vous trouverez de tout dans mes ouvrages ; il y a une petite recette pour écrire sans
encre et sans plume. En voici une pour apprendre
à toucher du piano sans piano. Cela n'est-il pas cu-
rieux ? Une personne n'avait point de piano , et
vint me consulter sur ce cas. Ne vous désolez pas ,
lui dis-je , avec mon baume je me moque de tout.
Figurez un piano sur une planche avec de la craie.
Fut dit , fut fait , et la volonté triomphe encore
dans cette circonstance. L'obstiné joue déjà plusieurs airs sur un instrument véritable.

Recettes , style , opinions , tout est drôle dans
mon livre , et vous n'êtes pas content ! O temps !
ô mœurs ! Autrefois un livre comme cela eût
fait fureur ; je suis peut-être le seul charlatan
qu'on n'écoute point ; mes confrères ont eu plus
de bonheur que moi. Je suis né malheureux !

Douce philosophie, toi qui consoles si bien ceux qui n'ont pas besoin de consolation, viens à mon aide ; apprends-moi à supporter (s'il est possible) les petites plaisanteries des petits journaux , les mépris des savans latins, l'arrêt de *la Revue fran-çaise* , le défi de *la Gazette*, et les gémissemens de *la Quotidienne.*

Au revoir, mes chers élèves , travaillez bien ; tâchez de devenir *componium.*

DU COMPONIUM.

Le componium est une machine.

Le génie est un instinct.

S'il faut croire tout ce que la renommée publie ; si les rapports sont fidèles , le componium reproduit un thème donné sous un nombre illimité de formes différentes , nouvelles , variées , admirables. Il ne s'épuise point ; mille et mille variations qu'il vient de produire n'ôtent rien à sa fécondité toujours entière.

Le génie ne tarit jamais.

D'une hauteur à laquelle l'œil ne peut atteindre, d'une source inconnue et cachée à nos faibles regards, ce torrent débordé se précipite ; il étonne, il effraie ; il emporte tout ce qui cède , et ce qui résiste , il l'arrache et l'entraîne encore. Roulant avec ses ondes impétueuses tous les obstacles qu'il a rencontrés , il les fait servir à vaincre les autres ; sa puissance , incessamment accrue de ses conquêtes , tombe de tout leur poids sur ceux qui l'attendent ; il s'avance encore avec eux , et , dans sa course rapide , plus il trouve de résistances , moins il les sent , moins il s'arrête , moins il se détourne , moins il suspend sa rapidité toujours croissante. L'improvisateur commence. Écoutez ; vous ne pouvez deviner l'ordre qu'il va suivre , il ne le connaît pas lui-même. Une infinité de routes mènent au but ; toutes y conduisent , et chacune d'elles peut l'en écarter. Sa marche est tracée d'avance , mais il l'ignore. Il est entraîné quand il nous entraîne , il est séduit quand il nous charme , et ce qu'il nous montre , il croit qu'un être supérieur le lui révèle à lui-même. Voyez quels transports l'agitent ! Un grand spectacle s'offre à ses regards ; cette scène qui le trouble , qui l'attendrit , qui le transporte , n'est point sous nos yeux ; ce qu'il en dit a des bornes ; ce monde est renfermé pour nous dans les limites qu'il nous montre.

Mais lui , du haut de l'Olympe , il voit la terre , il voit tout. A sa voix , nous croyons voir aussi , et cette illusion mensongère nous ravit. Quoiqu'il triomphe de notre aveuglement , il gémit de son insuffisance. Planant au-dessus de nos têtes , il sait que nous sommes encore dans les ténèbres et que ce soleil qui l'éblouit ne brille pas encore sur notre horizon ; il n'est là que pour lui.

Cette pensée ne le décourage point ; il sent sa force , il n'hésite point à tenter une entreprise au-dessus même de notre présomption ; il sent sa faiblesse , il redouble sans cesse d'efforts , il s'opi-

niâtre , il recommence et ne se répète jamais ; il
emploie toutes les expressions sous toutes les formes ; il les lance, il les prépare lentement , il les
borne, il les développe , il vole , il se traîne ; tantôt il réussit par un silence inattendu , tantôt par un
signe nouveau même pour lui ; mais il ne désespère
jamais de son génie , parce qu'il compte sur le nôtre. Il sait que nous l'aiderons , et cette confiance
le rassure.

Il sait que nous toucherons , que nous verrons
à la fin ce qu'il touche et ce qu'il voit en effet. Il
n'ignore pas que nous pouvons donner la vie à tous
ces objets dont il nous parle. Notre imagination les
figure peu à peu ; elle les crée , elle leur donne des
formes et des couleurs. Ce monde borné qu'il nous
montrait s'étend ; nous y voyons plus qu'il ne peut
dire ; en écoutant , nous faisons des combinaisons
auxquelles il n'a point pensé. Ce génie que nous
admirions devient lui-même l'objet de notre attention ; nous y découvrons ce qui ne s'y trouve
point ; nous lui prêtons notre pauvre génie , c'est
le moment le plus assuré de son triomphe ; nous le
créons lui-même dès que nous en sentons le besoin.
A-t-il réveillé dans notre âme le désir d'être ému ,
sa tâche est remplie ; il sollicite votre pitié pour ce
malheureux dont il vous dépeint la langueur. A
ce triste spectacle, si vous saisissez le pinceau , votre imagination croit voir couler une larme , et
vous devenez vous-même la cause du sentiment
que vous éprouvez. Tantôt c'est l'attitude que j'in-

vente, c'est l'attitude qui me touche, et il ne l'a point dépeinte. Un mot me dirige, me conduit à cette invention, et ce mot a peut-être été prononcé par hasard ou dans un autre but. Peu importe, tel est le génie. Il vous émeut, et votre génie achève l'ouvrage qu'il avait ébauché. Il espère en vous; il ne se fie point à ses paroles, mais il compte sur votre composition silencieuse. Il n'est jamais content de son esquisse; mais vous en ferez un chef-d'œuvre, s'il parvient à vous remuer, à vous forcer d'y travailler vous-même par la pensée.

La fécondité du componium est inépuisable, mais il n'en sait rien; c'est le génie de l'homme qui l'a fait. Il ne reste jamais muet, mais il faut qu'il lui donne la parole. C'est un mobile étranger qui donne la première impulsion; il obéit d'après les lois du mouvement de la matière; il est toujours neuf, mais il ne connaît pas ses ressources, il ne les sent même pas; il va jusqu'à ce que la machine se détraque; il s'use, mais il ne se lasse point; il dit ce qu'il faut dire sans rien choisir, sans rien rejeter; il dirait le contraire, s'il s'offrait sous la dent des rouages; il continuerait ainsi sans comprendre cette cacophonie, parce qu'il ne comprend point l'harmonie qui nous enchante. Il semble né pour la musique; on le croirait inspiré, entraîné par un penchant irrésistible pour les variations à grand orchestre. Il lui est impossible de ne pas répéter exactement ce qui lui est prescrit ; il cède à une force invincible lorsqu'il y ajoute ce que personne ne peut prévoir, pas même celui qui l'a fait. L'homme s'étonne et ne peut imiter ce qu'il admire ; le génie seul peut lutter avec le componium, et le hasard préside à cette lutte dont le succès est incertain, et qui serait honteux pour l'inventeur, si ce rival redoutable n'était pas de sa fabrique, s'il ne pouvait lui imposer silence lorsqu'il est prêt à remporter tous les suffrages, dans ce combat pour lequel on a supposé, jusqu'à ce jour, la nécessité de l'intervention constante et soutenue de l'intelligence.

Quand le génie compose, l'intelligence veille sans cesse sur lui. Telle est la supériorité de l'homme ; il lui faut un guide qui dirige ses moindres actions. Il peut tout ; il commence, il s'interrompt ; il recommence quand il lui plaît. Il a des sensations, des désirs, une volonté variable dont il faut réprimer les caprices à chaque instant ; la moindre distraction va tout détruire. Plus d'accord, plus d'ensemble, plus de but ; et, cédant sans cesse à ses fantaisies, l'homme paraît dépourvu de volonté ; il n'est plus son maître ; l'abdication de l'empire qui lui a été donné sur lui même le dégrade à chaque instant, et, sans le pouvoir qu'il ne peut résigner, de ressaisir les rênes quand il lui plaît, il descendrait parmi les espèces inférieures, et l'ordre de la nature serait troublé par une créature. Il n'en est point ainsi ; nous sommes libres , même en cessant de l'être ; nous usons de nos droits en y renonçant pour un moment. L'homme n'abandonne jamais tout-à-fait son génie à lui-même. L'artiste hollandais est bien plus sûr de son componium que vous ne pouvez l'être de vous-mêmes , mes chers disciples ; il est bien plus tranquille que je ne le suis quand vous improvisez ; c'est que vous êtes libres , et par conséquent capables de céder volontairement à des distractions involontaires.

Le componium improvise , mais il ne compose point ; ce qu'il fait ressemble à l'instinct du génie : c'est le hasard qui fournit toutes les combinaisons de ce kaléidoscope musical, c'est-à-dire les résultats sont imprévus comme ceux de l'instinct.

Mais la composition est le fruit de la méditation, qui corrige et rectifie les erreurs de la mémoire ; quoique faite de verve et sans aucun souvenir de l'attention qui la dirige, il est rare qu'il n'en reste aucune trace sur le papier.

Le génie, sans s'épuiser, ne fournit pas toujours avec la même abondance ; il est inégal, il s'égare, il peut se perdre sans l'attention qui le suit et le ramène avec calme dans la route. Quelquefois cet égarement n'est qu'une apparence ; il nous échappe ; nous le croyons perdu sans ressource ; l'instinct l'a poussé hors des routes connues , il le ramène par des sentiers qu'il ne connaissait point : c'est une découverte qu'il vient de faire. L'intelligencé, qui a créé l'art , se délivre d'un joug auquel elle s'était asservie par l'ignorance ; ce fait nouveau l'éclaire , elle recule les bornes qu'elle avait posées ; un écart est devenu règle. Le hasard ajoute une loi de plus ; la prohibition se change en ordre ; l'instinct dirige , à son tour, la raison , qui reste toujours maîtresse souveraine , juge suprême des découvertes qui se font à ses yeux pour qu'elle en profite et qu'elle fasse faire à dessein ce qui s'est fait d'abord par hasard.

Le componium peut aussi nous aider dans le même sens , mais il ne peut point, lui , profiter de ses découvertes. Pas plus que le kaléidoscope , puisqu'il lui ressemble , il ne peut composer, c'est-à-dire réfléchir à ce qu'il dit. Comme lui , il improvise , mais il n'imite rien , et le sentiment ne peut être ému que par les arts d'imitation. Il ne fera point parler la douleur pour m'attendrir ; il compose aussi vite qu'on improvise , mais il improvise aussi régulièrement , et par conséquent aussi froidement que l'on compose ; telle est la différence qui existe entre la parole et l'écriture. Celui qui parle est plus entraînant , parce qu'il improvise. S'il porte des fers, on n'a pas le tems de s'en apercevoir à la rapidité de ses mouvemens qui semblent libres de toute entrave.

Les chaînes de l'écrivain sont trop visibles ; il plie souvent sous leur poids ; on sent ses efforts ; il mesure ses pas , il n'en hasarde aucun sans préparatifs qui en assurent le succès ; on le voit , et cette vue nous distrait ; même dans les meilleurs écrivains l'apprêt se remarque souvent. Ce cati est une petite supercherie que l'étoffe perd bientôt ; on s'empresse même de lui enlever ce lustre d'emprunt pour l'employer à l'usage auquel elle est destinée.

Heureux qui pourrait écrire comme on parle ! malheureux qui parle comme on écrit !

Le componium est peut-être un grand écrivain quand il improvise, mais il n'a point le génie de l'improvisateur.

Le génie, dans le moment de l'improvisation, ne sent pas plus de liberté ; il ne sait ni ce qu'il a fait, ni ce qu'il a dit ; là, comme pour le componium, tout était préparé d'avance.

L'homme a voulu, et le corps a pris l'habitude de l'obéissance, et le génie exécute les ordres qu'il est habitué d'exécuter. Tout se fait à notre insu ; mais pourtant les exercices nécessaires pour former des habitudes sont les résultats de notre volonté opiniâtre.

Un assemblage d'agens dont la nature et les rapports nous sont inconnus, devinant pour ainsi dire nos intentions, et toujours prêts à obéir, tel est le corps de l'homme.

Rois souverains de ce peuple d'esclaves, sans intelligence, et pourtant dévoués, tous s'empresse d'exécuter le moindre de nos désirs, même ceux que nous ignorons nous-mêmes ; nous sommes obéis avant de savoir que nous avons

commandé. Nous ignorons quels sont ces esclaves, où ils se trouvent, quel secours mutuel ils
se prêtent ; tous concourent, tous conspirent
à l'exécution. Les mouvemens sont-ils com-
muniqués ? Chacun de ces êtres matériels a-t-il
son mouvement propre, dont l'influence (par
rapport aux autres) est à la fois directe et réciproque ? Nous l'ignorons, mais le fait est constant.
Les phénomènes du génie sont-ils d'une autre espèce ?

Le génie n'est-il point le componium de la
volonté ? Une fois fait, le componium reste le
même ; il ne peut point s'exercer ni se perfectionner.

Mais la volonté exerce et perfectionne sans cesse
le génie ; elle révoque, elle change l'ordre qu'elle
vient de donner, elle apprend par le fait ce qu'elle
doit en attendre ; elle connaît ses droits, elle en
use sans cesse ; elle ordonne la répétition, afin que
chacun prenne instantanément la place qui lui convient, que l'un reste en repos ou se présente à son
rang ; que l'autre agisse ensuite, ou plus tôt, ou
dans le même tems.

Ainsi tout s'exécute par nous et sans nous. Nous
parlons par notre seule volonté sans connaître ni
ces parties du corps qui concourent à la parole,
ni leurs mouvements propres ou combinés, ni
leur disposition, ni leur structure. Nous n'a-
vons pas besoin de regarder notre bouche en
parlant, ni nos doigts en jouant ; tout s'arrange

par *instinct* quand la volonté l'a exigé pendant longtems.

Si nous employons un corps étranger, il n'obéit ni ne désobéit. Le piano ne se prête et ne se refuse à rien, c'est de la matière indifférente au mouvement comme au repos ; c'est un componium, c'est une machine.

Mais notre corps est de la matière en mouvement sans notre volonté et malgré notre volonté. Ces mouvemens perpétuels le déplacent même tout entier, et le portent au besoin où il doit être pour l'entretien, la conservation ou la réparation de ces mêmes mouvemens nécessaires à son existence. Il s'agite, il est animé ; c'est un animal qui a de l'*instinct.*

C'est au milieu de ce tumulte, de cette agitation instinctive, et involontaire que l'ordre de la volonté arrive. Il ne peut détruire les mouvements nécessaires, et pour que tout se fasse à la fois, il faut un concert qui exige de la préparation et des exercices répétés. L'animal refuse d'abord, ou n'obéit qu'à moitié ; le trouble et la confusion qui résultent de ce conflit paraissent un obstacle insurmontable. La volonté ne peut juger des difficultés, elle ne les compte point. L'ordre est renouvelé, et chaque fois on l'exécute avec plus d'exactitude. L'animal prend l'habitude de l'obéissance, il va seul : voilà un nouvel instinct ; mais celui-ci est acquis par un animal qui a de la volonté, qui juge des résultats et les perfectionne : c'est le génie.

Cependant ces habitudes devenues involontaires ne sont pas rebelles à la volonté. Si elles prenaient l'empire, si elles devenaient invincibles, il en résulterait la folie ; mais ce serait toujours un animal : tant que l'homme vit, il ne peut descendre au rang du componium.

Tâchez donc d'être componium, mes chers élèves, et vous ferez mieux que lui.

Voilà ma métaphysique ; mais ce n'est pas ma méthode. Lorsque Kant publia son livre, tous les journalistes du temps se moquèrent de lui comme de raison. Je suis trop vieux, leur dit-il, pour m'amuser à vous répondre ; nous verrons s'il me reste du temps après avoir exposé ma doctrine. Kant avait des élèves à instruire. Moi qui n'ai autre chose à vous dire que : Travaillez, travaillez, j'ai le temps de m'amuser à répondre aux sornettes qu'on débite, et j'en profite.

Si vous avez commencé votre éducation par l'étude de la musique, vous pouvez l'achever en rapportant tout le reste à ce que vous avez appris. Voyez les volumes précédens.

Je ne vous parle point de plusieurs exercices qu'on peut varier ou remplacer par d'autres, à sa fantaisie. Quelquefois nous cachons le piano pour que l'élève soit forcé de regarder la musique et apprenne à connaître l'instrument à tâtons, etc., etc. Venez dans nos établissemens, si vous voulez connaître tous ces détails. Mais la méthode n'est pas là ; elle est bien simple : *Apprenez quelque chose , répétez-le sans cesse , et rapportez-y tout le reste.* Celui qui saurait les rudimens , qui les répéterait sans cesse en y rapportant tout le reste , suivrait notre méthode ; celui qui ne sait pas ce que contiennent les rudimens , est enfant de la vieille. Demandez-lui , après sept ans , ce que signifie en latin *non continuo* , etc., etc., il restera bouche béante. Sa science est flottante ; il est impossible d'en voir positivement la valeur. Notre méthode conduit à des résultats déterminés ; on sait où on est à chaque pas. On ne peut pas la perfectionner , parce qu'on ne saurait faire que l'homme n'oublie point ce qu'il néglige de répéter. Vous verrez que si l'opiniâtre vieille se trouve forcée de suivre nos avis , elle rejetera hautement *notre* méthode ; elle fera *répéter les rudimens ;* ou y rapportera tout le reste ; elle obtiendra des succès qu'elle n'a jamais connus , et elle dira : Voyez l'avantage des principes pendant sept ans ! c'est ce que l'on fait déjà en cachette.

Mais , vous , que pensez-vous de la méthode , mes chers élèves ?

— Qu'elle nous a été très-utile. — Croyez-vous qu'on l'adoptera ? — Jamais. — Sont-ils *incapables ?* — Non , mais ils sont *paresseux.* — Expliquez-vous.

PARESSE et INCAPACITÉ

« Ce qu'on appele *incapacité* n'est que l'effet de la paresse. Rien n'est impossible à celui qui veut travailler. La *paresse* est un dégoût pour toute espèce d'occupation. C'est, pour l'âme, un manque de courage, de force et d'énergie ; pour l'esprit, c'est ce défaut d'attention et de réflexion qui fait qu'on n'est propre à rien. »

— Et vous ? — Je crois que les paresseux qu'on traite d'incapables sont excusables jusqu'à un certain point. On les a trompés dans les vieilles écoles où ils ont été enterrés dès leur enfance, et *ce malheur* a fait *leur malheur*.

— Expliquez-nous ce mauvais jeu de mots.

UN MALHEUR et LE MALHEUR.

« Un malheur n'est qu'un accident fâcheux, tandis que le malheur est une suite de maux.

» Un malheur saisit, et le malheur accable. Le malheur est une persécution continuelle de la fortune qui nous ronge sans fin.

» Un malheur peut être réparé, mais le malheur nous poursuit sans cesse.

» Le malheur est un enchaînement de malheurs qui se succèdent.

» Un malheur nous attriste vivement dans l'instant ; mais cette douleur s'efface peu à peu, au lieu que le malheur nous cause un tourment qui ne peut finir.

» Le plus grand malheur qu'on puisse éprouver est celui de voir souffrir ceux auxquels nous sommes le plus attachés.

» C'est le hasard qui nous fait souvent essuyer un malheur, mais souvent aussi c'est notre imprudence et notre inattention.

» Le malheur est comme un feu ardent, un malheur n'en est qu'une étincelle. »

— Ainsi, vous croyez tous qu'on se moquera toujours de vous et de moi ?

— Je suis *sincère* ; je dis *franchement* que je le crois. — Qu'importe qu'ils *choisissent* la vieille, cela ne peut point nous empêcher de *préférer* la nouvelle. — Laissons-les traiter notre *enthousiasme d'exagération.* — Je connais beaucoup de gens qui pensent comme nous et n'osent l'avouer : *Que croira-t-on de moi ?* disent-ils. — Il faut convenir que la méthode les attaque dans leur endroit *sensible.* — Quel tapage ! vous parlez tous à la fois. L'un après l'autre, s'il vous plaît. Tenez, faites-moi chacun une composition sur ce que vous venez de dire.

SINCÉRITÉ, FRANCHISE.

« Le mot *franchise* offre à notre pensée une personne qui parle hardiment et sans crainte.

» La *sincérité* consiste à ne jamais parler contre sa conscience. L'homme franc dit tout ce qu'il pense ; l'homme sincère pense tout ce qu'il dit ;

l'homme franc parle souvent avec rudesse ; l'homme sincère dit la vérité simplement et avec douceur.

» Emilie est sincère ; elle dit qu'elle aime qu'on lui parle avec franchise sur ses défauts. »

PRÉFÉRER et CHOISIR.

« La *préférence* est un sentiment, c'est un choix du cœur ; préférer une chose, c'est la mettre au-dessus d'une autre.

» Le *choix* est une préférence de l'esprit et du goût ; choisir, c'est prendre un objet pour en laisser un autre ; pour choisir il faut être libre, mais on peut préférer sans avoir la liberté du choix, car on ne peut point nous empêcher d'avoir une préférence. Choisir, c'est prendre l'objet qu'on préfère ; ces synonymes renferment tous deux l'idée d'aimer mieux.

» Un homme vertueux, qui se trouve entre deux états pénibles, *choisit* toujours le plus glorieux, car il *préfère* la mort au déshonneur. »

EXAGÉRATION et ENTHOUSIASME.

« Ce qu'on appelle *exagération* est une manière de parler qui consiste à augmenter ou à diminuer en bien ou en mal ce qu'on veut dépeindre.

Celui qui exagère les qualités d'une personne, les diminue souvent dans l'esprit des autres, et il en est de même des défauts.

18

« On se sert du mot *enthousiasme* pour représenter un sentiment vif et plein, produit par
l'admiration qu'inspire tout ce qui est beau et
grand. On l'éprouve à la vue d'un beau tableau,
à l'exécution d'un morceau de musique, et en
écoutant un éloquent orateur ; nous en sommes
aussi pénétrés lorsqu'il se présente à notre pensée un ensemble grand et sublime dont nous vou-
drions montrer l'image au dehors. Cet enthousiasme nous transporte et semble vouloir nous
jeter hors de nous, cependant tout ce que nous
voyons alors, en imagination, peut être dans
l'ordre et avoué par la raison. L'exagération, au
contraire, s'écarte toujours plus ou moins de la
vérité. »

QUE CROIRA-T-ON DE MOI ?

« Cette phrase annonce presque toujours quelqu'un qui n'a d'autre guide de ses actions que l'o-
pinion publique ; il est sans doute louable de res-
pecter cette opinion, lorsqu'on craint de mal faire ; mais il n'en est pas de même lorsqu'il s'agit de
son honneur et du bonheur de ses concitoyens ;
c'est alors, au contraire, qu'il faut vaincre cette
mauvaise honte, si indigne d'une grande âme. On
ne doit point alors s'inquiéter si nos actions seront
ou blâmées ou approuvées.

« Celui qui emploie cette phrase : *Que dira-t-on
de moi ?* et qui éprouve le sentiment qu'elle exprime, se laisse dominer par une fausse honte ; il

montre une âme faible, qui manque d'énergie pour se mettre au-dessus de toute critique mal fondée ; il sacrifie son honneur par la crainte de le blesser. »

LA SENSIBILITÉ.

« La sensibilité est, si je puis m'exprimer ainsi, la vie de l'âme ; c'est ce mouvement vif qui cause au dedans de nous ces révolutions soudaines qui changent, pour ceux qui les éprouvent, tous les objets.

» En se livrant à la sensibilité, on ne juge plus des choses telles qu'elles sont ; elles prennent l'empreinte du sentiment qu'on éprouve : Telle est la sensibilité en elle-même ; elle devient qualité ou défaut, selon qu'elle est bien ou mal dirigée. Ce sentiment exquis a besoin d'être réglé, souvent même contenu ; poussé à l'excès, il peut faire le malheur de la personne qui en est douée, et quelquefois la rendre insupportable ; mais lorsque ce don précieux du ciel n'est employé qu'en faveur des autres, il fait le charme et le plus doux lien des familles et de la société. »

— C'est bien. Mais vous ne dites rien, vous ? Quel âge avez-vous ? — Neuf ans et demi. — Ah ! vous êtes trop jeune pour comprendre notre génie. — Je vous demande pardon, monsieur, je vois très-bien que vous avez *raison*, et que vos antagonistes ont *leurs raisons*. — Expliquez-vous.

LA RAISON ET LES RAISONS.

« La raison est une vérité universelle qui éclaire tous les esprits. Il n'y a point de véritables hommes sur la terre, excepté ceux qui consultent, qui suivent cette vérité.

» Les raisons sont auprès de nos passions comme les flatteurs auprès des rois ; elles servent à nous faire soutenir nos illusions et nos erreurs ; elles nous détournent de la raison et de la vérité. »

— Je vous demande excuse à mon tour : je venais de retomber malgré moi dans l'ornière ; j'oubliais que les enfants sont ignorants, mais que leur intelligence ne se développe pas comme une étoffe et ne mûrit point comme une poire. Courage.

En général, je suis content de votre style ; mais vous n'avez qu'un genre, et il faut en connaître deux. Vous me louez à merveille, mais le mérite n'est pas grand ; il ne se présentera point de rivaux pour lutter avec vous dans ce genre. Si vous continuez ainsi, vous ne saurez que la moitié de la langue, celle qui sert aux louanges, toujours fades et insipides pour les personnes qui n'en sont pas l'objet. Vous ferez bâiller vos auditeurs, si vous ignorez l'art d'assaisonner la satire, de lancer le trait empoisonné de la médisance et surtout de la calomnie, si bien accueillie sous quelque forme qu'elle se présente. C'est dans ce genre qu'on peut

se faire à peu de frais une brillante réputation littéraire. Apprenez donc cette moitié de la langue
qui fournit presque seule l'aliment de toutes les
conversations animées ou perfidement paisibles ;
étudiez l'art du langage impartial et modéré de la
haine concentrée ; les phrases insignifiantes de
l'indifférence affectée ; les locutions courroucées ,
les expressions aigre-douces , le clair-obscur de la
dignité qui craint de se compromettre. Tout cela
est dans Télémaque comme dans le plus mince
journaliste ; mais il faut de l'exercice , et ce jeu est
indigne d'un honnête homme ; que faire ? Le voici,
mes chers élèves ; exercez-vous à mes dépens ;
parlez , comme je vous l'ai déjà dit , contre l'Enseignement universel ; je serai charmé de vous être
encore en cela bon à quelque chose. Pourvu que
vous parliez bien , pourvu que vous écriviez bien ,
qu'importe que je sois l'objet de vos plaisanteries ,
de vos injures même. Je ne puis me tromper sur
vos intentions ; nos ennemis vous encourageront
alors , à moins qu'ils ne viennent à songer qu'une
caricature bien composée et bien peinte , qu'un
pot-pourri dans toutes les règles de l'harmonie ,
qu'une satire en beaux vers , etc., que tout cela
dirigé contre l'Enseignement universel et son
inventeur, par vous-même , serait la preuve complète du talent que vous pouvez acquérir par notre
méthode.

A l'ouvrage , faites voir qu'on peut dire beaucoup mieux que messieurs les beaux esprits et n'é-

tre encore qu'un enfant. Mais ne vous exercez jamais que sur moi ; la satire signée est d'un méchant audacieux ; la satire anonyme est d'un méchant lâche et qui sent sa faiblesse.

En attendant, et si vous rencontrez un complimenteur mielleux qui loue votre style , regardez-le bien , et, quand vous aurez découvert l'intention de ce génie qui ne se fait petit que pour vous insulter par des louanges disproportionnées à votre talent , dites en riant tout ce qu'il veut dire. Rien ne déconcerte un menteur comme d'entendre dire ce qu'il dit ou ce qu'il a l'intention de persuader lui-même , sûr, par sa propre conscience, qu'il est fourbe et qu'il veut tromper ; cette rencontre inattendue d'un assentiment sans restriction le déconcerte et le trouble ; plus vous paraîtrez convaincus de ses principes , plus vous lui offrirez l'image de lui-même , et plus ce fantôme lui fera peur. Connaissant sa fourberie , il doutera d'abord de votre sincérité, il se retirera peu à peu du mauvais pas où il se sera engagé par imprudence. Mais soyez généreux , ne lui fermez point la retraite, laissez-lui croire qu'il s'échappe par son adresse ; qu'il aille en paix ! Dieu veuille qu'il se corrige !

Mais, mon cher maître , je suis trop timide pour faire tout cela. — Eh bien , priez le mielleux de venir me faire ses petites observations ou de lire cette page.

RÉCAPITULATION.

Première Leçon.

Faites asseoir l'élève en face d'un piano.

Deuxième Leçon.

Montrez la première note de dessus et la première note de la basse. Faites-les toucher en même temps.

Troisième Leçon.

Faites répéter les deux premières notes et ajoutez-y les deux suivantes.

Quatrième Leçon.

Faites répéter et ajouter de nouvelles notes à celles qu'on sait déjà jouer.

Cinquième Leçon.

La première reprise bien sue, on la répète et on étudie la seconde.

Sixième Leçon.

Après le premier air, on apprend le second en répétant sans cesse.

Septième Leçon.

Après le second air, on étudie les autres jusqu'au cinquantième, n'oubliant jamais de répéter chaque jour les airs qu'on a appris. On commence à réfléchir.

Huitième Leçon.

Quand on sait les cinquante premiers airs, on les répète sans cesse. On lit le reste en passant tout de suite à la sonate de Mozart, *mi mi mi mi,* etc. On lit avec les yeux et on *raconte avec les doigts* jusqu'à la fin ; on relit avec les yeux et on *raconte* sans cesse avec les doigts le livre fermé.

Neuvième Leçon.

Dès qu'on sait les cinquante airs, on les répète sans cesse.

On relit perpétuellement avec les yeux et on ra-

conte sans cesse avec les doigts le reste de la méthode. Cet exercice doit toujours se faire, même hors de l'établissement.

S'il vous tombe un morceau de musique entre les mains, il faut, pendant que vous le lisez avec les yeux, être attentif à tout, de manière à pouvoir le raconter s'il y avait un piano à votre disposition.

Dès qu'on a raconté la méthode une fois bien ou mal, on se remet à un concerto le plus difficile, le plus savant, le plus à la mode à l'époque à laquelle on étudie.

Dixième Leçon.

Quand on sait toucher la première partie du concerto de Ries, par exemple, on répète sans cesse ; on raconte toujours les deux dernières parties. Peu à peu on finira par savoir tout cela par cœur.

On continue à improviser.

Onzième Leçon.

On continue à composer des morceaux d'une certaine étendue (comme on dit), des sonates par exemple.

Douzième Leçon.

On répète les cinquante airs ; on a continué à raconter la méthode d'Adam ; on répète le concerto et on le raconte. On compose et on improvise.

On vérifie Catel.

Treizième Leçon.

On fait ce qu'on veut pourvu qu'on n'oublie pas ce qu'on a appris, et qu'on y rapporte tout le reste.

DESSIN

ET

PEINTURE.

En dessin, en peinture, comme en musique, comme dans tous les arts, il faut avoir un fait présent à la pensée pour l'exprimer avec vérité. Regardez ce fait attentivement, observez les moindres détails, essayez de représenter aux autres tout ce que vous avez vu, tous les sentimens qui ont agité votre âme ; et s'il était possible de montrer tout cela, soit avec le crayon, soit avec le pinceau, votre ouvrage serait parfait. L'expression fidèle des sentimens d'un homme, porte dans l'âme de ses semblables un charme, un ravissement dont il est impossible de se défendre.

L'homme est né pour comprendre son semblable ; soit qu'il parle, soit qu'il dessine ses sentimens, ils se communiquent nécessairement à l'auditeur ou au spectateur ; et si la transmission n'a pas lieu, c'est que le sentiment n'a pas été exprimé. Mais si nous sommes nés pour comprendre les productions du peintre, nous ne sommes pas nés pour nous faire comprendre par la peinture. Il suffit de vouloir écouter ce que le peintre raconte, pour être ému des mêmes sentimens qui l'ont agité ; mais la volonté seule est insuffisante pour exciter dans les autres les sentimens qui nous animent. Nous avons besoin, pour réussir, d'étudier les moyens qu'il faut employer. C'est un métier qu'il s'agit d'apprendre. Tout le monde a sans doute l'intelligence nécessaire pour acquérir cette instruction préliminaire et indispensable ; mais enfin il faut l'acquérir, et personne ne vient au monde avec la connaissance d'aucun métier. Il est vrai que c'est surtout dans le dessin et la peinture qu'on peut se passer de maître explicateur. Je vois que je n'ai pas reproduit l'objet que je me proposais d'imiter ; je recommence et je n'ai pas besoin d'autre juge que moi-même.

Il est inutile de rentrer ici dans ces discussions interminables qui nous ont tant de fois occupés sur la question de savoir si les explications sont nécessaires. Je trancherai le nœud d'un seul mot. J'écris pour ceux qui n'ont pas le moyen de se faire diriger par autrui, ou qui voudraient essayer de se diriger eux-mêmes.

Je n'ai pas d'autre projet que d'ajouter à ce volume, sur l'art du dessin et de la peinture, quelques observations, qui dérivent, il est vrai, de mes principes; mais je ne veux, ni les expliquer, ni les défendre. L'Enseignement universel est assez connu aujourd'hui, pour qu'il soit inutile d'en exposer et d'en proclamer les résultats. Quand je dirais que les faits ont démontré ce que j'avançais il n'y a qu'un instant, sur l'inutilité des maîtres, ceux qui ont écrit le contraire ne se rendraient point à mon assertion; et s'ils m'ont accusé autrefois de mensonge, je n'ai pas la présomption de croire qu'ils me traiteraient aujourd'hui avec moins de rigueur.

D'un autre côté, ceux qui ne doutent pas des résultats, m'accuseraient de redire ce qui a été exposé dans mes premiers volumes; ces répétitions ne trouveraient pas grâce à leurs yeux, et ils auraient quelque raison de se plaindre; n'ayant l'espérance d'être lu que par les disciples de l'Enseignement universel, je ne dois penser à écrire que pour eux. Encore je n'oserais me flatter de leur bienveillance, si je ne savais d'avance combien ils attachent de prix à mes paroles, sur un art dont je n'ai point parlé en détail dans mes ouvrages.

Avant cette digresssion, nécessaire pour faire comprendre le but de ce petit ouvrage, dont chaque lecteur est maintenant en état d'apprécier l'importance, je disais que tout homme est capable d'apprendre le métier seul et sans maître explicateur; il ne s'agit donc ici, à proprement parler, que de l'art de la peinture.

Les disciples reconnaîtront le style de la conversation dans ce qui va suivre, ils ne s'en étonneront point, ils verront bien que mon éditeur n'est que sténographe dans cette occasion. Je sais que les autres personnes se plaindront de retrouver ces divagations qui les assomment dans mes ouvrages. Mais il est, lui, excusable, puisqu'il copie une conversation. Quelle que soit cette conversation, il n'y veut rien changer et il ne le doit même pas : il sera exact, c'est tout ce qu'on a le droit d'exiger. Il ne dira point que les diciples aiment les divagations de leur maître, il est inutile d'insulter un adversaire. Comment l'insulte le ramènerait-elle, s'il croit avoir raison ? et, dans le cas contraire, il serait encore plus ridicule de compter sur un pareil moyen.

J'ai dit que nous sommes tous nés pour comprendre les ouvrages des hommes. Si donc l'artiste est ému quand il compose, son émotion passera dans mon âme. Je puis résister à l'impression que j'éprouve ; mais il m'est impossible de m'y soustraire. Je la nierai peut-être par orgueil, par envie, mais j'aurai ressenti l'impression. Je n'ai qu'un moyen d'échapper à ce pouvoir infaillible de l'art. Je puis fermer les yeux, je puis ne jeter sur ces productions qu'un regard distrait et inattentif, je puis n'écouter que mes préventions, je puis enfin mentir aux autres et à moi-même sur le jugement que je porterai. Mais tous ces efforts sont inutiles pour repousser l'impression que j'ai éprouvée :

je sais ce que j'ai senti ; le trait reste à la place où il m'a frappé. *Je suis né pour comprendre mon semblable.*

Puisque l'homme comprend son semblable, c'est à l'artiste à s'assurer, non-seulement qu'il connaît les moyens d'exprimer ses sentiments, c'est un métier ; mais encore il faut, avant tout, qu'il éprouve un sentiment. Or, sans entrer dans la métaphysique sentimentale, nous ferons observer qu'il suffit que l'artiste observe la règle de l'unité. L'amour ou la haine, avec toutes leurs nuances, plaisir ou peine, qu'il choisisse l'un de ces deux sentimens ; mais, le choix fait, qu'il ne change point.

Cette règle de l'unité de sentiment est, dans la composition pittoresque (comme dans toute autre), un guide sûr avec lequel il est impossible de s'égarer et sans lequel l'artiste marche au hasard et comme à tâtons. C'est cette règle qui l'inspire à son insu quand il va droit à son but ; c'est elle qui féconde son imagination épuisée et qui la retient dans ses écarts. Elle est sévère, mais c'est le seul juge de ses ouvrages quand ils sont terminés ; comme c'est le seul garant de l'effet que produira leur exécution quand ils n'existent encore que dans sa pensée. Il est imprudent de violer ce principe de l'art. Deux impressions contraires se détruisent ; je ne puis pas rire et pleurer en même temps, et si cette unité pouvait être sujette à quelques exceptions dans certains arts, la peinture ne saurait en admettre aucune. Le peintre, en effet, ne parle jamais que de l'évènement d'un moment, et si la joie et la douleur peuvent se succéder dans son âme, elles ne peuvent y entrer à la fois.

Mais que l'artiste ne croie pas que j'ai le projet d'établir cette règle sur des raisonnemens métaphysiques; j'admettrai, si l'on veut, que le spectateur puisse être encore plus ému par une composition sans unité, mais hardie, franche et dégagée de toute entrave, que par ces ouvrages réguliers où tout se trouve sur des parallèles insipides qui ne sauraient parler au cœur. C'est mon avis; et j'aurais été mal compris, si l'on considérait la règle de *l'unité de sentiment* comme un de ces principes de mode ou de convention auxquels on s'asservit par préjugé ou par déférence pour des productions qui ont une vogue éphémère.

Il y a deux choses à distinguer. La règle qui doit diriger (ou encore mieux qui peut aider) l'artiste dans la composition comme dans l'exécution, et la règle qui doit assurer le succès de ses productions.

Quant à la seconde, elle est plutôt la règle des juges que celle de l'artiste. Il lui est souvent impossible de la connaître. Le public change souvent de poids et de mesure à cet égard; les exemples sont là-dessus de tous les temps et de tous les siècles. Cette règle des jugemens du public s'appelle le goût; et comme le goût varie, cette règle ne peut rien régler. De plus, le goût est le goût, disent tous les livres; car tout ce qui a été répété mille fois à ce sujet, n'est pas plus clair que le mot lui-même. Si le goût du moment condamne l'artiste, il ne recueillera pas le fruit de son travail; mais il arrive quelquefois qu'il est admiré plus tard, ou réciproquement. Ayez du goût, n'est donc pas une règle pour l'artiste.

Mais *ayez un sentiment, et consultez, pour les moindres détails de votre ouvrage, l'unité de sentiment,* c'est une règle; par la raison que l'artiste peut juger, par lui-même, s'il l'a suivie dans la composition de son plan, et s'il s'en est écarté dans l'exécution. Il n'a pas besoin de maîtres explicateurs pour cela.

Ainsi, la seule règle, dans l'émancipation intellectuelle appliquée à la peinture, consiste dans l'unité de sentiment.

Il ne faut pas perdre de vue que je parle de la composition pittoresque, et que je suppose que l'on sait le métier. Il ne s'agit ici que de l'art.

Tout père qui veut que son fils apprenne le métier du dessin ou de la peinture, lui dira : Dessine, peins; voilà tout. C'est ainsi que cela se pratique dans plusieurs villages, d'après l'opinion de l'égalité des intelligences, qui sert de base à l'émancipation intellectuelle.

On a remarqué, relativement au dessin, que les premiers essais sont quelquefois des coups de maître; il y en eu a une foule d'exemples à Louvain. Ces résultats extraordinaires sont une preuve de l'opinion de l'égalité des intelligences. Si vous donnez un dessin à copier à un paysan, il peut arriver qu'il copie le modèle avec une exactitude parfaite ; il ne faut pour obtenir ce résultat qu'une constance d'attention, et une ferme volonté. Il ne s'agit point de dispositions intellectuelles. Tout le monde a l'intelligence qu'il faut avoir pour dessiner, mais peu de personnes veulent se donner la peine de regarder.

Bien faire, dès le premier essai, n'est pas rare en dessin ; c'est qu'il n'y a point de science à acquérir, point de conventions à connaître dans ce cas, tandis que presque toujours la pratique des arts exige un grand nombre de préliminaires indispensables pour réussir. La volonté suffit donc pour apprendre le métier du dessin.

Je sais que la volonté est rare ; mais la volonté n'est pas l'intelligence. L'expérience a été mille fois répétée à Louvain. Tel élève, à qui l'on donne une tête de face à copier, vous présentera une copie où il n'aura mis qu'un œil. D'après l'ancien préjugé, on déclarerait cet élève incapable de bien dessiner ; il n'a pas, dirait-on, les dispositions, il manque de moyens, c'est un être disgracié.

Ce n'est point ainsi qu'on raisonne dans l'émancipation intellectuelle. On demande à l'élève, qui n'a fait qu'un œil, si la copie ressemble à l'original ? Il répond que non. On lui demande pourquoi ? Il répond que dans l'original il y a deux yeux, et que, dans sa copie, il n'en a mis qu'un. On lui demande pourquoi ? Il se tait, il a honte. On l'encourage, et on lui dit de recommencer.

Cette marche si simple et si naturelle fait que l'élève sent à la fois sa puissance intellectuelle et sa paresse. Il recommence, et il arrive souvent que ce paresseux, poussé dans ses derniers retranchements, finit par faire usage de son intelligence. Il égale bientôt, quelquefois même il surpasse ceux qui avaient réussi dès le premier essai.

Ces résultats admirables ont été d'abord contestés avec fureur par certaines personnes ; d'autres en ont fait le sujet d'aimables et innocentes plaisanteries dans les journaux et dans les vaudevilles. Mais depuis que l'émancipation intellectuelle circule dans les campagnes, les gens des villes ont senti le besoin de rire avec plus de modération, et de se préparer une retraite glorieuse en face de l'armée émancipatrice qui inonde les villages et qui commence à menacer d'envahir jusqu'aux capitales. On a donc essayé de donner un nouveau tour à la discussion, et on demande aujourd'hui comment il est possible de donner de l'attention à un enfant.

Je vais tâcher de répondre à la question, non point pour satisfaire les savans qui l'ont faite, mais

pour aider les mères de famille qui se sont imposé
la noble tâche d'élever elles-mêmes leurs filles. Loin
de moi l'orgueilleuse prétention de rien apprendre aux savans qui parlent avec emportement, ou
aux hommes d'esprit qui sourient avec finesse
quand il s'agit de l'Enseignement universel, ni
même à ceux qui commencent à reculer en disant
avec calme qu'ils ne savent point ce dont il s'agit.
Les derniers voient peut-être arriver l'avalanche,
et cherchent à se tapir. Les seconds ne veulent pas
être instruits ; ils sentent leur supériorité d'intelligence ; ce sens intime les réjouit ; cette joie modeste n'éclate point avec fracas, mais elle se montre ingénument dans un sourire. Ce n'est pas un
rire de mépris pour l'interlocuteur, c'est un rire de
satisfaction intérieure. Cette joie est douce et pure, rien ne peut la troubler ; c'est une espèce d'in-
tuition qui donne une félicité inaltérable à un esprit qui se regarde et qui est absorbé par l'admiration qu'il éprouve en se contemplant lui-même.
J'oserais encore moins m'ériger en docteur avec
les savans que l'amour du bien passionne, et qui,
dans leurs transports, ont cru (à Louvain par exemple) qu'il était temps de tirer du fourreau le glai-
ve des lois pour frapper des maîtres d'Enseignement universel, dont les succès étaient mis impru-
demment en parallèle avec les succès qu'on obtient
dans les colléges. Je le répète donc, c'est principalement pour les ignorans, c'est pour les mères de
famille que j'écris.

Que faut-il faire pour donner de l'attention aux enfans ?

En général, pour faire acquérir de l'instruction aux enfans, il faut le concours de leur volonté. Il est donc nécessaire qu'ils soient formés à l'obéissance dès le plus bas âge. Une bonne éducation devient ainsi le garant de l'instruction. Faut-il céder aux caprices de l'enfance ? est-elle plus heureuse quand on lui permet tout ? En un mot : un enfant gâté est-il plus content que les autres ? Je n'entre point dans ces graves questions. Je me contente de faire observer que si une mère veut assurer son autorité dans l'avenir, il est prudent de plier l'enfant, dès sa naissance, à la soumission, afin de prévenir les inconvéniens de l'indocilité dans l'instruction. Je connais quelques bonnes mères qui n'ont pas le courage de contrarier leurs enfans ; et sans vouloir leur faire la leçon à ce sujet, je me contenterai de leur dire que la pratique de l'Enseignement universel devient plus difficile en raison de l'autorité qu'elles ont perdue par leur condescendance dans des occasions qui ont peut-être décidé du bonheur de leurs enfans.

Je suppose donc une mère qui joint la fermeté à la douceur, qui possède l'amour et le respect de sa fille. Cette mère peut être certaine qu'elle réussira ; qu'elle commande, elle sera obéie. Mais, dira-t-on, l'attention ne peut se commander ; c'est précisément le problème qu'il s'agit de résoudre.

En voici la solution générale *faites parler l'enfant*. Quels que soient les objets de ses études, la règle est unique et sans exception ; de plus, le résultat est infaillible ; et, pour ne point nous écarter du sujet que nous traitons, je supposerai qu'il s'agit de copier un dessin. Il est dangereux de donner à l'enfant des explications sur les mesures qu'il doit prendre avant de commencer son ouvrage, et sur les moyens qu'il doit employer pour arriver à son but. Le danger consiste dans le préjugé qui pourrait naître en lui, relativement à l'incapacité de son intelligence et au besoin de secours étrangers pour réussir. Mais si ces explications sont dangereuses, il est encore plus certain qu'elles sont inutiles. L'enfant peut tout voir et tout imiter. Vous le mettrez donc de suite à l'ouvrage, sans préliminaires ; cependant, si vous doutez de sa volonté, si vous vous défiez de son attention, il ne sera pas inutile de prendre, avant d'exiger qu'il dessine, une précaution au moyen de laquelle vous fixerez, pour ainsi dire, malgré lui, son attention. Voici comment : quelques jours avant de lui mettre le crayon à la main, donnez-lui le dessin que vous vous proposez de lui faire copier, et dites-lui de le regarder et de vous en rendre compte *en parlant*. L'enfant docile *parlera*, puis qu'on l'exige, il n'oserait pas se refuser à dire au moins : Cette tête est jolie, par exemple. Vous devez vous contenter de ce petit discours, pour la première fois. Cependant vous mettez de nou-

veau sous les yeux de l'élève le même objet ; il
doit regarder encore et *parler* en redisant ce qu'il
a déjà dit, et ainsi de suite. La répétition de ces
exercices, auxquels l'enfant ne peut se soustraire,
le force à être attentif ; et s'il a eu de l'attention,
il a vu ; s'il a vu il peut imiter. L'enfant sentira
qu'il le peut, et sa première imitation sera beaucoup moins défectueuse qu'elle ne l'eût été sans
cette précaution.

S'il s'agit d'une personne élevée dans l'Enseignement universel, mais qui n'aurait jamais des-
siné ; donnez-lui le modèle pour sujet d'une composition sur *l'art*. Dès que cette composition sera
faite et justifiée (conformément aux règles qu'on
trouve dans mes ouvrages), l'élève sera disposé
à copier ce qu'il connaît maintenant dans les plus
petits détails.

Mais revenons à la mère qui veut commencer
par l'Enseignement du dessin. L'attention est nécessaire, il est vrai, mais nous venons d'indiquer
un moyen facile de l'obtenir. Rien de si aisé que
de faire *parler* un enfant. Cependant il lui est impossible de *parler* de ce qu'il n'a pas vu ; il n'a
pas pu voir ce qu'il n'a pas regardé ; ainsi, forcer à parler ou forcer l'attention, c'est la même
chose.

Je profite de cette occasion pour développer un
des axiomes de ma méthode : *Savoir n'est rien,
faire est tout*. J'ajoute : *parler* est la meilleure
preuve de la capacité de faire quoi que ce soit.

En effet, je n'emploie pas d'autre moyen quand je veux qu'un élève apprenne ce que le maître ignore. J'exige que l'élève parle de la chose dont il s'agit. Cette méthode, à la portée du plus ignorant, repose sur l'opinion de l'égalité des intelligences. En effet, *l'élève peut*, voilà le principe; donc il suffit qu'il veuille. Or, pour m'assurer qu'il a voulu, j'exige qu'il parle. Il me serait impossible, dans bien des cas, de prononcer sur les défauts de l'ouvrage qu'on me présente, mais il m'est bien facile de voir dans les yeux, dans les gestes, dans le ton de celui qui parle, s'il a été attentif. Je juge de l'intérêt qu'il a mis à regarder, par l'intérêt qu'il met dans son discours; et si je m'aperçois qu'il a voulu, je suis tranquille. Ce qu'il a manqué aujourd'hui, il le redressera demain. C'est ainsi que j'ai formé des improvisateurs dans des langues dont je n'entendais pas un mot. Parlez, je verrai bien à votre accent si vous avez travaillé avec ardeur; et dès que je n'aurai plus de doute à cet égard, je serai certain de vos succès.

Telle est la solution de ce problème : trouver les moyens de donner de l'attention aux enfans. J'ajoute que *parler* est de tous les exercices le plus importans; et celui qui apprend seul, quoi que ce soit, fera très-bien de se parler à lui-même de l'ouvrage qu'il veut faire, de se donner tout bas des explications de ce qu'il remarque et d'observer sans cesse, afin d'avoir toujours quelque chose de nouveau à se dire. De cette manière, il n'est personne qui ne puisse apprendre le métier du dessin et de la peinture.

Cependant, quelque pénible qu'il soit d'apprendre un métier, personne ne vous admirera si vous ne possédez pas l'art de plaire. Que faut-il faire pour plaire, pour émouvoir, pour attendrir ? nous l'avons déjà dit : il faut ne s'écarter jamais (dans ses compositions) *de l'unité du sentiment.*

Mais comment faire observer à son élève cette règle de l'unité ? Une mère incapable de composer elle-même en dessin, en peinture, etc., etc., pourra-t-elle expliquer à son élève les moyens qu'il faut prendre pour suivre cette règle ?

Ceux qui feraient cette question n'auraient pas compris ce que j'ai dit, ou bien ne voudraient pas avouer qu'ils l'ont compris. Je répéterai sans cesse, pour les uns et pour les autres, que les explications sont inutiles et par conséquent dangereuses.

La mère fera parler son enfant, voilà tout.

Pour vous asssurer que votre élève apprend un métier, faites-le parler sur les ouvrages des autres; faites-le parler sur ses propres ouvrages.

Pour vous assurer que votre élève a saisi l'art d'un ouvrage humain, faites-le parler ; qu'il parle encore sur l'art de ses propres productions; et, pour ne pas sortir de notre sujet, qu'il parle de l'art qu'il a eu l'intention de mettre dans ses dessins, dans ses peintures.

L'élève doit parler de l'art qu'il aperçoit dans les

productions des autres. Nous allons nous expliquer par un exemple. Voyez ce tableau du Poussin, comprenez-vous ce beau discours ? traduisez-le dans votre langue maternelle.

On aperçoit un cadavre porté par deux hommes ; c'est le corps d'un citoyen illustre ; d'un général qui défendit sa patrie. Ce sont deux esclaves qui le portent dans un tombeau, qu'on aperçoit à l'écart, ce monument est couvert de plantes qui croissent au milieu de ses ruines. Cependant un laurier est auprès, mais les branches languissent et se traînent dans la poussière. Plus loin, voilà un berger indifférent à ce qui se passe ; il est appuyé sur sa houlettte, il ne pense point à ce triste spectacle ; on dirait qu'il ne sait pas que c'est le corps de Phocion qui est porté par ses esclaves. Plus loin de cette scène, des laboureurs conduisent leur récolte à la ville ; ils ont l'air tranquille ; mais encore plus loin je vois une scène de gaîté, des villageois assis sur le gazon, font retentir les échos de leurs chansons, et cependant les deux esclaves cheminent tristement vers le tombeau de Phocion. Cette scène lugubre est sur le premier plan, tout le reste du tableau paraît étranger à ce que j'y vois. Quel discours sur le peuple d'Athènes ! quel sujet de réflexion sur tous les peuples ! quelle *unité de sentiment !* comme tous les contrastes y ramènent sans cesse notre pensée !

Plus l'élève regardera, plus il verra, plus il pourra parler sur l'*unité du sentiment ;* chaque détail de l'ouvrage lui fera faire des réflexions sur notre règle ; de cette manière , il apprendra à l'observer lui-même dans ses compositions pittoresques.

Sans doute que plus d'un lecteur va se récrier ; on ne manquera pas de nous dire : comment savez-vous que le Poussin a pensé à toutes ces chimères de votre imagination ? à quoi peut servir une règle qui repose sur d'aussi gratuites suppositions ? L'artiste avait probablement un plan , mais comme peintre et non comme orateur. La poésie , dit Horace , ressemble à la peinture , mais il ne dit pas que la peinture ressemble à la poésie ; et quoiqu'un poëte pût à la rigueur faire un récit assez intéressant , d'après le canevas que vous avez tracé , il ne s'ensuit pas que le peintre doive s'astreindre aux règles de la poésie.

Eh bien ! pour éviter les discussions que je redoute, et qui ne mènent à rien depuis vingt ans, au sujet de l'Enseignement universel , supposons que les peintres n'observent jamais cette *unité de sentiment* que nous avons cru reconnaître dans le tableau de Poussin ; supposons que l'artiste n'ait songé à rien de ce que nous lui avons attribué , et que l'ouvrage soit beau parce'qu'il est beau , parce que le goût l'approuve ; il ne serait pas encore exact de dire que ma règle n'est bonne à rien. On m'accordera , sans doute , qu'il est utile que l'élève regarde ; et que pour le forcer à regarder, il convient de le forcer à parler. Or, pour l'encourager à parler, il n'est pas mal de lui indiquer un point de vue particulier sous lequel il ne tient qu'à lui d'envisager l'objet de son étude. Ainsi, dites à votre élève : parlez de l'*unité de sentiment*. Je ne prétends point qu'il faille lui imposer mon opinion à ce sujet. Je dis simplement que tout homme peut demander à son fils, si l'unité de sentiment a été observée dans tel ou tel tableau. Je crois que cette question anime l'attention qui sait où prendre ; c'est un guide à travers une immensité de détails qui appellent tous nos regards et se les disputent. Souvent, après avoir tout regardé, on n'a rien vu. Voilà pourquoi les maîtres sont nécessaires, voilà pourquoi ils sont inutiles. Ils sont nécessaires à celui qui a un but en regardant. Il observe une chose, et il y rapporte toutes les autres sous un point de vue quelconque. L'élève n'est point obligé de soutenir que la règle de l'*unité de sentiment* est la vraie et l'unique règle dans les arts ; mais il fera bien de vérifier ce principe, et quelle que soit la conséquence de ses observations, peu importe ; il aura été obligé de regarder pour dire son avis ; et en regardant il s'instruira infailliblement. Du moins, telle est mon opinion ; tel est le conseil que je donne aux mères ; en un mot, voilà la méthode.

L'élève ne doit pas juger les ouvrages des grands artistes d'après les règles des livres ; mais il doit deviner ces prétendues règles dans les productions de l'art. Ni en fait de style oratoire, ni en musique, ni en peinture, personne n'a connu les règles

avant l'ouvrage. On a parlé, on a écrit, on a chan-
té, on a peint d'abord ; puis, ceux qui (par pa-
renthèse), ne pouvaient se distinguer par la pratique de ces arts, se sont établis législateurs ; ils
ont porté des lois qu'ils n'avaient jamais suivies
eux-mêmes. En général, les lois ont été rédigées
par des gens du métier, à la vérité, mais non par
des artistes. Cette remarque est généralement applicable aux grammaires, aux solfèges, aux traités
explicateurs.

Ma règle est beaucoup plus simple que toutes
les autres ; de plus elle n'annonce aucune prétention. Je ne dis pas ce qu'il faut faire, je l'i-
gnore : je ne dis point ce que l'élève doit dire de *l'unité de sentiment*, je l'invite seulement à en parler. S'il parle, c'est une preuve
qu'il a regardé, et s'il regarde, il verra ; voilà le
bienfait. Cela ne coûte rien, tandis que jusqu'à ce
jour, les leçons de compositions en tout genre ont
été aussi chères que peu fructueuses.

Ajoutons encore au sujet de *l'unité de sentiment*
quelques réflexions : on pourrait dire que je
suppose un fait évidemment contredit par l'expérience de tous les jours, soit en musique, soit
en peinture. On fait (notamment en Italie) de la
musique charmante où il n'est pas question de
l'unité de sentiment ; on pourrait ajouter qu'il y a
des tableaux admirés de tout le monde, quoique
notre règle prétendue n'y soit pas observée. Cette
musique plaît par elle-même ; c'est une succes-

sion mélodieuse qui nous enchante ; ces tableaux nous attachent malgré nous ; c'est un mélange de couleurs qui nous touchent sans que nous puissions dire pourquoi. L'amour comme la haine existent souvent au fond de notre âme, et nous serions fort embarrassés d'en trouver la cause. *Je ne l'aime point* (disait Martial à une femme), *je ne sais pas pourquoi ; tout ce que je sais, c'est que je ne l'aime point.* De même, une production de l'art, d'après le règles, peut nous déplaire ; une autre nous plaira, quoique les règles aient été violées.

Je répéterai ce que j'ai déjà dit : ceux qui me feraient cette objection ne m'auraient pas compris. Je ne soutiens pas une thèse. Il ne s'agit pas de savoir ce qu'il *faut* faire pour réussir dans les arts ; personne n'a besoin de mes leçons pour cela ; le cœur le lui dira : c'est le meilleur des maîtres. Mais dis ce qu'on *peut* faire pour s'instruire soi-même, sans explicateurs. Regardez ce tableau, cherchez-y *l'unité de sentiment*, et parlez ; dites ce qu'il vous plaira, mais parlez ; et si, après avoir réfléchi sur cette règle, vous me faisiez *de vous-même* les objections que je viens de rapporter, ou mille autres, je serais contens. Pour combattre *l'unité de sentiment*, il faut avoir regardé attentivement ; or, en regardant, vous apprendrez : le maître ne doit pas avoir d'autre but. Je prie les lecteurs de remarquer que je veux que l'élève fasse ces objections *de lui-même*, au-

trement il répéterait comme un perroquet la leçon qui lui aurait été donnée ; j'ajoute qu'il est
nécessaire que ces objections lui viennent à la
pensée en regardant un tableau dans tous ses
détails ; car dans l'Enseignement universel tout
ce qu'on dit doit être basé sur des faits qu'*il faut
montrer*. Voilà la méthode , elle n'est pas explicatrice : c'est en cela surtout que consiste le
bienfait.

Me voilà (je l'espère) , après cette explication , dispensé de répondre à toutes les objections
qui ont été faites contre l'Enseignement universel ;
c'est l'expérience qui apprendra aux mères si leurs
enfans sont capables de regarder un tableau sous
le point de vue de *l'unité de sentiment ;* c'est l'expérience qui fera connaître si celui qui sait regarder un ouvrage de l'art , apprend en l'admirant à
l'imiter. *Et moi aussi je suis peintre* , ne peut guère signifier autre chose que : je comprends l'artiste , je vois les moyens qu'il a employés , je devine
son but , je sens ce qu'il veut dire. Et moi aussi j'ai
une âme , j'ai des sentimens à communiquer à mes
semblables. *Et moi aussi je suis peintre ,* veut dire,
et moi aussi je *serai* peintre quand il me plaira , je
saurai le métier quand je voudrai , mais l'art est en
moi ; cet art que j'admire dans le discours écrit sur
cette toile , cet art je le sens ; c'est une langue que
je comprends ; je puis apprendre à la parler ; *je
suis peintre*.

Mais n'oublions pas qu'on nous fera l'objection

que tout homme n'a pas d'âme. On accorde que la connaissance du métier est à la portée de tout le monde ; mais on se récrie quand nous osons compter sur l'égalité des âmes.

Il est vrai qu'on dit dans l'Enseignement universel que tout homme ayant une âme est né avec de l'âme. On croit, dans l'Enseignement universel, que l'homme sent la peine et le plaisir, et qu'il ne tient qu'à lui de savoir quand, comment, dans quelles occasions et par quel concours de circonstances il a éprouvé cette peine ou ce plaisir. Il peut rechercher ce plaisir quand il sait où il le retrouvera ; il ne peut fuir cette peine, s'il ignore ce qui l'a produite en lui. Bien plus, l'homme sait qu'il y a d'autres êtres qui lui ressemblent, et auxquels il pourra communiquer les sentimens qu'il éprouve, pourvu qu'il les place dans les circonstances auxquelles il doit ses peines et ses plaisirs. Dès qu'il connaît ce qui l'a ému, il peut s'exercer à émouvoir les autres s'il étudie le choix et l'emploi des moyens de communication ; c'est une langue qu'il doit apprendre.

Mais quand tout cela serait faux, quand même l'élève n'aurait pas d'âme, il est au moins certain que sa mère peut lui dire : Regarde, pense à *l'unité de sentiment*, et parle ; il est au moins certain qu'il apprendra quelque chose, qu'il l'apprendra sans argent. Voilà le bienfait ; et il y a long-temps que je l'ai dit : *L'Enseignement universel n'est rien, c'est tout bonnement un bienfait.*

Ainsi on *peut* comprendre la peinture en étudiant les ouvrages de l'art sous le rapport de *l'unité de sentiment* ; ajoutons que cette *unité de sentiment* peut servir de guide au jeune artiste qui veut s'évertuer à composer lui-même.

Vous disiez tout à l'heure (me crient ceux qui objectent avant d'écouter) que la peinture est une langue ; or, une langue doit raconter ce qui est ; il s'agit donc d'imiter la nature : voilà la règle ; il n'y en a pas d'autre.

D'abord, je n'ai pas avancé qu'il ne faut pas imiter la nature ; je ne prétends pas qu'il faut se borner à l'imiter ; je courrais le risque d'être brusquement interrompu par d'autres exclamations sur la froide sécheresse de mon exactitude monotone et compassée. Je n'ai rien dit de tout cela ; mais j'ai recommandé au jeune peintre de prendre pour guide *l'unité de sentiment* ; elle lui fournira une infinité de pensées qu'il n'aurait peut-être pas eues. Qu'il imite la nature , direz-vous. Mais la nature est infinie. L'aspect d'un site attire l'attention de l'élève ; mais il lui est impossible de peindre *tout* ce qu'il voit. Il faudra donc qu'il choisisse , et voilà la règle de l'imitation en défaut. Comment choisira-t-il ? Je le répète ; il peut choisir d'après la règle de *l'unité de sentiment*. Le site dont je parle aura produit sur l'artiste une impression profonde ; il a des pensées sombres ou agréables au premier aspect ; mais , peu à peu , et à mesure qu'il s'appe-

20

santit sur les détails, les sensations contraires se
succèderont peut-être dans son âme. Là, tout res-
pire une délicieuse fraîcheur, la végétation est
riante, des groupes d'arbres touffus semblent inviter à se reposer sous leur ombrage ; mais, au
milieu de ce groupe, j'aperçois les derniers restes
d'un arbre mort, un tronc sans écorce, d'énormes
racines l'attachent encore un peu à la terre, mais
il languit, il se dessèche, il va tomber sur les fleurs
qui l'environnent. Enfin, mille autres contrastes
peuvent s'offrir aux yeux du peintre dans l'infinie
variété de la nature. Que fera-t-il ? comment choisira-t-il ? qui le guidera dans le choix qu'il doit
faire ? copiste exact de la nature, rendra-t-il tout
ce qu'il voit ? n'omettra-t-il rien de ce qui l'a ému,
s'il ne pense pas à l'émotion qu'il a éprouvée ?
pourra-t-il la faire passer dans notre âme, si, dans
l'exécution, il ne s'attache point aux moyens que
l'art lui fournit pour attirer notre attention où il
lui plaît.

Ces réflexions nous conduisent à faire remarquer que *l'unité de sentiment* peut diriger l'artiste
non-seulement dans la composition du sujet, mais
encore dans l'exécution. C'est cette unité à laquelle il pense toujours qui lui indique ce qu'il doit né-
gliger, ce qu'il faut indiquer, ce qu'il faut faire
valoir par dessus tout.

L'exécution ne consiste pas à faire une chose,
mais à la faire dans un certain but. Celui qui exécute sans faute un morceau de musique, a sans

doute travaillé long-tems pour acquérir cette capacité ; mais il ne possède encore qu'un métier. Il
faut pour être artiste que cette exécution parle à
l'âme des auditeurs. On exige ce talent dans l'exécution du peintre. Tout peut être bien exécuté
dans un tableau qui n'aurait aucun sens , si *l'unité
de sentiment* n'a pas présidé à l'exécution. Le peintre connaît son métier à fond ; les grammairiens
de la peinture ne trouvent rien à reprendre dans
son ouvrage ; mais le public , je veux dire les ignorans (comme moi) qui ne connaissent pas les règles et qui ne savent que sentir, ne comprendront
rien à ce chef-d'œuvre d'après les principes. Expliquons-nous par un exemple : Ulysse va consulter le chêne de Dodone ; voilà le sujet qu'il faut
peindre. Un jeune homme sera fort embarrassé
sans doute pour composer ce tableau. Il ne s'agit
pas ici d'un chêne en général , c'est le chêne de
Dodone qu'on a demandé. Ce chêne n'a jamais été
vu par aucun des concurrens ; et, dans ce cas, l'imitation de la nature devient une règle fort peu
utile aux élèves qui se présentent au concours.
Mais ils pourront trouver un guide dans *l'unité de
sentiment* ; ils penseront à Ulysse (le sage ou l'artificieux). Ce spectacle, créé par leur imagination, produira sur eux un sentiment quelconque.
Supposons qu'ils s'intéressent à ce héros. Voilà l'unité trouvée ; et il ne tient qu'à eux de tout coordonner à cette idée. Il faut qu'ils y pensent quand
ils donnent au chêne ses dimensions et sa forme ,

il faut qu'ils y pensent pour y rapporter tout ce que
la tradition fabuleuse dit de cet arbre fameux sur
l'heure et la manière dont il rendait ses oracles ; il
faut choisir, d'après cette unité, dans les particularités relatives à Ulysse, à ses mœurs, à ses vêtemens, à ses armes, celles qui sont le plus propres
à exciter le sentiment qu'on veut communiquer.
En un mot, pour parler le langage de l'Enseignement universel, il faut que tout ce qu'on mettra
sur le tableau *se rapporte à l'unité de sentiment* qu'on
a choisi. Le jeune artiste tâchera de connaître
l'histoire d'Ulysse et le chêne de Dodone. La connaissance du métier suffit pour faire un homme et
un chêne ; mais il faut être artiste pour m'intéres-
ser en faveur d'Ulysse qui consulte le chêne de Dodone. Enfin, cet intérêt doit être *un*. Ce sera, si
vous le voulez, un grand homme faisant un acte de
religion, ou bien un acte de religion rempli par
un grand homme ; mais il faut (du moins d'après
notre règle) que, par exemple, dans le premier
cas le sentiment qu'inspire la présence d'un grand
homme domine et préside à tous les détails. Ainsi, prenez garde que votre chêne n'écrase le héros sous ses branches épaisses *dont il entoure le
voisinage* ; autrement il n'y aura plus *d'unité de
sentiment.*

Je n'en dirai pas davantage sur l'art de l'exécution ; parlons un peu du métier de l'exécution.

Peut-être m'accusera-t-on de redire sans cesse les mêmes choses, mais c'est la faute de la

méthode que j'expose et non la mienne. Cette méthode est invariable : *apprendre quelque chose, et y rapporter tout le reste.*

Donnons un exemple : supposons un concours dont le sujet consiste, chaque année, à faire un arbre. L'élève doit donc apprendre à faire les arbres, s'il veut s'inscrire au nombre des concurrens ; dans ce cas, il faut se préparer à *exécuter* un arbre ; mais quel sera l'arbre demandé ? sera-ce un chêne, un hêtre, un noyer, un châtaigner ? L'élève doit les connaître tous et posséder mille *exécutions* différentes ; que fera-t-il ? il apprendra un arbre et il y rapportera tous les autres. Voilà la méthode.

Mais il ne peut pas oublier que savoir un arbre ne signifie pas le connaître, à peu près comme les leçons que nous apprenions autrefois dans les colléges. Il est nécessaire d'en posséder l'ensemble et les détails. Quel est le caractère qui le distingue des arbres d'une espèce différente ? Pourquoi ne ressemble-t-il pas à tous les arbres de son espèce ? Or, la vue de cet arbre que vous étudiez produit sur vous une impression quelconque ; remarquez donc le sentiment que vous éprouvez, car c'est un sentiment qu'il faudra produire sur l'âme du spectateur ; quand vous peindrez l'exactitude des dimensions, la vérité des couleurs, tout cela est nécessaire, et cependant tout cela n'est rien. Il faut que votre arbre dise quelque chose, et que dira-t-il aux autres, s'il ne vous a rien dit à vous-

même ? En voyant votre peinture , on admirera
peut-être votre science , mais chacun pensera en
silence et répétera tout bas : Cet arbre ne me dit
rien.

J'entends d'ici le chœur des partisans de l'inégalité des intelligences s'élever contre une méthode qui suppose , sans le prouver, qu'un arbre parle
à l'âme de tous les hommes. Il est vrai que je ne
le prouve pas : il m'est même impossible de le
prouver, car c'est une opinion de ma part , et la
vérité seule peut se démontrer. Voilà pourquoi
mes adversaires ne démontrent pas non plus ce
qu'ils avancent ; ils sont dans le même embarras
que moi ; je pense qu'ils croient ce qu'ils disent ,
mais ils sont loin d'en être certains. Il en est
de cette question comme de mille autres ; la vérité n'est nulle part ; aussi se fâche-t-on à qui
mieux mieux. Il est évident , diront-ils , que les
hommes diffèrent par l'organisation de la vue , et
que par conséquent un arbre ne parle pas le même
langage à tous les yeux. Ce chêne vous plaît ; eh,
bien ! il déplaît à un autre. Cet arbre réveille en
vous tel sentiment, et je reste froid en le regardant.
Evertuez-vous à me communiquer, à son sujet, les
sentimens qu'il vous inspire, vous ne réussirez certainement pas à produire avec l'arbre de votre fabrique une émotion que l'arbre de la nature n'a pu
me donner en personne. Ainsi , puisque notre organisation est différente, nous n'avons pas les mêmes sentimens à la vue des mêmes objets; donc le

récit de vos sentimens est inintelligible pour moi, et toute votre éloquence pittoresque est de l'éloquence perdue ; vous useriez en vain vos pinceaux et vos couleurs.

Essayons de répondre sans nous fâcher à cette objection qui nous a été faite de bonne foi. En général toutes les objections que l'on peut faire contre une opinion sont toujours difficiles à détruire complètement, et cela doit être. Pourquoi ? c'est qu'elles attaquent une opinion, et que la vérité seule n'a point d'objections à redouter. Quand je m'amuse à rire de l'opinion de l'inégalité des intelligences, j'ai souvent été témoin de l'embarras où se trouvent les interlocuteurs. Plusieurs de ces champions de l'inégalité m'ont dit à moi-même que je les écrasais du poids de mes raisonnemens, et presque tous faisaient honneur de leur défaite à la supériorité de mon intelligence. C'est une erreur ; le triomphe vient, dans ce cas, de ce qu'on peut toujours trouver une infinité de raisons contre une opinion. Les antagonistes me disaient encore, qu'à peine étaient-ils hors de ma présence il leur venait à l'esprit mille réponses aux raisons dont je les avais accablés. Cela doit être encore ; car s'il n'y avait rien à répliquer à ce que je dis, l'égalité des intelligences ne serait plus une opinion, mais une vérité. Après ce préambule, abordons l'objection.

1° L'organisation intellectuelle est différente d'individu à individu. Réponse : Hippocrate dit oui et Galien dit non. Entre eux le débat : quand les médecins seront d'accord, nous examinerons l'opinion unanime qu'ils professeront ce jour-là. M. Broussais pense que *la vérité et l'évidence sont à la portée de toutes les intelligences* ; ce sont ses termes. D'autres médecins ne partagent pas cet avis ; nous attendrons. Mais, tout en attendant, nous nous contenterons de faire remarquer que tel est le caractère qui distingue la vérité de l'erreur, c'est la contradiction. S'il était vrai que *la vérité et l'évidence fussent à la portée de toutes les intelligences*, notre cause ne serait pas si mauvaise qu'on le dit communément. Car la vérité qui est à ma portée, serait à la portée de mon voisin ; toutes les vérités que j'aurais vues, je les lui exposerais, et il pourrait les comprendre ; et si, par hasard, il ne les comprenait pas, ce serait sa faute. Les vérités physiques, métaphysiques, mathématiques, étant à la portée de tous les élèves, j'aurais déjà raison, sous ce rapport, de me plaindre de leur mauvaise volonté. Mais, je l'avoue, je ne suis pas *certain* que la *vérité et l'évidence sont à la portée de toutes les intelligences* ; je le *crois*, c'est mon opinion, et j'agis en conséquence. Je sens bien qu'on peut m'objecter, ainsi qu'à M. Broussais, que les yeux des hommes ne sont pas tous organisés précisément de la même manière, et que par conséquent les vérités qui passent par ces yeux différens ne sont pas à la portée de toutes les intelligences. J'ignore ce que répondrait M.

Broussais ; quant à moi , il me semble que telle vérité peut être visible , à la portée de l'intelligence des aveugles , qui pourtant ne la connaîtront jamais. Cela veut dire que si l'aveugle avait mes sensations , il a , comme moi, la faculté de les combiner et de saisir les rapports qui en dérivent. Cette faculté est lamême.

2° Une faculté qui ne peut pas faire n'est pas une faculté , et comme l'aveugle ne peut pas voir faute d'yeux , il ne pourrait pas voir quand même on abattrait la cataracte.

Réponse. je pense que cette objection n'est pas faite sérieusement.

3° S'il y a des hommes qui n'ont pas d'yeux , il y en a qui en ont de mauvais , donc ils ne voient pas les objets comme nous ; donc ce qui est à la portée de notre intelligence , n'est pas à la portée de la leur.

Réponse. Ces hommes-là sont des exceptions , et je conseille à tous les fescurs de bonnes méthodes d'y rêver. Ceci ouvre un vaste champ à leurs méditations. Il ne faudra plus dire désormais : voici une méthode que je trouve bonne , moi faiseur ; si par hasard , il se trouve sur toute la terre un être précisément organisé comme moi , il la trouvera bonne aussi, et c'est pour lui que je l'ai faite. J'avoue qu'elle ne vaut rien pour tout autre ; je n'ignore pas que deux feuilles du même arbre ne se ressemblent pas , et que par une conséquence évidente (au moins pour moi) , deux hommes diffèrent nécessairement ; ainsi , je ne puis pas savoir si mon semblable existe. Ce que je sais, d'une manière certaine , c'est que tous mes confrères les méthodistes ne me ressemblent pas ; car chacun d'eux trouve sa méthode bonne , et moi je les trouve toutes détestables , excepté la mienne.

Je renverrai donc encore la discussion de la troisième objection à la société des bonnes méthodes , et je ne doute pas qu'il sera reconnu , par l'arrêt rendu à l'unanimité sur cette matière importante , que *la vérité et l'évidence sont à la portée de toutes les intelligences*. Et , si la faculté de médecine ne comprend pas encore une partie des vérités physiologiques, il faudra bien croire qu'elle n'a pas encore voulu les comprendre.

On pourrait ajouter que si *la vérité et l'évidence ne sont pas à la portée de toutes les intelligences* , il faut cesser toutes discussions ; à quoi bon parler, si nous ne pouvons nous entendre sur rien. L'intelligence dépend-t-elle de l'organisation ? n'en dépend-t-elle pas ? Questions oiseuses , si ces vérités ne sont pas à la portée de toutes les intelligence qui les discutent. *Soyez de bonne foi* , disent à leurs adversaires tous les partisans de tous les systèmes ; recommandation ridicule , si la bonne foi dépend de l'organisation. Et ne dites pas qu'il y a certaines vérités , certaines évidences , qui sont à la portée de toutes les intelligences, car je vous prierai de nous en donner la liste , et vous verrez que vous ne vous entendrez pas plus à ce sujet. Il est très-aisé de bavarder sur ces matières, et c'est ce qui prouve que l'homme n'a à cet égard que des opinions.

Le genre humain aurait fait un grand pas, vers le perfectionnement dont il se vante, le jour où l'on serait d'accord sur le classement des propositions en *vérités* et en *opinions*. Ce jour-là, il n'y aurait plus de disputes ; ce serait l'âge d'or. Plus de bûchers pour brûler les opinions ; plus d'aigreur, plus de sarcasmes, plus de réticences, plus calomnies, pour faire triompher une opinion particulière. On ne s'occuperait qu'à régler sa conduite d'après les *vérités* inscrites au catalogue de la portée des intelligences humaines ; on aurait assez à faire. On n'a pas trop de tout le temps de la vie pour cela. J'ai l'opinion que ce perfectionnement n'arrivera jamais : il serait à désirer, pour le bonheur des hommes, que cette opinion fût une erreur, mais malheureusement ce n'est ni une vérité ni une erreur, c'est une opinion. Il n'y a rien de démontré là-dessus ; et, comme il y a un assez grand nombre de vérités reconnues, il vaudrait mieux se perfectionner en les pratiquant aujourd'hui, qu'en parlant à tort et à travers du perfectionnement probable, résultat incertain de discussions infinies.

Si par hasard ce jour de perfectionnement arrivait, on serait meilleur, on serait calme et tranquille comme la raison ; mais ce calme plat serait bien insipide. Il n'y aurait plus de plaisir, on ne

disputerait plus , on ne se haïssait plus , on ne s'é-
gorgerait plus pour des *opinions*. Chacun se con-
formerait aux vérités reconnues pour être à la portée de toutes les intelligences. On n'entendrait
que ces mots prononcés à demi-voix : C'est vrai ;
ou bien : C'est une opinion. Quelle agréable conversation !

De tous les peuples de la terre, les Français
sont le plus près de cette bienheureuse perfection,
du moins, c'est mon opinion. Il est vrai que le
peuple français est le peuple *parleur* par excellence ; et , en cela d'abord , il est dans la méthode,
dont le principal exercice consiste à *parler*, comme
je le disais tout à l'heure. Toute la France, au
moment où j'écris, parle, parle et parle de l'Enseignement universel. Peu d'entre les savans qui
parlent, savent ce dont il s'agit , et c'est précisément ce qui fait leur éloge. Ils parlent pour
rire , pour jouir du plaisir de la conversation , de
même qu'on se promène pour le pur agrément de
la promenade. On sait bien qu'on ne va nulle part ;
mais on se remue, on agite ses jambes , et ce mouvement est utile à la santé; de même, on parle pour
parler, pour dégourdir sa langue, et quand on a
fini ses phrases, ou sa promenade , on n'y pense
plus. Aussi , dans ces discussions des savans fran-
cais , on retrouve dans les discours un air de légèreté qui semble dire : Je me promène , je n'ai pas
de but fixe , n'allez pas croire que j'attache de l'importance à ce que je dis ; c'est mon journal que je

rédige, je fais ma *Revue*, je jette mes idées sur l'Enseignement universel : je les arrange comme elles se présentent, je ne sais pas ce dont il s'agit, je ne me soucie pas de le savoir ; je jase, je chante, je suis frondeur, mais j'effleure sans approfondir. Les Allemands étudieront la chose, et si jamais j'entends parler de leurs rêveries à ce sujet, j'en parlerai encore, le tout sans tirer à conséquence ; je le mettrai dans ma *Revue*.

Voilà la véritable philosophie. Les savans français n'ignorent pas que les opinions ne méritent pas une discussion sérieuse ; ils jouissent du plaisir de la parole sans trop compter sur l'effet de leurs discours. Un ministre trompe-t-il son maître ? si c'est une vérité qui n'est peut-être pas à la portée de toutes les intelligences, il faut donc en rire, et le *Voleur* et *Figaro* en font des gorges-chaudes ; mais le lendemain, on n'y pense plus, on parle d'autre chose, on fait un autre tour de promenade, on rencontre la cuisinière du fondateur, on en rit, et ce pauvre inventeur a les honneurs du ridicule, comme un ministre d'état. Heureux peuple ! où les journalistes plaisantent sur tout, et, dans les discussions les plus sérieuses, trouvent toujours le petit mot pour rire.

Mais cet éloge nous entraîne trop loin. Revenons à la fameuse objection.

4° L'arbre (car c'est d'un arbre qu'il s'agit, on pourrait aisément l'avoir oublié ; mais, nous autres Français, nous n'avons pas l'intelligence de rester dans un sujet ; il faut que nous divaguions : c'est notre allure.)....

.... L'arbre réveille en vous tel sentiment, et je reste froid en le regardant. Evertuez-vous à me communiquer à ce sujet les sentimens qu'il vous inspire, vous ne réussirez certainement pas à produire avec l'arbre de votre fabrique une émotion que l'arbre de la nature en personne n'a pu me donner.

REPONSES

PREMIÈRE RÉPONSE

Qui prouve trop, ne prouve rien. Or, cette objection tend à prouver qu'il n'y a point d'art qu'on appelle peinture. En effet, Raphaël n'est pas moi, il n'est pas organisé comme moi, il n'éprouve pas les sentimens que j'éprouve, il ne peut pas me communiquer les siens, et il ne peut pas me rappeler les miens, car il les ignore. Les moyens qu'il emploiera ne produiront de l'effet sur moi que par hasard, et, dans ce cas même, moi seul je serai ému, tous les autres hommes resteront froids à la vue de l'émotion que j'éprouve ; je leur semblerai fou, et Raphaël aussi.

SECONDE RÉPONSE.

Non-seulement un artiste qui a la prétention de nous parler avec ses pinceaux, est un insensé qui croit que les hommes lui ressemblent, mais il est même impossible aux artistes de se parler entre eux. Michel-Ange n'est pas organisé comme Raphaël ; donc ils ne se comprendront pas. Michel-Ange fera un roman auquel Raphaël n'entendra rien, et Michel-Ange ne reconnaîtra pas, dans les tableaux de Raphël, la nature telle qu'elle est pour lui, d'après l'organisation particulière de ses yeux ; et comme il n'y a pas deux paires d'yeux identiques, deux cerveaux qui soient les mêmes, et que par conséquent toutes les intelligences sont différentes, c'est une mauvaise plaisanterie que de s'obstiner à peindre la nature. Chacun parlera la langue particulière de son cerveau particulier. Quelle confusion !

TROISIÈME RÉPONSE.

L'arbre fabriqué par un peintre ne peut pas, dit-on, produire une émotion que l'arbre de la nature lui-même n'a pas su inspirer.

Ce raisonnement paraît concluant ; mais il faut s'en défier, quand même nous ne pourrions pas y répondre, car il conduit à cette conséquence : donc, il n'y a point de communication possible entre deux hommes par le moyen de la peinture. Voilà où l'on arrive quand on raisonne avec des règles auxquelles on veut plier les faits. Les syllogismes sont un moyen scolastique que l'homme emploie pour pénétrer dans les régions métaphysiques du possible et de l'impossible. Quand on revient de ces voyages dans le vide, on ne raconte jamais ce qu'on a vu, mais ce qu'on a dû voir. Nous aimons assez ces petites tournées psychologiques, parce que nous créons, pour ainsi dire, des mondes au milieu desquels notre imagination vagabonde bondit tout à son aise. Dans l'Enseignement universel, on ne se donne point de ces airs-là ; on va terre à terre ; on remarque les faits, on en cause familièrement sans faste et sans prétention. Nos pensées ne font pas naître des faits, ce sont les faits qui donnent naissance à nos pensées. Or, dans le cas dont il s'agit, le fait est que les peintres réussissent à nous émouvoir ; nous ne perdrons pas le temps à examiner si cela doit être.

Si nous voulions nous amuser cependant à disséquer le raisonnement de tout à l'heure, nous pourrions le combattre par d'autres raisonnemens ; c'est une arme qui ne manque jamais ; plus on en brise, plus on en trouve sur le champ de bataille qu'on appelle la scolastique. En effet, je n'éprouve pas les mêmes sentimens que vous ; donc, vous ne pourrez pas me communiquer les impressions que vous avez reçues. Ce raisonnement n'a pas de raison. De ce qu'un arbre *ne vous plaît pas*, il ne s'ensuit pas que je ne pourrais pas *vous communiquer* le plaisir qu'il m'a fait. Connaissez-vous Araminte ? — Oui. — Comment la trouvez-vous ? — Elle ne dit rien à mon cœur. — Moi , je la trouve charmante, et je veux essayer de vous faire partager les émotions qu'elle m'inspire ; croyez-vous que cela soit possible ? — Sans doute, si vous êtes poète , si vous avez le talent de la parole, j'admirerai malgré moi le portrait de vos sentimens.

Ce petit dialogue m'a paru nécessaire pour faire comprendre ma pensée. Je veux que la nature s'offre à tous les yeux sous mille aspects divers , d'après les organisations différentes de tous les hommes ; il y a une chose qu'ils comprennent tous de la même manière , c'est l'expression des sentimens que chacun d'eux éprouve. Voilà le pivot des sociétés humaines. La douleur , la joie , la crainte , l'espérance , tous ces sentimens sont éprouvés par tous, et tous peuvent les communiquer.

Ils ne peuvent s'enrichir qu'à cette condition : si les hommes n'avaient pas la faculté , une égale faculté de s'émouvoir et de s'attendrir réciproquement , ils deviendraient bientôt étrangers les uns aux autres ; ils s'éparpilleraient au hasard sur le globe, et les sociétés seraient dissoutes. Cette puissance de communiquer nos pensées et nos sentimens est *un fait invariable* au milieu de tous les faits divers d'organisations cérébrales. L'exercice de cette puissance est à la fois le plus doux de tous nos plaisirs, comme le plus impérieux de tous nos besoins.

Ainsi, pour vous *communiquer* le plaisir que j'éprouve en considérant ce bel arbre, je n'ai pas besoin de vous retracer le souvenir du plaisir que vous avez goûté en le regardant, puisqu'il vous a laissé insensible ; mais si vous n'avez pas compris ce langage, vous comprenez le mien. Ce n'est qu'un arbre qui vous parlait, vous n'avez pas écouté, vous étiez distrait, ou bien vous n'avez pas mes yeux pour voir un arbre ; mais, dirait le Corrège, vous avez un cœur pour comprendre le mien. *Je suis peintre*, vous allez sentir ce que j'ai senti, si vous regardez mon arbre à moi.

QUATRIÈME RÉPONSE.

L'objection que je discute en renferme une autre qu'il faut examiner ; car il est bon de la détruire, non-seulement dans ce qu'elle dit, mais encore dans ce qu'elle veut dire.

Quand même les intelligences seraient égales, dit-on, il suffit que les organes, seuls moyens de manifestation intellectuelle, soient différents, pour que l'inégalité de fait ressorte nécessairement de l'inégalité évidente de l'organisation.

A cela, je réponds : Admettez-vous l'égalité

des intelligences ? — Non. — A quoi bon alors cette distinction entre l'intelligence et la possibilité ou l'impossibilité de la manifestation ?

— C'est que je suis partisan de l'inégalité en général, et que si je me vois forcé d'avouer que je ne puis soutenir l'inégalité des intelligences, il faut bien que j'aie recours à la manifestation. Accordez-moi une inégalité quelconque, je serai content. Voyez ce butor ; par pitié, abandonnez-le moi ; ne dites pas que c'est un ignorant, reconnaissez-le pour stupide. Ne dites pas qu'il a l'intelligence de Racine, je n'en demande pas davantage. — Que feriez-vous, si j'en convenais ? — Je dirais que la méthode est admirable. — N'avez-vous pas tout nié, dans le principe ? — C'est vrai. — N'avez-vous pas reculé de concessions en concessions ? — C'est vrai. — Eh bien ! vous reculerez encore et vous direz bientôt : Je me croyais certain de l'impossibilité d'appliquer la méthode aux langues, je le dis encore ; mais j'avoue que c'est une *opinion* de ma part. J'ai contesté l'efficacité de la méthode pour la musique, pour la peinture, etc. ; je la conteste toujours, mais j'avoue que c'est une simple *opinion* de ma part. J'ai surtout avancé hardiment que les intelligences sont inégales ; je le dis toujours, dans l'occasion ; mais, quand on me presse un peu, je suis forcé d'avouer que c'est une *opinion* de ma part. Je soutiens aujourd'hui que si les intelligences sont égales, au moins la manifestation doit être inégale à cause de l'inégalité des organisations ; cette fois-ci , j'espère que je tiendrai bon , et cette espérance me consolera de toutes mes défaites , jusqu'à ce que je sois réduit à avouer que mon *opinion* sur cette manifestation n'est encore qu'une *opinion ;* alors comme alors.

— Je vous dirai , pour renoncer à votre dernière *évidence ,* que j'ai l'opinion que tous les hommes ont non-seulement une égale intelligence pour saisir les rapports qui existent pour *chacun d'eux* entre les différens objets ; mais encore je crois , avec M. Broussais, que *toutes les vérités et toutes les évidences sont à la portée de toutes les intelligences.* Je crois , de plus , que tous les hommes éprouvent des sentimens divers à la vue des objets , et qu'ils ont tous une égale faculté pour acquérir les moyens de les transmettre , de les *manifester* aux autres hommes dont ils ont besoin. La méthode est fondée sur cette opinion, qui s'explique par les raisons que j'ai données plus haut , et que je ne répéterai pas.

Maintenant que tout ce que j'avais à dire sur l'objection est épuisé , je continue à développer la méthode appliquée à la peinture.

Je disais aux mères , lorsque j'ai été interpellé par les savans, que l'élève qui veut apprendre à faire des arbres , peut en étudier *un* auquel il rapportera tous les autres. Il faut , autant que possible , faire cette étude sur la nature.

N'oubliez pas qu'il faut étudier dans *l'unité de sentiment.* La peinture, comme la musique, est une langue de sentiment.

Amour et haine ; tout ce que nous éprouvons peut se rapporter à ces deux sentimens. Il y a longtemps qu'on l'a dit , et d'ailleurs cela se trouve développé dans mes ouvrages. Ainsi, quand nous parlons, c'est pour louer ou pour blâmer. Il faudra donc louer ou blâmer en peignant, et vous serez compris ; mais gardez-vous de sortir du sentiment que vous aurez voulu communiquer. Les peintres n'emploient pas les mêmes moyens de *manifestation* que les littérateurs , mais c'est un pur métier ; l'emploi seul et le choix de ces moyens font le poëte ou le peintre , et c'est à l'âme que l'un et l'autre doivent s'adresser.

Ce n'est pas l'intelligence qui manque , ce n'est pas le cerveau qui est mal organisé, c'est la science qui est en défaut , c'est le métier qu'on ignore. Quelquefois aussi on cherche l'art où il n'est pas. On veut produire des effets bizarres , on veut captiver les regards par un éclat sans but, et l'âme du spectateur reste indifférente à tout ce fracas. L'homme comprend toujours ce que l'homme veut lui dire. Celui qui n'a pas l'intention de communiquer un sentiment ne rendra personne attentif. On entend , mais on n'écoute pas ; on voit , mais on ne regarde pas.

Mais celui qui veut être compris , le sera dès qu'il connaîtra les moyens de *manifester* ses sentimens , dès qu'il saura le métier.

On a raison de distinguer l'intelligence et la manifestation de l'intelligence ; la pensée et la manifestation de la pensée ; le sentiment et la manifestation du sentiment. Mais il ne faut pas conclure de l'un à l'autre, et croire, par exemple (pas plus en peinture qu'en toute autre chose), qu'on peut décider, d'après la valeur de la manifestation, de la valeur de la pensée, de l'existence de l'intelligence, de la réalité du sentiment.

L'intelligence est un don de Dieu. C'est une faculté qui nous est naturelle ; la manifestation est un acte de cette faculté appliquée à l'acquisition de certains moyens que nous ne connaissons point, mais que nous avons le pouvoir d'apprendre.

Ainsi, en supposant les intelligences égales, il ne s'ensuit pas que les *manifestations* doivent être égales. Il faut apprendre à *manifester* ses pensées et ses sentimens ; mais tous les hommes ont une égale intelligence pour faire cette acquisition. Quand nous voulons communiquer avec nos semblables, nous sentons que nos moyens nous manquent souvent. Qu'un peintre assiste en imagination à une de ces fêtes que l'auteur d'Anacharsis a si bien décrites, il verra cette prêtresse dont les yeux égarés, les cheveux en désordre glacent d'effroi le peuple qui l'écoute. Oh ! si ce peintre *pouvait* peindre le sentiment qu'il éprouve ! Il prend ses pinceaux, il essaie, il ne réussit jamais à son gré. Que lui manque-t-il ? L'intelligence ou le sentiment ? Ni l'un ni l'autre ; mais il ne sait pas, il n'a pas appris son métier. Peut-il l'apprendre ? qui en doute ? qui lui dira qu'il a réussi ? les autres peut-être ; mais il ne sera jamais content de son ouvrage. Dans cet embarras que faire ? je lui conseille de regarder attentivement si tout son tableau, jusqu'au moindre détail, se rapporte à *l'unité de sentiment*.

Donnons un Exemple.

Apollon gardant les troupeaux du roi Admète.

Voilà le sujet du tableau. L'artiste aura un guide dans la composition qu'il doit faire, s'il choisit une *unité de sentiment* ; par exemple : *Il fit fleurir le désert*.

Développons maintenant ce sujet.

Il gardait les troupeaux du roi Admète, *roi de Thessalie*.

Apollon était le *Dieu du jour*.

Les bergers étaient *sauvages*. Il les *instruisait*.

Il les instruisait à *cultiver les beaux-arts*.

Ils prêtaient une oreille attentive aux *chants d'Apollon*.

En un mot :

Il fit fleurir le désert. Tout ce que vous ferez, doit se rapporter à cette idée ; le lieu où vous placez Apollon, l'attitude des bergers ; le moment de la leçon, le choix des arbres, leur forme, les contrastes; imaginez, comme peintre, tout ce que les ressources du métier peuvent vous fournir, tout ce que vous êtes capable d'exécuter, mais choisissez et exécutez dans *l'unité de sentiment*.

Sans doute, pour traiter un sujet déterminé, il faut connaître des faits qu'il est impossible de deviner.

La vérité historique ou mythologique ajoute à l'illusion du spectateur; mais cette règle, qu'il ne faut pas mépriser, ne peut par elle-même rien inspirer qui touche l'âme. D'abord, ces vérités sont perdues pour la foule de ceux qui regarderont votre tableau. L'observation rigoureuse du principe de la vérité dans les détails, vous sauvera bien des critiques (et c'est beaucoup), mais elle ne vous méritera aucune louange.

Les grammairiens de votre art ne trouveront rien à redire; mais ils sont hommes, et, en cette qualité, il leur est impossible d'être émus. Ils ne sont pas irrités, mais voilà tout. Ils vous regardent, vous tournent et vous retournent de toutes façons, pour vous mesurer dans toutes les dimensions. S'il ne manque rien à votre tableau, c'est un devoir que vous avez rempli, ce n'est pas un plaisir que vous leur avez causé.

L'expression d'un sentiment peut seule émouvoir les hommes; j'ajoute, l'expression d'un seul sentiment, ou du moins d'un sentiment principal, peut seule produire cet effet.

Si donc vous ignorez les faits , si vous ne connaissez point la Thessalie , vous ne pourrez point
peindre *Apollon* instruisant les bergers dans la
Thessalie ; mais *l'unité de sentiment* suffit pour vous
diriger dans la composition d'un tableau qui re-
présenterait *un homme* qui *fait fleurir un désert* en
instruisant *des bergers sauvages.* Louez-vous cet
homme? le blâmez-vous ? choisissez ; mais décidez-vous, car la composition de votre tableau doit
être différente dans les deux cas.

C'est avec *un sentiment* pénible , c'est avec indignation que nous voyons dans Fénélon tous les
grands du royaume rampant aux pieds de Proté-
silas pour obtenir quelques faveurs. Si vous aviez
à traiter ce sujet, il faudrait donc vous décider d'a-
près le sentiment, non-seulement pour l'ensemble,
mais encore pour chacun des détails de votre tableau. Songez avec indignation (si telle est votre
unité de sentiment) à la posture , à la physionomie
de ces courtisans, qui cherchent à se composer pour
plaire à l'idole. D'un côté, l'insolence ; de l'autre ,
la flatterie, le mensonge , la crainte, l'embarras ;
ne mettez rien au hasard sur tous ces visages.

Mais quel est le moyen de réussir dans ces sortes
de compositions , d'après *l'unité de sentiment ?*
Nous l'avons dit ; étudiez cette unité dans les
beaux modèles. Regardez , sous ce point de vue ,
une statue antique : voyez la tête de l'Apollon-Py-
thien, ou celle du grand Jupiter, et dites si vous y
trouvez un trait qui ne rentre pas dans *l'unité de
sentiment.*

On dira peut-être, qu'après avoir lu le passage d'Anacharis sur le chêne de Dodone, on est embarrassé pour trouver une *unité de sentiment.*

Je répondrais que celui qui a lu attentivement ce que j'ai dit, ne peut rester longtems indécis. Je lui dirais : Savez-vous qu'Ulysse alla consulter le chêne pour apprendre s'il reverrait un jour sa patrie ? — Oui. — Vous intéressez-vous à Ulysse ? — Oui. — Le louez-vous intérieurement de cette démarche. — Je suis indécis ; je n'aime pas voir Ulysse, dont le nom fut célèbre dans l'Asie et dans toute la Grèce, par sa valeur dans les combats, et plus encore par sa sagesse dans les conseils; je n'aime pas, dis-je, voir un héros se prosterner devant un chêne ? Cependant je comprends que je puis considérer Ulysse comme père, comme époux, comme citoyen, alors je ne m'étonne plus de voir un homme malheureux se prosterner devant un oracle. — Eh bien ! louez ou blâmez Ulysse, mais décidez-vous ; alors vous aurez l'*unité de sentiment* pour guide.

Ulysse est un héros ; je devinerai que ce n'est point un homme ordinaire à son maintien, à son attitude, à ses regards. Ulysse est père ; je devinerai qu'il s'agit d'un malheureux qui implore la pitié. Ulysse désire et craint de connaître l'avenir ; je lirai tout cela sur la toile si vous l'avez pensé, si vous l'avez senti, si vous n'avez rien dit qui ne vous ait été dicté par l'*unité de sentiment.*

Faites Ulysse calme, incertain, suppliant, etc.,

comme il vous plaira , mais décidez-vous ; dites
quelque chose. Lorsque votre tableau sera fini, ex-
pliquez-le moi d'après l'*unité de sentiment*.

C'est ainsi que *parler* des ouvrages des hommes
est le moyen de connaître l'art humain ; *parler* de
ses propres ouvrages est de même le meilleur
moyen de vérifier si on a été attentif en composant
et en exécutant. Mais cet examen de conscience
ne nous plaît guères , parce qu'il est rare qu'il n'en
résulte la condamnation de l'homme inattentif et
distrait. On est honteux de se confesser à soi-même ; comment aurait-on le courage de détailler aux
autres toutes les étourderies , toutes les omissions
qu'on a faites et qui sautent aux yeux dès qu'on
veut les voir ? Pour éviter cet ennui , pour éviter
les reproches de sa propre conscience , on cherche à se faire illusion, et l'on bat la campagne. Voici ce qu'on dit :

Cette méthode est bonne pour les langues ; mais
elle ne vaut rien pour la peinture , parce que la
peinture n'est pas une langue.

Je pourrais répondre que les discours de Raphaël sont aussi clairs , aussi énergiques , aussi
touchans que ceux de Fénélon pour ceux qui veulent les étudier dans leur ensemble, dans leurs détails , dans toutes les phrases , dans toutes les expressions , dans chaque mot , dans chaque trait.
Mais si votre parti est pris, si vous avez décidé dans
votre sagesse de vous retrancher derrière la phrase banale des savans , *c'est bon pour les langues ,*

je ne chercherai point à vous persuader, je me contenterai de dire aux mères de famille :

Le besoin a enseigné à vos enfans la langue maternelle, en les rendant attentifs à vos discours ; ils ont appris à parler en imitant ce qu'ils avaient compris. — Eh bien ! vérifiez s'il est vrai que le dessin et la peinture, et la sculpture, et la gravure, et la lithographie, sont des langues : c'est dans cette *opinion* que consiste la méthode de l'Enseignement universel. Vérifiez si tous les enfans qui ont *la même* intelligence pour comprendre et pour parler dans leur pays les langues française, grecque, arabe, syriaque, etc., ont aussi *la même* intelligence pour comprendre et pour parler la langue de la peinture ou du droit, ou des mathématiques, etc.; c'est dans cette *opinion* que consiste la méthode de l'Enseignement universel.

L'homme a besoin, dans la société, de communiquer avec ses semblables ; or, ils communiquent entr'eux de mille manières différentes. 1° par les gestes ; 2° par les sons ; 3° par les ouvrages de leurs mains. Une intelligence humaine devine une intelligence humaine qui s'explique par des gestes ; on la devine encore quand elle s'exprime par des paroles ; enfin il n'est pas plus difficile de la reconnaître et de la comprendre dans tous les ouvrages de l'art humain. Tous les hommes ont cette intelligence-là, telle est l'*opinion* directrice dans l'Enseignement universel.

Vous ne nous ferez pas croire, s'écrie-t-on de

toutes parts. Je n'ai pas le projet de rien faire croire aux savans et aux riches ; je désire que les pauvres essaient de regarder attentivement un ouvrage humain quelconque ; ils en saisiront l'esprit et ils pourront reproduire cet ouvrage.

Les pauvres villageoises des environs de Grenoble travaillent à faire des gants ; on les leur paie trente sous la douzaine. Depuis qu'elles sont émancipées, elles s'appliquent à regarder, à étudier, à comprendre un gant bien confectionné. Elles devineront le sens de toutes les *phrases*, de tous les *mots* de ce gant. Elles finiront par parler aussi bien que les femmes de la ville, qui gagnent sept francs par douzaine. Il ne s'agit que d'apprendre une *langue* que l'on parle avec des ciseaux, une aiguille et du fil. Il n'est jamais question [dans les sociétés humaines] que de comprendre et de parler *une langue*.

Si j'écrivais pour les académies, je leur demanderai pardon d'entrer dans d'aussi ignobles détails. Une paysanne, un gant, ne sont pas des objets dignes des regards des intelligences supérieures et privilégiées. Mais je n'ai en vue que le bien des pauvres, et je me contenterai d'avoir contribué au bonheur des mères en leur indiquant le moyen d'enseigner *toutes les langues* à leurs enfans.

Les journalistes, les esprits de la capitale de la France, ne peuvent s'empêcher de rire de mon ton larmoyant et pathétique quand je parle du bonheur d'une mère , qui peut enseigner à sa fille la langue du dessin ou de la peinture. Tel est le perfectionnement du dix-neuvième siècle ! Le *Lycée* perfectionné me fait de graves leçons ; l'*Universel* perfectionné s'anime d'une sainte colère contre le bienfait de l'Enseignement universel ! Le *Figaro* du dix-neuvième siècle rit de M. de Polignac qui apprend à parler par la méthode des pauvres ! La *Revue* perfectionnée hausse les épaules de pitié. Le *Globe* plus perfectionné que tous les autres... se tait. Ce silence et ces sarcasmes décochés de haut en bas me perceraient le cœur, si quelques mères ne profitaient pas du bienfait. Heureusement aussi que les villageoises s'instruisent et gagnent quelqu'argent en faisant des gants par l'émancipation intellectuelle. Cette idée me dédommage un peu.

Ai-je bien fait de ne pas croire au perfectionnement du dix-neuvième siècle. Si j'avais cru *Figaro* , où en serais-je ? Persuadé que mes contemporains sont tous aussi *arisés* que M. le duc de Lévis , je n'aurais pas osé imaginer des résultats dont un public perfectionné ne saurait être dupe. Heureusement, je n'ai pas cru à ce perfectionnement universel. Il s'est trouvé que mon raisonnement était bien fondé ; et ce sont les journaux perfectionnés qui me l'ont appris en criant contre les adeptes et les enthousiastes. Il paraît que le nombre de ces énergumènes s'augmente de jour en jour. Dans cet état de choses , que

les savans m'ont fait connaître par leurs lamen-
tations, je continuerai à exposer avec calme,
comment une mère peut diriger l'instruction de
sa fille, et je suppose qu'elle peut obtenir quelques résultats heureux, malgré la petite cabale
des académiciens représentés par M. le duc de
Lévis.

Revenons au chêne de Dodone. On sait, par les
livres, que c'est l'oracle le plus ancien de la terre ;
il est au milieu d'une forêt sacrée ; il porte le nom
de divin ou de prophétique. Les prêtresses sont attentives au murmure de ses feuilles agitées.

D'après cela, décidez-vous. Quelle sera la forme de votre arbre ? Sera-t-il élégant ? souple ?
joli ? Sera-t-il majestueux ? imposant ? vieux ?
mystérieux ? grand ? sombre ?

Décidez-vous, d'après l'*unité de sentiment*.
Ne perdez pas de vue que je ne prétends point
que vous soyez obligé de ne peindre que d'après
un sentiment unique et déterminé. Il ne s'agit pas
ici d'un *principe* [ce serait la vieille méthode],
il s'agit d'une *opinion*. Ce n'est point une *règle*,
c'est un *conseil*. Je pense qu'il est utile d'avoir un
guide. Ce guide sera *l'unité de sentiment*. Si le
peintre a été ému, les spectateurs le seront aussi.
Mais le peintre ne peut éprouver des émotions
tristes ou délicieuses, s'il ne pense à lui ou à ses
semblables. La vue d'un chêne produit en nous
mille sensations différentes dont la variété simul-
tanée est impossible à communiquer. Mais si je

connais le chêne de Dodone , mes pensées se renferment pour ainsi dire dans un cadre ; si je connais l'histoire d'Ulysse qui consulta cet oracle , cette connaissance définit encore plus exactement le cercle de mes sensations. Plus on sait, plus il y a de données , plus on suppose de circonstances , et plus il est facile de trouver *l'unité de sentiment* qui doit nous guider.

Il suit de là que celui à qui on proposerait simplement de composer un arbre, ferait bien de supposer tacitement une circonstance , un événement quelconque pour se diriger dans sa composition. Il ne représentera point Ulysse, mais il y pensera; il sera ému , et cette émotion se communiquera au spectateur.

Un autre se décidera pour le myrthe , mais il voit en imagination la scène qu'il suppose à l'ombre de l'arbre qu'il a choisi. Cette supposition , purement arbitraire, fournira cependant quelques détails auxquels on n'aurait point pensé. Le spectateur ne devinera point le fait précis qui a causé *l'émotion* du peintre, mais il éprouvera cette *émotion*. L'homme est né pour émouvoir son semblable quand il est ému lui-même , et réciproquement.

Dites à un élève de l'Enseignement universel de faire un casque. Il ne se mettra point à l'ouvrage avant d'avoir trouvé *l'unité de sentiment*. Il pensera par exemple à *Bélisaire*. Cela seul lui fournit les détails du lieu où il placera ce casque. Vous lui avez donné un sujet vague, indéterminé, stérile, il en a fait pour lui-même un sujet précis, déterminé, fécond. Vous demandiez un casque quelconque sur une table, ou sur un plancher, etc. Il vous montre le casque de Bélisaire ; il ne vous le dit point, vous ne le devinerez pas ; mais tous les détails sont l'expression des *sentimens* que le peintre a éprouvés. L'homme qui a composé était ému, et il sait pourquoi ; l'homme qui regardera sera ému sans en connaître la cause.

On reconnaîtra sans doute, en lisant ceci, l'invariable méthode de l'Enseignement universel. *Il ne faut jamais travailler que sur des faits.* Ainsi *l'unité de sentiment* sera notre guide dans la composition.

Celui qui saura le métier, c'est-à-dire la langue de la peinture, n'aura plus qu'à écrire ses émotions dans le langage qu'il a appris.

Mais comment apprendre ce langage ? comme on apprend tous les autres, comme on apprend la langue maternelle...... Je n'ai rien à dire de plus à ce sujet ; cependant j'ajouterai une observation qui est particulière à la peinture.

Dans toute langue, il faut exprimer le fait réel et les sentimens qu'on éprouve. Les signes de la langue maternelle sont arbitraires : chêne, myrthe, châtaignier, etc., il est impossible de deviner ce qu'ils représentent ; en peinture, c'est autre chose ; le fait est matériellement représenté, et il est impossible, quand on le connaît, de ne pas le reconnaître. L'artiste peut donc savoir si la représentation est exacte ; il n'a pas besoin de maître explicateur pour cela.

Mais il ne suffit pas de représenter matériellement les faits de la nature ; il faut encore communiquer des sentimens. Quand je dis, *il faut*, je veux dire, telle est ma méthode. Telle est mon opinion, tel est le conseil que je donne aux mères, aux pauvres qui n'ont pas le moyen de payer chèrement les bonnes explications. Je veux dire que les preuves [faute du mieux qu'on trouve dans les académies explicatrices] peuvent se diriger d'après le principe de *l'unité de sentiment*. Voici comment : Je veux apprendre à exprimer ce que j'éprouve en considérant un arbre, par exemple. Il n'est pas question ici de faire un portrait matériellement exact. C'est un arbre dont la vue réveillerait en moi le *sentiment* que j'ai éprouvé, qu'il s'agit de dessiner. Or, en pareil cas, je n'ai pas besoin de maître ; il serait même inutile d'en consulter un. Personne ne sait ce qui se passe en moi ; je suis le seul juge de mes sentimens. J'essaierai donc de les retracer de *mémoire* ; je comparerai mon ouvrage à celui de la nature. Je regarderai et je recommencerai sans cesse, jusqu'à ce que je sois à peu près content de mon travail.

Dans les méthodes explicatrices, dans les collèges, on suit la route inverse. C'est le maître qui corrige. L'élève doit écrire, et le maître est chargé de le reprendre. Jusqu'à un certain point, cette méthode n'est pas dépourvue de sens , quand il s'agit de la vérité d'un fait qui tombe sous les sens. Par exemple :

Un élève dit que Rome a été fondée par Numa ; rien n'empêche que le maître ne fasse observer à l'élève que l'erreur est matérielle et que le livre dit Romulus au lieu de Numa. Il en serait de même si le candidat en médecine disait l'appendice romantique au lieu de xiphoïde. Reprendre l'élève en pareil cas, n'a rien d'abrutissant , parce que cette observation n'a rien d'humiliant. On sent qu'elle était inutile, *intellectuellement parlant*. Le maître ne redresse pas l'écolier de sa propre autorité, c'est un homme qui dit à un autre : Vous vous trompez, et vous n'avez pas besoin de mon intelligence pour reconnaître votre erreur.

Mais quand un rhétoricien du collége Louis-le-Grand fait une amplification , le professeur dit gravement : Vous n'avez pas employé le mot propre, j'aimerais mieux celui-ci. C'est cette méthode que j'appelle abrutissante ; j'ajouterai qu'elle est absurde. D'abord elle est abrutissante en ce qu'elle a pour but de faire croire à l'élève qu'il n'est pas capable de connaître et de choisir les expressions dont il a besoin. De plus, elle est absurde ; car, d'après la vieille elle-même, on écrit pour exprimer *ses* sentimens et *ses* pensées. Or, celui-là serait bien osé qui dirait à un autre : Je connais vos sentimens et vos pensées ; je sais ce que vous avez dans l'âme, et voilà le véritable signe que vous devez employer pour comuniquer ce que vous avez éprouvé. Cette manie des maîtres de collége est excusable; il est difficile de s'en défendre quand on a le préjugé de l'inégalité des intelligences. Voilà pourquoi un de ces messieurs de l'Université de France y a été pris lorsqu'il est venu à Louvain de la part de son excellence le grand-maître. Ce savant n'a pas pu résister à la démangeaison explicatrice, et il est venu donner une leçon de la vieille aux élèves de l'Enseignement universel. Ceux-ci ont été d'autant plus réjouis de cette petite scène, que c'était un spectacle nouveau dans l'établissement.

Il s'agissait de grec. L'enfant avait employé un certain mot; le professeur a dit qu'il aimerait mieux un autre mot qu'il a dicté et que l'élève a écrit pour rire, se disant tout bas : Comment ce monsieur peut-il deviner que j'ai pensé cela ? Il paraît que les envoyés d'un grand-maître sont bien savans !

Je raconte cette petite aventure pour faire comprendre en quoi l'Enseignement universel diffère de la méthode de Paris. Chez nous, l'élève doit savoir ce qu'il veut dire, et par conséquent il peut seul trouver l'expression de ses pensées et de ses sentimens. On peut le corriger quand il se trompe sur un fait, cela n'a rien d'abrutissant. Mais lui indiquer l'expression propre de ses sentimens intérieurs quand il écrit en grec ou en peinture;

je dis que Xénophon et Raphaël en sont incapables, j'en ai la certitude. Quant aux professeurs du collége de Louis-le-Grand, et même à un envoyé du grand-maître, je crois aussi qu'ils n'en sont pas plus capables que Xénophon ou Platon lui-même; mais c'est une opinion de ma part. Je n'oserais pas le soutenir dans la crainte de troubler l'ordre intellectuel qui résulte de la subordination des esprits dans l'Université de France. Mais qu'il me soit permis de dire aux mères : Si vos enfans ne peuvent pas jouir du bonheur d'apprendre dans les colléges, 1° ce qu'ils pensent et ce qu'ils sentent ; 2° l'expression exacte et précise de leurs pensées et de leurs sentimens ; il faudra bien que vos chers enfants ne pensent point, ou qu'ils courent le risque de dire le contraire de ce qu'ils pensent ; essayez, vous n'avez pas d'autre ressource, puisque vous n'avez pas le moyen de payer la rétribution et d'acheter ainsi toutes les expressions des pensées de vos chers enfans. Si, par hasard, vous obtenez quelques petits succès, ne soyez point *enthousiastes*, cela n'est point permis à votre tendresse maternelle. M. L'envoyé vous dira qu'il sait mieux que votre enfant ce que votre enfant veut dire, et que c'est avec lui, envoyé, seulement que cette science peut s'acquérir. Les succès qu'on obtient dans les colléges, méritent seuls d'exciter l'*enthousiasme*. Cela tient véritablement du prodige, si l'on en juge par la supériorité intellectuelle dont les journaux gratifient M. l'envoye. Ne disputons pas là-dessus, et continuons l'examen de la méthode des pauvres.

Le même objet produit sur nous différentes sensations, non-seulement quand nous le regardons sous différens points de vue, mais nos sentimens varient quelquefois à chaque instant. Une impression est donc momentanée et fugitive; elle n'est quelquefois produite que par la partie de l'objet qui a fixé un instant nos regards; l'ensemble est aperçu, mais cette perception est faible; c'est la partie qui nous a frappé qui est la véritable cause du sentiment que nous éprouvons. Le reste n'est pour ainsi dire qu'accessoire; si donc cette image passagère qui nous a séduits était peinte, telle qu'elle s'est présentée à nous, le spectateur éprouverait l'émotion que nous avons ressentie. La nature dit tout à la fois. Cet ensemble admirable renferme une source inépuisable de sentimens; mais nous ne pouvons les communiquer aux autres qu'après nous en être rendu compte à nous-mêmes. Or, cette observation ne peut se faire que par parties successivement. Voilà une belle personne! plus je la regarde, plus je l'admire, plus elle m'enchante. Mais chacun de ces sentimens s'efface successivement pour faire place à un autre; ces yeux languissans sont presqu'oubliés quand je regarde ce sourire qui me ravit; c'est une succession de plaisirs éprouvés qui m'enchantent; je savoure à longs traits la durée de mon bonheur. Mais quand il s'agit de le raconter, ne serai-je point forcé de choisir ? Que faire donc ? L'artiste seul est juge de l'impression qu'il a éprouvée ; seul il peut vérifier s'il a réellement retracé la partie qui l'a frappé, si elle est représentée convenablement pour attirer les regards du spectateur sur le point qui tenait ses yeux attachés, son attention suspendue, au moment où il était lui-même sous le charme. Mais, quelles que soient les opinions sur cette discussion métaphysique, je le répète, l'*unité de sentiment* est la règle dans l'Enseignement universel.

Les artistes consommés verront bien que je n'ai pas la présomption de leur donner des conseils qu'ils ne me demandent pas. J'oserais encore bien moins m'adresser aux autres ; la médiocrité est irascible et susceptible. J'écris pour ceux qui n'ont pas le moyen de payer des maîtres explicateurs. Ceux-là seront bien aises d'apprendre qu'il existe un Enseignement universel. Que cette méthode (publiée dans leur intérêt) est suivie depuis vingt ans dans plusieurs établissements. Quelques personnes charitables leur diront peut-être que *tout homme peut s'instruire seul*. Un père, une mère, par exemple, peuvent guider eux-mêmes leurs enfans dans le dessin et la peinture, d'après la règle unique que j'ai donnée. Je n'ai pas d'autres prétentions.

Les savans, dans leurs feuilles périodiques, commettent une inconséquence qui mérite d'être signalée. Ils parlent du danger de l'instruction des pauvres. M. le duc de Lévis a donné l'exemple à ce sujet ; mais au moins M. le duc a été conséquent dans son dire. Il admire la méthode, il en reconnaît la puissance dans la lettre qu'il m'écrit ; mais il redoute l'insubordination des femmes. C'est une opinion comme une autre. Mais les savans journalistes n'ont pas d'excuse : si la méthode n'instruit pas, il n'y a point à redouter les dangers de l'instruction. Il arrive parfois que les savans déraisonnent : ce n'est pas qu'ils manquent d'intelligence ; ils *peuvent* raisonner juste comme moi, mais ils manquent souvent de *volonté*. Cela est arrivé toutes les fois qu'une vérité nouvelle a été annoncée. Il eût été à désirer, pour la réputation de ce siècle, qui, toujours d'après le préjugé de l'inégalité, se place sans façon au-dessus de ceux qui l'ont précédé, il eût été à désirer que les amis des lumières se fussent conduits différemment. Cette conduite différente eût été la meilleure preuve du perfectionnement dont on se glorifie. Mais on a agi, avec moi, comme faisaient nos pères en pareil cas, et le perfectionnement n'est certainement pas dans les injures dont on m'a honoré ; car on ne me les auraît pas épargnées dans les siècles précédens. Tout est dans tout. Les savans d'autrefois épiloguaient sur le style, les savans d'aujourd'hui ne sont pas plus sages. Les savans d'autrefois parlaient de ce qu'ils ne connaissaient pas, les savans d'aujourd'hui parlent ainsi. Les

savans d'autrefois défendaient leurs chaires, et les
savans d'aujourd'hui défendent la rétribution. Enfin, le siècle perfectionné n'a pas fait contre l'Enseignement universel une objection, une seule,
qui n'ait été mille fois reproduite contre toutes les
vérités successivement découvertes. Où donc se
trouve le perfectionnement ? J'ai beau le chercher. On dit qu'il faut se défier des systêmes ;
cela est bien vieux ! On dit qu'il faut prendre ce
qu'il y a de bon et rejeter le mauvais ; que rien
n'est parfait ; que les exagérations des partisans
ont beaucoup nui, etc., etc. ; toutes ces phrases
perfectionnées sont bien anciennes ; les savans
d'aujourd'hui ne sont que des perroquets qui répètent les apophthegmes de leurs prédécesseurs. Il
y a long-tems que le monde est perfectionné dans
ce sens, et je n'ai jamais pu découvrir dans toutes les brochures, pamphlets, revues, examens,
etc., de la méthode, aucune sottise qui n'ait
été mille fois répétée par les brochuriers, pamphlétaires, examinateurs, etc., de ce bon vieux
tems dont on se moque impitoyablement de nos
jours. J'invite celui des savans qui aurait quelque
chose de nouveau à dire là-dessus à se nommer
franchement, je m'empresserai de publier le nom
de ce perfectionné-là. M. le duc de Lévis lui-
même n'a rien dit à l'Académie-Française qu'elle ne sût parfaitement. Le dépôt et la mention
honorable, en pareille circonstance, ne sont pas
des actes nouveaux non plus. *Nihil sub sole novi.*
Tout est dans tout.

Cependant, il est juste de dire que les savans de la capitale française ont pu être induits en erreur par les savans de la capitale belge. Ceux-ci, de leur côté, ont reçu leurs instructions de l'une des plus célèbres Universités de l'Europe. J'ai entendu mille fois faire ce raisonnement qui paraît très-plausible. Le fondateur est lecteur à l'Université de Louvain ; si les professeurs de cette Université eussent reconnu en lui le germe de quelque talent, il aurait certainement fait son chemin, et la dignité de professeur l'eût bientôt fait connaître avantageusement dans le monde savant. Mais, au contraire, on l'a laissé au dernier rang ; *vingt* promotions ont été faites, et (à sa honte) il est peut-être le seul lecteur qui ait végété si long-temps dans le bas des écoles.

Les journaux de Paris ont une autre excuse. Ils ont lu dans les papiers belges que l'École normale militaire n'avait produit aucun résultat. Et la *Revue*, rédigée par les rédacteurs des papiers belges, a trompé ainsi les journalistes français.

C'est donc un parti pris parmi les savans. Dans cet état des choses, je pense qu'il est inutile de leur parler ; mais il sera peut-être utile de répéter pour les élèves de l'Enseignement universel qu'ils peuvent (à défaut de maîtres payés) prendre pour guide la règle de l'*unité de sentiment* dont je vais donner encore un exemple.

Voulez-vous nous communiquer vos sentimens

et vos pensées au moment où vous considériez ce groupe d'ormes sous lesquels on vient danser les jours de fête ? Si vous me représentez la fête qui entoure ce groupe, tel qu'il est dans la nature, si, pour peindre chaque détail de ce site, vous le regardez avec la même attention que vous avez donnée à l'objet principal, si vous retracez chaque fait comme si vous le voyiez exclusivement ; vous copiez de cette manière une suite de tableaux, mais vous ne me donnez aucune idée des sentimens que vous avez éprouvés. Ce fond était vaporeux *pour vous*, au moment où votre attention était tout entière dans ce groupe d'arbres, et cependant le fond que vous placez sur votre toile est d'un effet tout contraire *pour moi*. Cela vient de ce que vous promenez votre attention successivement sur tous les détails qui produisent ainsi des sentimens, des impressions différentes. Or, je vous conseille de choisir *un de ces sentimens* pour me le communiquer.

Tel est le point de vue sous lequel je considère la peinture dans les leçons que je donne aux artistes qui viennent à Louvain pour me consulter. Lorsque je m'exprime ainsi, j'ai grand soin de faire remarquer à ces artistes, que c'est un *exemple* de la manière dont on peut étudier la langue de la peinture. Je regarde, leur dis-je, la tête de Jupiter ; mille sentimens se succèdent dans mon âme, parce que je vois dans cette tête mille détails successivement. Au moment où mes yeux

se portent au front, quand je regarde fixément ces
sourcils qui font trembler le ciel et la terre , je ne
vois pas la bouche comme si elle était l'objet spé-
cial de mon sentiment. Ne faudrait-il pas, ajou-
tais-je, ne pourrait-on pas peindre ce front et
ces sourcils de manière à inviter les regards des
spectateurs à s'y arrêter principalement ; ne serait-ce pas le véritable moyen de lui dire , dans la
langue de la peinture, ce que vous avez vu, tout ce
que vous avez vu, rien que ce que vous avez vu, au
moment où un sentiment de terreur et de respect
saisissait votre âme ? Réfléchissez , pensez à votre
art sous ce point de vue, et vous viendrez chaque
jour m'expliquer , *en parlant* , le résultat de vos
observations. Ce n'est point ce que je dis qui vous
instruira, mais c'est ce que vous me direz. Si vous
voyez la chose autrement , pensez-y et venez demain me donner des leçons de *votre* théorie. Mais,
si vous n'avez aucune idée fixe sur ce sujet , je
puis vous rendre le service de vous en donner une.
Expliquez-moi , en *parlant* , les réflexions que
vous avez faites sur les avantages ou les inconvéniens de prendre pour règle de ses discours l'*unité
de sentiment,* quand on veut parler la langue de la
peinture. Vous êtes capable de voir , si vous voulez regarder. Tous les hommes ont une égale intelligence ; je ne puis vous rendre d'autre service
que celui de vous forcer à être attentif, pour préparer chaque jour la leçon que vous viendrez me
donner. Tout père , toute mère peut rendre ce

service à son fils. Ils peuvent juger comme moi si l'élève a été attentif ; cela se reconnaît au ton de sa voix, à ses gestes, à son attitude, à la volubilité de ses paroles. Dès que je serai sûr de votre attention, je n'en demande pas davantage ; continuez, peignez, parlez ; je ne doute point de l'intelligence d'un homme ; mais l'attention est pénible, mais il est fatigant de parler, et je voulais vous arracher à cette paresse douce pour vous comme pour moi.

La méthode est là. Faites *parler* votre élève comme il vous plaira. Si rien ne vous plaît, si vous n'avez pas réfléchi au thème qu'il faut lui imposer, si lui-même n'a pas adopté une manière d'envisager la chose, faites-le parler sur *l'unité de sentiment*. Peu importe. Il a de l'intelligence ; mais il faut vaincre sa paresse ; il faut l'obliger à être attentif, obligez-le donc à parler.

Voilà l'Enseignement universel : pour la peinture, faites parler sur l'unité de sentiment.

Voilà l'Enseignement universel : pour quoi que ce soit, faites parler votre élève. Savoir n'est rien, faire est tout dans les arts. Mais le maître qui ignore un art, ne peut diriger l'élève dans le *faire* ; souvent même il ne comprend pas l'ouvrage qu'on lui présente. Mais tout homme est capable de recevoir une leçon ; toute mère peut exiger que sa fille l'instruise ; toute mère peut juger si l'enfant a étudié attentivement, lorsqu'elle écoute ce qu'elle dit. Le maître émancipateur ne peut juger que de l'attention de l'élève, mais cela suffit. Si l'élève est

attentif, il s'instruira sans *payer* les maîtres explicateurs, il a la même intelligence que chacun
d'eux.

Je ne parle pas pour les savans ; c'est aux
ignorans et aux pauvres que j'adresse la parole.

Les savans se sont en général mépris sur les jugemens qu'ils ont portés relativement à mes ouvrages et à mon caractère. Ils ne connaissent pas
plus ma personne que mes opinions. Je me moque d'eux dans mes écrits, le fait est vrai. Lorsqu'ils se présentent sur mon passage, je les écarte
dédaigneusement avec le fouet de l'ironie, j'en
conviens. Mais il faut savoir que j'ai l'opinion
que cette espèce est incorrigible, et que je ne veux
pas sacrifier le bien des pauvres au plaisir que le
commun des hommes trouve dans les suffrages
académiques. Les savans ont cru que je leur parlais ; telle est l'erreur qui a dicté tant de pamphlets et brochures ; s'imaginant qu'on leur répondait, ils ont répliqué ; c'est à n'en pas finir.
M. le duc a été le seul qui ait remarqué que je ne
prenais jamais la peine de répondre à ce que les
savans disent. Je parle quelquefois d'eux en riant,
mais je ne leur parle jamais ; je pense que ce
serait du temps perdu, et je n'en ai pas de trop
pour les ignorans et les pauvres.

Si je répète ici ce que j'ai déjà dit mille fois,
j'ai une autre intention, et l'on me permettra de
m'expliquer à ce sujet. Malgré ma prédiction,
l'émancipation intellectuelle fait de rapides pro-

grès en France. Il y a donc, dans ce pays, un grand nombre de personnes instruites qui travaillent à propager le bienfait dans les familles pauvres. Il y a donc des savans qui sont partisans de l'Enseignement universel. Dévoiler, en riant, les petites manœuvres des savans antagonistes, signaler le silence du *Globe*, plaisanter des prétendus libéraux qui font les morts en pareil cas, c'est donc aider à la propagation. Voilà pourquoi j'ai pensé qu'il n'est pas inutile de faire rire de temps en temps aux dépens des prétendus perfectionnés, et d'appeler au secours des pauvres, contre les aristocrates intellectuels, les savans de bonne foi. D'ailleurs, la France n'est pas seule sur la terre, et il est bon que les savans d'Angleterre, d'Allemagne, etc., soient prévenus de la petite cabale intellectuelle dont une petite coterie, qui s'appelle jeune France, est le foyer.

Cette jeune France est âgée de quarante ans environ; ce n'est point à elle que je parle, c'est aux Français plus jeunes encore que la jeune France que j'adresse cette méthode pour apprendre le dessin et la peinture. Je sais, en cette circonstance ce que j'ai déjà fait. Mademoiselle Sontag m'ayant rendu visite, j'ai chargé la jeune cantatrice de porter la méthode dans la Russie, où elle compte se rendre au printems, et de faire la guerre aux vieilles musiciennes qu'elle rencontrera sur son passage; j'ai donné la même mission à M. de Bériot, près des vieux musiciens,

Il paraît, en effet, que tous les savants d'un certain âge sont d'accord contre la méthode des pauvres. Ministres perfectionnés, journalistes perfectionnés se font la guerre sur leurs perfectionnemens respectifs ; mais quand il s'agit d'émancipation intellectuelle, A et B s'entendent à merveille. Peut-on se méprendre sur la cause de cette monstrueuse coalition !

Revenons à la méthode. Il ne suffit pas de se guider d'après la règle de l'*unité de sentiment*, il faut choisir cette unité. Il paraît naturel de se décider pour le sentiment qui a fait l'impression la plus vive sur l'âme du peintre ; cependant, il ne faut pas oublier que ce que l'on conçoit bien ne s'énonce pas toujours clairement, et que les mots, pour le dire, n'arrivent pas toujours aisément. Voyez donc, avant d'exécuter le plan que vous avez conçu, si vous êtes savant dans le métier, si vous connaissez assez la langue de la peinture, pour manifester le sentiment que vous avez le projet de communiquer au spectateur.

Voyez ce que j'ai dit de l'orateur dans le volume *Langue maternelle*, et vous ne ferez point d'amplifications en peinture. Vous apprendrez comment le peintre, aussi bien que l'orateur, doit dire du neuf, quoiqu'il n'y ait rien de neuf. Réfléchissez sur les contrastes, sur la monotonie, sur la variété dans les compositions oratoires ; traduisez tout cela, rapportez les observations à l'art du peintre. Approuvez ou désapprouvez l'application de ces règles à la peinture, peu importe ; mais regardez, réfléchissez et *parlez :* voilà la méthode.

On demande quelquefois s'il est plus difficile de dessiner une tête qu'un arbre ? Toutes les questions de cette espèce sont bonnes à proposer aux élèves ; c'est à eux à les résoudre en *parlant*. Mais n'oubliez pas qu'ils doivent parler après avoir regardé des faits.

Enfin, lorsque l'élève dessine, on lui donne un livre de principes à vérifier. Voyez, dans le volume *Langue maternelle*, ce que j'entends par vérification. Par cette étude, on se perfectionne chaque jour dans le métier ; on apprend à ne pas se contenter d'un *à peu près,* on s'habitue à la régularité, à l'exactitude, et le peintre paysagiste, après avoir saisi le mouvement et l'expression, s'exerce ainsi à copier fidèlement, finit par dessiner la figure aussi correctement qu'un peintre d'histoire dessinerait le paysage.

Lorsque l'élève est arrivé à ce point, il se choisira ce qu'on appelle un *genre*. Il se fera classique s'il le veut ; romantique si cela lui plaît. Il ne préférera point un genre, parce que c'est le genre à la mode, mais il s'y conformera quelquefois si son intérêt l'exige. Il saura que c'est un sacrifice qu'il fait à sa position sociale, aux exigences des gens riches qui le paient ; et se dirigeant ainsi par sa propre raison, il ne se jettera dans aucun excès ; il animera le *classique*, il modérera le *romantique*. Il sera ainsi toujours lui-même.

Quand il s'agit , dans la pratique des arts , d'adopter ce qu'on appelle un genre , on n'emploie très-souvent son intelligence qu'à copier le genre d'un autre. Je pense qu'il faut surtout réfléchir avant de choisir ; j'ajoute qu'il n'est même jamais question de choisir un genre dont on ne puisse pas s'écarter. Dans un tableau romantique, vous trouverez des parties traitées *classiquement* ; dans un tableau classique , il y a des détails romantiques. Quelle est la règle sans exception ? Le parallélisme est froid, direz-vous ; je vous montrerai le parallélisme dans la nature , et dans les tableaux qui produisent le plus d'effet. Quelle est donc la règle sans exception? C'est celle que je donne en ce moment : Chacun doit choisir son *genre* ; un homme n'appartient pas à un *genre*. C'est le genre qui lui appartient. Il ne suffit pas de donner à ses productions une tournure romantique ou classique pour se faire admirer. Dans les deux armées, il y a (comme de raison) beaucoup de simples soldats qui ne se distinguent les uns des autres que par l'uniforme. Il est indigne d'un homme d'endosser une livrée quels que soient les galons ; leur couleur ou leur largeur varient : on en est fier, et on oublie que c'est une livrée.

Tous les hommes ont une égale intelligence pour choisir les moyens de manifester leurs pensées et leurs sentimens. Chacun d'eux peut émouvoir son semblable en lui communiquant ses propres émotions ; on pourrait faire une expérience pour se

convaincre de cette vérité ; la voici : Tout le monde sait que la copie la plus exacte d'un beau tableau,
est froide et sans vie à côté de l'original ; cela vient
peut-être de ce que l'artiste a voulu nous communiquer les sentimens qu'il éprouvait, tandis que le
copiste n'a fait que nous raconter les sentimens
d'autrui. Cela posé, si un peintre habile nous re-
traçait un beau tableau, dans l'intention de nous
faire sentir ce qu'il a senti lui-même à la vue de ce
chef-d'œuvre, la copie serait sans doute moins
exacte ; telle partie qui l'a moins ému serait peut-
être un peu négligée ; tel détail qu'il aurait senti
profondément serait peut-être plus prononcé ; en
un mot, ce ne serait point un ouvrage exact selon
le métier, mais ce serait un ouvrage d'art. Nous
serions émus en regardant une copie. Ce copiste-
là parlerait d'inspiration.

Mais je laisse toutes ces *opinions*, et je reviens à
la méthode. Elle est bonne parce qu'elle est nécessaire à ceux qui n'ont pas le moyen d'en payer une
autre. Il est vrai que cette méthode repose sur le
principe de l'égalité des intelligences ; il est vrai
que ce principe n'est qu'une *opinion*. C'est aux pauvres à vérifier jusqu'où cette opinion directrice peut
les conduire dans l'éducation de leurs enfans.

Les savans désireraient que la méthode des pauvres reposât sur un fondement plus solide, et je
ne peux pas blâmer ce souhait ; il est raisonnable,
il est dans la nature humaine. On a désiré pendant
longtemps que le calcul différentiel reposât sur des

principes clairs et hors de doute. De tems en tems
on dit qu'on a trouvé la démonstration qu'on cher-
chait , ce qui n'empêche pas d'en chercher une autre en cachette. On a combattu pendant longtems
l'opinion de l'attraction. On ne combat plus, mais
tout le monde sait bien que c'est une opinion.

Un savant de bonne foi (car il y en a) discutait
un jour avec moi sur l'opinion , qui est la base de
l'émancipation intellectuelle. Pourquoi , disait-il ,
avez-vous choisi une base si fragile pour édifier
votre système ? — Cette opinion n'est pas la base
d'un système , c'est une conséquence des résultats
dont j'ai été le témoin par hasard.—Ne dites-vous
pas que l'égalité des intelligences est votre *principe ?*—Oui, je conseille aux mères de prendre cette
opinion pour principe ; c'est cette opinion qui doit
les diriger ; elles feront avec intention et à coup
sûr ce que j'ai fait moi-même sans y songer et par
hasard. J'ai agi avec mes élèves comme s'ils pouvaient tout, comme s'ils n'avaient pas besoin d'explication ; j'ai exigé de tous les mêmes résultats ,
comme s'ils étaient tous capables de la même attention et doués de la même intelligence. Ils ont
réussi même dans les choses que j'ignore complètement. J'ai remarqué *toujours* défaut d'attention
là où il n'y avait pas de succès , et c'est alors (mais
alors seulement) que j'ai tiré la conséquence : Tous
les hommes ont peut-être la même intelligence, et
j'ai cru devoir prévenir les pauvres que cette opinion m'ayant dirigé d'abord à mon insu, il pouvait

leur être utile de prendre cette opinion pour guide
dans l'éducation de leurs enfans ; c'était leur annoncer un bienfait , et je n'ai point balancé. Je savais bien ce qui arriverait : j'avais prévu la ligue
des esprits supérieurs contre mon système , mais
j'ai pensé d'abord que l'intérêt des pauvres devait
l'emporter sur le désagrément de ces petites tra-
casseries ; il m'est de même arrivé d'embarrasser
plus d'une fois les savans en leur demandant s'ils
sont bien sûrs que les intelligences humaines sont
inégales ? A cette question , il n'y en pas un seul
qui ne balbutie. Etes-vous certain, dis-je , que
les hommes sont inégaux en science ? — Qui en
doute? — Etes-vous *également* certain qu'ils sont
inégaux en intelligence ? — Petit silence. — En
êtes-vous *également* certain ? —Mais…—En êtes-
vous *également* certain — Je le crois… Je pense
que… Je suis d'avis que… Il me semble que…
Toutes les probabilités… — En êtes-vous *également* certain ? — Non, mais… — Faites attention
au mot *également*. — Egalement, non,— Ce n'est
qu'une opinion de votre part.— Il est vrai. — Eh
bien ! je vous en offre autant ; je n'ai de mon côté
qu'une opinion, je ne veux point la démontrer, vous
ne serez jamais certain de l'inégalité des intelligences , comme vous êtes certain que la science n'est
pas la même chez tous les hommes. Voulez-vous
que les pauvres attendent que nous soyons d'accord ? Voulez-vous qu'ils attendent que dans tel
pays les maîtres explicateurs conviennent que leurs

explications sont abrutissantes ? Voulez-vous qu'ils attendent le résultat des expériences ordonnées par l'Université de France, ou tout autre corporation qui n'existe que par le monopole ? Je pense que les pauvres feront bien de dessiner, et de se mettre tout de suite à l'ouvrage, sauf à déchirer tous les dessins le jour où l'arrêt sera prononcé et où il sera démontré qu'il est impossible de dessiner quand on croit que tout le monde le peut. Qu'en pensez-vous ?

Le savant se mit à rire, et nous nous quittâmes bons amis, mais ce savant-là ne vivait pas du métier d'explicateur.

Une mère fera donc bien (en attendant) de dire à ses enfans :

Regardez un ouvrage quelconque de l'art humain : romance, canif, satire contre l'Enseignement universel, etc., etc., vous verrez partout ce discours :

Je suis une production de l'art humain ; reconnaissez-vous l'ouvrage d'un homme ? Remarquez-vous cette faute ? Elle peut vous servir à vous connaître et à vous défier de vous-même : profitez de cet exemple ; vous pouvez tirer beaucoup de fruit de cette erreur ; qu'elle vous fasse rentrer en vous-même et vous sentirez ce dont vous êtes capable en pareille occasion. Apprenez par cet exemple à ne point gâter vos propres ouvrages par votre promptitude et par votre imprudence. Vous voyez qu'il n'y a aucune proportion entre les parties de cet ouvrage. Ceci est superflu, vous voyez qu'il fallait le rejeter. Cet éclat éblouissant cache une faiblesse qui ruinera la chose avant le tems.

Il fallait apporter un remède à ce mal.

L'ouvrier n'a pas de règle certaine ; il ne sait pas choisir les moyens qu'il emploie. Rendez-vous compte de tous les moyens que vous employez. Entrez dans ce compte avec discernement pour appliquer convenablement les moyens que vous aurez choisis. Ne vous déterminez pas par le présent seulement ; étendez vos vues sur un avenir éloigné, ne soyez point entraîné par le détail auquel vous travaillez ; ce détail étant le seul à vous occuper, il vous frappe trop. On ne juge sainement d'un ouvrage que quand on compare les détails tous ensemble, et qu'on les place tous dans un certain ordre, afin qu'il y ait de la suite et de la proportion. Il ne suffit pas de bien faire une partie de l'ouvrage, il faut les unir et les accorder ensemble pour en composer un tout. On croit avoir tout fait, pourvu qu'on assemble beaucoup d'ornements, sans penser à l'ordre et à la proportion de ces ornements. Dans le temps que l'artiste fait une chose, il ne pense pas qu'il en faudra faire une autre ; quand il travaille à un détail, il ne songe qu'à ce détail, qui l'occupe tout entier. Son ouvrage n'est qu'un assemblage confus de parties magnifiques qui ne sont point faites les unes pour les autres. Il n'a pas su penser avec assez d'étendue pour

concevoir à la fois le dessin général de tout son
ouvrage. On dirait que cet artiste est né avec un
génie borné au détail, avec un caractère d'esprit
court et subalterne, et qu'il n'est propre qu'à exécuter sous autrui.

Un ouvrage demande une certaine harmonie et
de justes proportions. Celui-là seul mérite le
nom d'artiste qui a pensé tout l'ouvrage et qui a
toutes les proportions dans la tête. Il pense, il
invente, il prévoit l'avenir, il retourne dans le
passé, il arrange, il proportionne, il prépare de
loin, il se roidit sans cesse pour lutter contre les
obstacles ; toujours attentif, il ne laisse rien au
hasard.

De même qu'un peintre a dans sa tête les pensées et les sentimens des héros qu'il veut représenter, il se transporte dans les siècles et dans toutes
les circonstances où ils ont été.

L'artiste doit joindre à l'enthousiasme une sagesse qui le retienne. Il faut que tout soit vrai,
correct et proportionné l'un à l'autre.

On voit que l'artiste a eu un but et qu'il a dis-
cerné les moyens qui devaient l'y conduire. S'il
n'avait pas ce discernement, il irait comme à tâtons. C'est un hasard quand il ne se trompe pas ; il
ne sait pas précisément ce qu'il cherche, ni à quoi
il doit tendre; il se jette dans des détails accablans;
il n'a plus l'esprit libre pour envisager d'une seule
vue le gros de son ouvrage, pour observer s'il
avance vers la fin principale ; il reste dans l'irréso-

lution, il ne peut rien terminer. Il faut beaucoup d'expérience pour réussir ; il faut du courage et de la patience pour se livrer sans relâche aux exercices nécessaires pour acquérir l'industrie, par un travail assidu, par une application continuelle.

Voilà comment un ouvrage humain *quelconque* parle à tous ceux qui veulent regarder ce qu'il dit.

Les discours de cette espèce sont infinis. Les phrases détachées qu'on vient de lire sont les propres paroles de Mentor, lorsqu'il donne à Télémaque des leçons sur l'*art de gouverner* les hommes. On voit, par cet exemple, que le gouvernement est un ouvrage humain comme tout autre. *Tout est dans tout.* La vérification de ce fait se trouve en détail dans les développemens de la philosophie panécastique exposée dans le journal de l'Emancipation intellectuelle.

Appliquons au dessin et à la peinture ce que nous venons de dire de tous les ouvrages humains.

L'élève doit parler des ouvrages des autres et des siens. Il le peut, exigez-le, voilà la méthode. Si vous lui dites ce que vous avez vu vous-mêmes, vous suivrez la méthode abrutissante. Si vous lui faites des questions *exploratrices*, vous suivrez la méthode socratique. Si vous lui donnez les Aventures de Télémaque (sans explications) ; si vous lui montrez un dessin (sans explications), et ainsi de toute autre chose en lui disant : Qu'en penses-tu ? parle. On prétend que *tout est dans tout*, c'est-à-dire que tous les ouvrages humains se ressemblent et qu'on y reconnaît toujours la *même intelligence ?* Si vous ne faites que cette *seule* question à l'élève, vous suivrez la méthode émancipatrice.

Il faut vous attendre que votre élève fera l'enfant comme Télémaque ; tous les hommes se ressemblent. Il vous dira donc ce que Télémaque dit à Mentor :

Je n'ose parler ; je crains de mal dire ; il cherchera des prétextes pour retarder le jour où il prendra la peine de regarder, et il demeurera long-tems dans cette incertitude, si vous ne lui dites pas comme Mentor.

Je suis bien aise de vous voir si changé ; vous étiez né bavard et présomptueux ; vous commencez à sentir combien vous avez débité de sottises jusqu'à ce jour. Vous aimez mieux garder le silence que de parler sur rien. Mais il ne faut pas pousser trop loin cette réserve. Je parlerais volontiers moi-même sur ce dessin, et je vous épargnerais la peine de le regarder et l'embarras de trouver des mots pour dire ce que vous avez vu. Mais je ne veux point que la mauvaise honte domine votre cœur. Il faut que vous vous accoutumiez à mêler le courage et la fermeté avec la modestie. Il faut craindre de faire le *mal*.

Mais si vous parlez ainsi à votre élève, il vous

répliquera comme Télémaque, parce qu'ils ont tous deux la même intelligence :

C'est pour éviter de *mal* parler, que j'aimerais mieux apprendre par vous ce que dit un ouvrage humain.

Or, il ne tient qu'au maître de répondre comme Mentor :

Vous vous trompez, mon cher enfant ; vous êtes comme tous les enfans nourris dans la paresse et l'abrutissement, qui veulent qu'on leur explique tout, et qui n'ont pas la force de rien regarder par eux-mêmes. Ce n'est pas qu'ils craignent de mal parler (ils ne craignent pas de faire beaucoup de sottises); mais leur orgueil se trouve humilié quand il faut mettre à nu leur incapacité. Le travail les fatigue et les attriste. Il faut toujours leur dire que tout va bien ; or, ils ne pourraient goûter cet éloge si on voulait les faire parler. Il est trop évident qu'ils demeurent en silence. S'agit-il d'étudier, de regarder, de penser, ils en donnent la commission à un maître qu'ils paient pour parler, plutôt que de parler eux-mêmes. Cette faiblesse qu'on a remarquée dans les enfans, fait que chacun cherche à s'en prévaloir ; on leur donne des explications, on les abrutit et on les encense pour s'insinuer ; mais dès qu'on est dans leur confiance, on leur impose le joug de l'abrutissement ; ils en gémissent quelquefois, ils veulent le secouer, mais ils le portent souvent toute leur vie. Ils sont semblables à ces faibles tiges de vigne qui, n'ayant par elles-mêmes aucun soutien, rampent toujours autour du tronc de quelque grand arbre. Je ne souffrirai point, ô mon fils ! que vous tombiez dans ce défaut qui rend un homme imbécile pour quoi que ce soit. Vous qui êtes si modeste pour n'oser parler d'un ouvrage humain, vous ne serez plus effrayé de toutes les sottises que vous ferez dans mille autres occasions. Ce n'est point la crainte de mal parler qui vous retient, c'est ma présence qui vous embarrasse, c'est l'orgueil qui vous rend muet. Parlez, dites-moi ce que vous avez vu, ce que vous avez pensé.

Si le père fait à son fils le discours de Mentor, s'il emploie l'autorité et la bonté paternelle, l'enfant parlera. Voilà l'Emancipation intellectuelle.

TABLE

DES PRINCIPALES MATIÈRES

CONTENUES DANS CE VOLUME.

Musique en général, pages 22-24. 32 34. 76 78. 81 97. 153-161. 254-266.

Etude du piano, pag. 8-9. 16-21. 26-29. 37-42. 28. 105. 169-176. 193-197. 246 253. 279-282.

Du choix des morceaux, pag. 17. 81-82.

Des maîtres dans l'Enseignement universel, pag. 30-34. 98-105.

Composition et Improvisation, pag. 161-169 183-186. 193-196. 220-230. 237-239. 243-246. 246. 254-256.

Du componium, pag. 260-270.

Résultats de la méthode : Compositions françaises des élèves, pag. 56-69. 122-137. 143-151. 243-246. 271-276.

Récapitulation, pag. 279-281.

Dessin et peinture, pag. 283-366.